De gekookte kikker

28/3 2004

Jouw energie is een belangrijke kwaliteit.
Zet het daarom in met beleid.

Jan Paul

Van dezelfde auteurs:

Gebouwen met een ziel
De kracht van de matrix
De praktijk van de matrix
Meer dan 500 managementstijlen
De negensprong
Projectmanagement

Peter Camp / Funs Erens

DE GEKOOKTE KIKKER

400 DIERENMETAFOREN
OVER ORGANISATIEVERANDERING

2003
Uitgeverij Business Contact
Amsterdam/Antwerpen

Voor alle metaforenfreaks

Negende druk, december 2003
© 1991, 2003 tekst: Peter Camp
© 1991, 2003 illustraties: Funs Erens c/o Beeldrecht Amsterdam
Alle rechten voorbehouden

Omslag: Studio Jan de Boer bno
Tekening: Funs Erens
Typografie: Arjen Oosterbaan

ISBN 90-254-1889-9
D/2003/0108/784
NUR 801, 765

INHOUD

Ten geleide 11

Voorwoord bij de eerste druk 13
Voorwoord bij de vierde, volledig herziene druk 14
Voorwoord bij de achtste, herziene en uitgebreide druk 15

Inleiding
Het gebruik van metaforen 19
Trends, metaforen, de keuze van een metafoor, metaforen over organisatieverandering, metaforen over leiding geven, metaforen over mensen, metaforen maken
De ordening van de metaforen 25
De matrixmanagementmethode 26
Een handig hulpmiddel, de matrix, dwarsverbindingen, prioriteiten stellen en taken verdelen
De workshop metaforen 33
Metaforen en de matrixmanagementmethode, samenwerking versterken
De monoprints 36

De metaforen
1 Metaforen over doelen en werkwijze 41
Nestjes leeg halen, *send the pigs in*, trends zijn net paarden, de hertenjacht, de dolfijn tegen de haai, een olifant klonen, papegaaien met *animal spirits*, paarden leren koorddansen, een kip in legnood, een beer in de achtertuin, dinosauruslappen, de strategie van de gelaarsde kat, een lamme duizendpoot, papieren tijgers, witte olifanten, het dinosyndroom, de aap in de steppe, de leeuw en de zebra, *chicken game*, koets met vier paarden, een kolonie algen, een kat met jongen, branchekennis bij koraalvissen, de groeitijd van een olifant, het vlindereffect, de lange 1-2-3 paardenrace, een hongerige leeuw, achterstevoren op een paard,

babi-pangang en wasberen, witte olifanten 2, kip met ei, de koekkoek in het nest van de albatros, lipstick op varken, muizen en mannen, pinguïns en duiven, rode muskieten, rupsje nooitgenoeg, intensieve veehouderij, meewuiven als een zee-anemoon, een dood paard verplaatsen, krokodil in de rivier, gazellen

2 Metaforen over taken en bevoegdheden 73
De hond en de piloot, een vlucht ganzen, berengrapje, de organisatiecentaur, het verteringsproces van een boa constrictor, spinnenwebtaal, de organisatie als dierentuin, strategische termieten, een zeug met biggetjes, visvijverorganisaties, het buideldier, kamelofanten, een verkouden mier, mollen met sneeuwbrillen, olifanten en konijnen, de commissie als kameel, het vette-katsyndroom, de kip met gouden eieren, organisaties zijn een kooi, de vette-zwijnenwet, een slecht geknoopt visnet, de poot van de olifant, schouderaapjes, de zalmvangst, mijnenhonden, konijnenfokkerij, dit is geen koe

3 Metaforen over deskundigheid 93
Een wolf met vijf poten, een papegaai als econoom, de muis roept, de nadenkende duizendpoot, Nederland: een apenkolonie, kijken naar koeien, vliegen met azijn vangen, een koe opeten, het paard dat de kar trekt, de olifant op het blauwe tonnetje, van stekelvarken tot vos, werken als veldmuizen, de olifant ziet vlammen, de forellenvijveraanpak, een grote vis vangen, leer hem vissen, de ideale ezel, de voorbenen van het circuspaard, nieuwe koeien, reusachtig springende vlooien, een dansende beer, het geheugen van een aap, guppies en bladluizen, mensen zijn geen uilen, een groen paard, de kille kikker spelen, van een ezel geen renpaard maken, financiële mol, zakelijk besef van een aap, onthaning, de haan op het hoenderhof, worstelen met de geit, slechte duiven, de dolfijn buiten het water, de kanarie in de kolenmijn, op vrouwen vissen

4 Metaforen over beleidsbeïnvloeders 119
Het visje en de walvis, *animal farm*, *ratfucks*, de haaienclub, bijenkoninginnen, in elke poel een krokodil, gier en prooi, een reuzenspinne in Den Haag, de veldmuis die de slang voorblijft, de kus van de kikker, ooievaarskuitevet, de hond uitlaten, spek met eieren, geblindeerde apen, het beest voeren, tijger lust ook brokjes, de eieren uit de omelet halen, een paar muggen, een adelaar vangt geen muggen, de slang in het paradijs, leeuwen en hoefdieren, een koe in paniek, slangenolie, knorretje redden, de grootste aap voorop, de klauwen van organisaties, gehandicapte sabeltijgers, een dronken kat, rijden op de beer, een zieke slang, de eenzaamheid van een spin, sprinkhanen of zwaluwen, het reptielenhuis, de olifant, de vlo en *sleep camels*, een rattenvanger in de Nederlandse politiek, stervende olifanten, tussen de golf en de bek van de vis, een onafhankelijke muis, huilen als wolfjes in het bos, als een haai wachten, blaffen onder een boom, dakduiven zonder zeebenen, jonge honden, zichzelf opetende dinosaurus, te veel ratten boven, meedenkende dieren, dinosaurussen van de *haute finance*, spinnen, geloven in niet-blaffende honden, paradijsvogels, een school vissen, krabbenmand, papegaaien, keffertjesbestaan, hermelijnvlooien, kakkerlakkengevecht, spelen met de haai, the dark horse, kippen die naar het onweer kijken, roofvogels opjagen, papegaaiencircuit, een kleine vis in een zwembad vol haaien, een olifant bewegen tot een dansje, veiligheidsparasieten, vlooien- en bijenzwermoorlog, papegaai de nek omdraaien, de muskusrat, een reuzegrote hagedis, roofdierenkapitalisme, de zilvermeeuw niet opnemen, de kudde verslaan met een karper, de voedselwaakhond, de poot van de octopus, Jurassic Park, schildpad en schorpioen, van rups naar vlinder, de muis en de leeuw, de as van de angsthazen

5 Metaforen over besluitvorming 171
Vrijende olifanten, dansende olifanten, broedende hanen, vissen en mieren, afgehakte vleugeltjes, de slang laten schrikken, een olifant als buur, een olifant door de porse-

leinkast, schapen in de prairie, de spreeuw in de stront, koekoeksklokkenmanagement, de camel-nose-strategie, de vos bij de kippen, de geit en de slak, de stier bij de horens pakken, de kat sturen, een waakhond aan de ketting, de koeienmars, de hond en de kudde, hoe de hazen lopen, stampende olifanten, bijtende jachthonden, beslissingen nemen op z'n olifants, op eenden richten, koe op zwemles, een roedel ezels, een verstandige rat, springende kikkers, de vos, wolf en kat

6 Metaforen over autonomie 191
Een koe in het weiland, haantjes met kammetjes, krioelende wormen, een kleine vis in een grote kom, opgedrongen oesterschelpen, de mens is geen platworm, de les van de mot, insect in het vuur, goudvissen en piranha's, het mes in het varken, vriendelijke stinkdieren, een gedresseerde aap, de luizenrace, rat race, een oude vos, in je eigen poot schieten, bergen baren muizen, de toprat, de kop van de hond, de subtoprat, moordzuchtige roofvissen, ratten en bruine neuzen, het probleem van de man op de tijger, bevroren konijnen, de apenval, paarden africhten, de levenslust van een kolibrie, niet als een blind paard, trekvogels, de ezel en de aap, een mot op de kaars van roem, van de prins een aap maken, het trouwe werkpaard

7 Metaforen over bedrijfsklimaat 215
Een troep wolven, apen wassen hun zoete aardappels in zee, kikkerkoor, de Calabrische kip, *bullshit castle*, eergevoel onder de haaien, nuttig voor de zwerm, de aap en de banaan, de historici van de leeuwen, het vee verzorgen, dolfijnen met plezier, opgeblazen garnalen, de gekookte kikker, angora's, de papegaaiencultuur, het dino-syndroom, een schildpad onderweg, schaap en slachter, het geroosterde speenvarken, de rupsenplaag, de zandkorrel in de oester, een tandeloze tijger, de Postbankleeuw, mieren, klipdassen, sprinkhanen en hagedissen, een land met één vleugel, het konijnenhok verbouwen, Solvay Duphars dierenverzameling, een olifant met manieren, een varken en een Boeddha,

een zwerm vogels, een walvis op het strand, een schaap uit de kudde gooien, tandenloos keffertje, zonder kippendrift, als kip in de koolsoep, de boze wolven, apenrotssamenleving, ideologische veren afschudden, apen en neanderthalers, een platgeslagen insect, muggen leven in een moeras, aangeschoten kraaien, roze kikker tegen dinosaurusfamilie, stapelbare koeien, kuddegedrag, een pond met veren

8 Metaforen over samenwerking 247
Een kruiwagen met kikkers, renpaarden, de krabbenmand en de piklijn, de hen die op het kuikentje trapt, technieken voor kalkoenen, een kloek in plaats van een coach, de kleine jongen met de grote hond, het chauvinistische varken, opgeschrikte kippen, de staart kwispelt met de hond, een vermoeide kikker, de piranha-methode, Chinese dierenordening, parende olifanten, een kegelende hond, de schildpad op het hek, een levende tijger, een leeuw aanvallen, zes blinde mannen en een olifant, ratelslangen en pythons, de viskomtechniek, zoeken naar de stier, de hersenloze kwal, gorilla's lijken op mensen, van garnaal tot garnaal, poedel of blindengeleidehond, de blussende kolibrie

9 Metaforen over houding 267
Een vliegende kraai, speeksel bij jachthonden, een kameel stelen, galopperende gorilla's, een aantrekkelijke varaan, een koe in z'n kont kijken, drie strijdende paarden, de berenjacht, een tijger poetst zijn tanden niet, als tijgers haaien worden, een worm zonder lul, gretige bevers, de geur van de duif, een levende mierenbrug, de poging van de mug, de staart van de slang, achteruitkruipende kreeften, een kameel in de Sahara, een stilzittende mug, de baas van een renstal, kraaien van zorg en kommer, de verdwenen kameel, kunnen bijen vliegen?, winst bij de konijnen af, tamme eenden wild maken, vogeltjes vangen, de glorie van koning leeuw, egels en kippen, tussen arend en mol, een levend vogeltje, een ongemerkt kalf, luie beren 1, luie beren 2, waterbuffel, naar het dier lopen, maak wel je kameel vast, konijnen en de hoge hoed, pitbull, struisvogelkont,

vogeltje valt dood uit de boom, niet als schildpad geboren, de schaduw van een vlieg, rups, vlinder en vamp, vogel die zijn eigen vlucht kiest, de kont van de aap, een trainer is net een kalkoen, mensen zijn geen ongedierte, vliegende vogels, de slechtvalk, de schildpad en zijn nek, een laboratoriumrat, als een oester, stomme, sluwe en gore ratten, de staartveren van de pauw, de hyenahonden-CEO, herten en *sneaky fuckers, dolphins in the city*, een beestje in een molentje, de haan kraait drie keer, *the horse's mouth*, schapenmentaliteit, ademen op een vlinder, elkaars rug krabben, een omhoog kronkelende aal, olifantje wordt grijze muis, slapende garnaal, als konijnen in koplampen turen, de hond of de baas, de mens als een hond, waakhond op een warme zomerdag, koningin van de bijenkorf, pitbull zonder tanden, pitbull in een vuilniscontainer, vliegen jagen, vergadernijlpaarden, een valse hond, jonge-hond-zijn, de kameleon van belgrado, eigen vlooien die je bijten, waarom vogeltjes zingen, speelvogels, pauwen

Over de auteurs 318
Bronvermelding 319
Register 336

TEN GELEIDE

Onderzoek naar organisaties bestaat uit *selling metaphors*, aldus de Engelse organisatie-adviseur Gareth Morgan. In een lezing in Utrecht gaf hij verrassende voorbeelden hoe hij metaforen in zijn werk gebruikt. Een klant die zijn organisatie typeert als een slak of struisvogel behoeft een adviseur niet meer zoveel te vertellen.
Ook als wetenschapper heeft Morgan conclusies getrokken uit zijn constatering. In zijn veelgelezen boek *Images of organisations* vat hij tal van wetenschappelijke bijdragen aan de kennis van organisaties samen onder hoofdstukken met titels als 'organisaties als machines', als organisme, als hersenen, als (psychische) gevangenis, cultuur of politiek systeem.
Morgan lijkt zo de kloof tussen wetenschappelijke analyse en de praktijk van organisatiemanagement te overbruggen. Metaforen blijken zowel informatie over te kunnen dragen als mensen in staat te stellen zich rekenschap te geven van hun oordelen en wensen ten aanzien van de organisaties waarin zij werken. Ze hebben aldus een uitnodigende werking. Ze zetten aan het denken, maken complexe werkelijkheden hanteerbaar en stellen in staat het onzegbare te zeggen.

Het voor u liggende boek is een teken van het doorbrekend bewustzijn dat metaforen een rijkdom aan facetten van de organisatorische werkelijkheid inzichtelijk kunnen maken. De auteurs Peter Camp en Funs Erens doen een speelse poging de lezer te helpen met dat proces van bewustwording. Ook zij overbruggen de kloof tussen beschrijven en handelen doordat ze duidelijk maken dat het beeld dat je hanteert, bepaalt wat je doet. Hoe je kijkt – je perspectief – en wat je ziet – je visie – blijken samen te hangen.
Ze hebben het hierbij niet gelaten. Want ze hebben de geciteerde metaforen geordend in een matrix van negen managementmethoden. Het boek heeft daarmee onmiskenbaar een instru-

erende, om niet te zeggen moraliserende betekenis.
Wat overigens ook opvalt, is hoezeer, in de beste traditie van La Fontaine, de dierenwereld domineert. Door managementsituaties te beschrijven als dierenfabels wordt de lezer uitgenodigd voor zichzelf uit te maken waar de vergelijking opgaat en waar niet.
Het aardige is dat de auteurs op deze manier duidelijk maken dat de kracht van metafoorgebruik veel verder gaat dan verheldering en instructie. Metaforen stimuleren immers het bekende met nieuwe ogen te zien; nodigen daardoor uit tot creativiteit en helpen oplossingen te vinden waar die verloren leken te zijn of dwingen tot keuzes, alleen al vanwege de choquerende werking van de gehanteerde analogieën.

Dat deze verschillende functies zo duidelijk naar voren komen, is de vrucht van het samengaan van het analytisch vermogen van de managementadviseur en de creativiteit van de kunstenaar. Je raakt niet snel uitgekeken op het geboden materiaal.
Daarmee wordt overigens ook duidelijk hoe het managementberoep verbreed en verdiept is, zowel in kennis als in vaardigheden. De metaforen zijn er een uitdrukking van dat op managers een steeds dringender beroep wordt gedaan tal van menselijke eigenschappen en mogelijkheden tot uitdrukking te brengen.
Door die veelzijdigheid kan de bundel zowel theoretici als practici in het managementberoep inspireren. Van harte wordt de lezer uitgenodigd aan de hand van de auteurs de eigen situatie met nieuwe ogen te bezien.

Professor dr. Philip A. Idenburg
Driebergen, augustus 1990

VOORWOORD BIJ DE EERSTE DRUK

In 1988 kwam ik de metafoor van de 'gekookte kikker' tegen. De herkenning van mijn eigen werksituatie daarin was groot. Sindsdien verzamel ik managementmetaforen en met name die waarin dieren zijn verwerkt. Ik ontdek ze in boeken, weekbladen en kranten. Soms meerdere op een dag, soms weken niet. Ze helpen me datgene te typeren wat in mijn vakgebied gebeurt. Door hun beknoptheid, hun grote zeggingskracht en dikwijls hun humoristische ondertoon lenen metaforen zich uitstekend voor gebruik in mijn lessen Organisatie en management en in het organisatie-advieswerk.

Met medewerking van Funs Erens is dit metaforenproject verder ontwikkeld. Hij visualiseerde zevenendertig van deze metaforen. Hij heeft ze abstract en/of enigszins figuratief afgebeeld. Bij processen van organisatieverandering is immers ook sprake van veel onduidelijkheden en weinig zekerheden. Funs Erens zorgde voor het 'plaatje bij het praatje'.

Dit metaforenproject is in september 1989 begonnen met een expositie over organisatieverandering. Sindsdien reist deze tentoonstelling langs allerlei bedrijven en instellingen. De positieve ervaringen hiermee leiden tot dit boek.

Funs Erens maakte hiervoor nieuwe illustraties, Hedwig Koelman gaf ondersteuning bij de redactie, professor dr. Philip A. Idenburg schreef het ten geleide.

Aan de samenwerking heb ik veel plezier beleefd. Ik ben hun dan ook zeer erkentelijk voor de geleverde bijdragen.

Peter Camp
Westervoort, najaar 1990

VOORWOORD BIJ DE VIERDE, VOLLEDIG HERZIENE DRUK

Deze herziening is het resultaat van een steeds groeiende verzameling metaforen én van de ervaringen die ik opgedaan heb tijdens het werken met metaforen in de praktijk. Het aantal metaforen in deze versie bedraagt twee keer zoveel als in de voorgaande edities. De nieuwe metaforen stammen alle uit de periode 1991-1996, waardoor het boek weer up-to-date is.

Mijn ervaringen met metaforen heb ik verwerkt in de inleiding. Daar geef ik meer tekst en uitleg bij de functie van metaforen, de matrixmanagementmethode en over het exposeren van de afgebeelde schilderijen. Tevens heb ik er een voorbeeld van een workshop over matrixmetaforen aan toegevoegd. Deze opzet kun je zelf prima gebruiken tijdens veranderingsprocessen.

De uitbreidingen in deze druk zijn een impressie van de vele ervaringen die ik de laatste vijf jaar heb opgedaan in het werken met metaforen bij allerlei veranderingen in bedrijven en instellingen. Specifieke toepassingen vind je in de boeken die de afgelopen jaren zijn verschenen zoals *Meer dan 500 managementstijlen* (1994) en *De negensprong* (1996). Deze boeken staan vol metaforen en ze zijn ook opgezet met de matrixmanagementmethode. En de illustraties zijn ook van Funs Erens. De matrixmanagementmethode vind je beschreven in *De kracht van de matrix* (1992). De begrippen in deze versie zijn aangepast aan het begrippenkader uit dit boek.

Funs Erens is, als beeldend kunstenaar, inmiddels helemaal vertrouwd geraakt met metaforen, matrixen en organisatieverandering.

In zijn vrije werk schildert hij abstract, intuïtief en met zijn buik. In het toegepaste werk meer figuratief, bedacht en met zijn hoofd. Soms lopen beide benaderingen vloeiend en onbewust in elkaar over. Zoals ook in dit boek. Het schilderij is een inspirerende combinatie van het analytische en het organische. Regelmatig maakt hij in opdracht schilderijen van metaforen

voor veranderingsprocessen.
Door met de metaforen, kunst en de matrixmanagementmethode gecombineerd aan de slag te gaan hebben we een terrein betreden dat onbegrensde mogelijkheden biedt.
Verandering is iets wat niet alleen in je hoofd moet zitten maar ook moet beklijven in je buik. Als je met metaforen durft te werken, laat je zien dat je veranderingen aandurft en dat je daar iets voor over hebt. Door met metaforen te werken laat je jezelf zien. Verandering wordt dan je persoonlijke uitdaging. Deze bevinding uit de vele matrix-metaforenworkshops is misschien wel de belangrijkste die ik de afgelopen vijf jaar heb gedaan.
Regelmatig deel ik het plezier en de energie van de deelnemers aan mijn workshops. Zij geven me de stimulans om naar nieuwe toepassingen te blijven zoeken. Aan hen draag ik daarom dit boek op.

Peter Camp
Voorjaar 1997

VOORWOORD BIJ DE ACHTSTE, HERZIENE EN UITGEBREIDE DRUK

'Dit boekje heeft een lange adem,' zei de toenmalige eigenaar van de Gelderse Boekhandel in Arnhem in 1991. Hij heeft gelijk gekregen. De afgelopen twaalf jaar zijn meer dan 10.000 'kikkers' verkocht.
In deze versie zijn ongeveer honderdvijftig nieuwe metaforen opgenomen. Prachtige dieren als albatrossen, pinguïns, paradijsvogels, zee-anemonen, slechtvalken, pauwen en waterbuffels vullen de dierenverzameling aan.
Wanneer je ze met de matrixmethode ordent, valt op dat metaforen in de categorieën beleidsbeïnvloeders en houding domineren. Centraal staat de vraag wie de slimste en de sterkste is en hoe je je moet gedragen. Ze verwijzen naar het keuzeprobleem van de Tweede-Kamerverkiezingen van 22 januari 2003: kiezen voor de macht of voor het hart.

Integrale denkers en gebruikers van de matrixmethode weten dat het om de goede balans tussen beide gaat en een goede verbinding met de boodschappen van de metaforen uit de andere matrixvakken.
Veel plezier en wijsheid met deze versie.

Peter Camp
Westervoort, voorjaar 2003
www.campmatrix.nl
www.funserens.nl

INLEIDING

Van een aquarium vissoep maken

HET GEBRUIK VAN METAFOREN

Trends

Walk your talk en *practice what you preach* oftewel, 'doe wat je beweert' en 'doe wat je zegt'. Het betekent dat een organisatie haar identiteit moet profileren in termen van waarden en normen. Dat het onderwerp in de belangstelling staat, blijkt uit de stroom artikelen en boeken over bedrijfsethiek die de laatste tijd zijn verschenen.
Bedrijven ontwikkelen tegenwoordig uitgebreide visies *(vision statements)*, waarin ze de gewenste normen en waardenpatronen uiteenzetten. Ze proberen het personeel zo op een emotionele manier te binden. Bedrijven hebben namelijk behoefte aan personeel dat zich op een loyale manier opstelt, dat de schouders onder uitvoering van het beleid wil zetten, dat de neuzen dezelfde kant op heeft en dat de codes van ethisch gedrag in acht neemt.
Ook voor de buitenwereld heeft de organisatie baat bij een betrouwbaar en degelijk imago. Een positieve uitstraling is van levensbelang. Bedrijven investeren dan ook enorme bedragen in de ontwikkeling van een herkenbare huisstijl: logo's, brochures, briefpapier, visitekaartjes, inrichting, kleding, bedrijfsauto's worden op elkaar afgestemd.
Feitelijk zijn dit even zovele vormen van veranderingen. Metaforen spelen daarbij een belangrijke rol.

Metaforen

Volgens Van Dale (1992) is een metafoor een overdrachtelijke, figuurlijke uitdrukking. Het is een *trope* die berust op een vergelijking. Denk aan de kameel als het schip van de woestijn.
Een trope is een zinswending. Het woord is afgeleid van het Griekse *tropos*, dat wending of draai betekent. Metafoor is ook van Griekse afkomst. Het verwijst naar *metaphora*, dat betekent 'het overbrengen van betekenis van het ene woord naar het andere'. *Meta* is boven of over; *Pherein* betekent dragen.

Een metafoor is dus *een vergelijking* met een bepaalde spanning (zie Bernard Weine, *Human motivation, metaphors, theories and research*. Sage, Londen 1992). Bijvoorbeeld: 'Hij is een rots in de branding.' De functie van een metafoor is om een bepaalde waarneming te herstructureren.

Metaforen zijn anders gezegd *zachte manieren om harde boodschappen te verpakken*. Ze dragen een kern van waarheid in zich waaraan je je gedrag kunt afmeten. Ze hebben ook een normerende functie in die zin dat je eraan wilt beantwoorden of beslist niet. Het zijn leidmotieven en richtingwijzers.

Metaforen zijn *actief en activerend*. Je kunt er anderen mee aanzetten tot daden. Het zijn *ankers* die je voor hen uitgooit. De ankers worden symbolen van een nieuwe toekomst. Metaforen kunnen ook relativeren en de ander geruststellen.

Metaforen benaderen de werkelijkheid vaak beter dan een rationele analyse, omdat ze ook een *sfeerbeeld* geven. Je kunt ze *combineren*, waardoor je een sterke indruk kunt maken. De combinatie van een metafoor met een analyse kan een heel sterke kracht mobiliseren. Daarom werkt de matrixmanagementmethode ook zo goed omdat we daarin metaforen combineren met een analyse van de veranderingsprocessen.

In ons voorbeeld van een workshop gebruiken we metaforen om de samenwerking tussen twee afdelingen te versterken. Een metafoor wordt dan *een doorleefde samenvatting* van een gezamenlijk denkproces over samenwerking. Ze is een verdichting van de werkelijkheid.

Metaforen zijn vaak *illustratief*. Ze dwingen je in een bepaalde richting te denken.

Ze zijn ook *interactief*, omdat ze de ander uitnodigen tot discussie en aanvulling met een andere beeldende taal. Ze zetten je publiek op een ander been en zorgen zo voor extra invalshoeken om het betreffende probleem te bekijken. Metaforen vervullen de functie van *eye opener*.

Metaforen bezitten *overtuigingskracht*. Daarom kun je ze heel goed in een presentatie verwerken. Je komt er als spreker veel persoonlijker door over, vooral als jij en je publiek zich met de gekozen beelden kunnen identificeren. Je voelt je dan op je gemak, je taalgebruik past bij je stijl. Daardoor kom je daadkrachtig over en inspireer je je publiek. Je dwingt het tot daden en betrokkenheid (*commitment*). Metaforen dienen dan als gespreksversnellers.

Metaforen zijn *speels*. Ze hebben het karakter van ijsbrekers. Vaak kun je ze ook makkelijker onthouden dan een stuk tekst. Dat komt doordat ze amusant zijn en tegelijkertijd een duidelijke boodschap brengen. Door hun eenvoud zijn ze een geheugensteun.

Het zijn *reminders*. Ze helpen jou en anderen bepaalde streefrichtingen te onthouden.

De keuze van een metafoor

Kies altijd een positieve metafoor. Daarmee bepaal je de toon voor jezelf en voor de ander. Negatieve metaforen moet je vaak uitleggen om niet verkeerd te worden verstaan.

Wanneer je de metafoor te veel gebruikt dan loop je het gevaar stokpaardjes te gaan berijden. Metaforen werken dan versluierend. Laat een metafoor daarom volgen of voorafgaan door een analyse. Anders blijft het bij een interessante uitspraak. De analyse heb je nodig om systematisch de inhoud van de metafoor in de praktijk te kunnen brengen. In onze workshops combineren we het gebruik van metaforen meestal met een matrixanalyse. Daarom vind je in deze inleiding zowel het werken met metaforen als de matrixmanagementmethode beschreven.

Metaforen vind je op heel veel plaatsen: in films, sport, kunst, cartoons, muziek, foto's, gedichten, theater, advertenties en objecten. Hierna beschrijf ik enkele metaforen.

Metaforen over organisatieverandering

'Het maakt niks uit of olifanten vechten of vrijen, het gras is altijd de dupe.'

'Als het water langzaam verwarmd wordt, laat een kikker in een pannetje met water zich langzaam gaar koken.'

'Trends zijn net paarden. Ze zijn gemakkelijk te berijden in de richting waarin ze gaan.'

'Nederland dreigt een apenkolonie te worden: *if you pay peanuts, you get monkeys.*'

'Het hoofdkantoor betrekken bij het proces is net als rijden met een kruiwagen met kikkers.'

'De business unit heeft iets van een buideldier; het is een zelfstandig wezen maar tegelijk nauw verbonden met de moeder.'

'*Skunks* (vriendelijke stinkdieren) zijn innoverende dwarsliggers; ze zijn noodzakelijk voor innovatie. Verstandige managers laten deze lastpakken de vrijheid om *skunkworks* op te zetten: groepjes mensen die graag aan veelbelovende projecten werken.'

'Zegt de kip tegen het varken: "*Ham and eggs*, een wereldproduct! Wat zou je zeggen van de fantastische mogelijkheden die een fusie tussen jou en mij zou bieden. Overal, in alle restaurants, *ham and eggs*." Je ziet het varken denken. "Wacht eens even," zegt het dan. "Jij blijft eieren leggen en ik ga eraan." Antwoordt de kip: "Dat is toch altijd met fusies!"

Metaforen over leiding geven

De manager als boegbeeld, teamspeler, dirigent, jazzbandleider, visionair, boekhouder, kanovaarder, *patchworker*, puzzelaar, *bricoleur* (knutselaar), huurmoordenaar, label, locomotief, boeggolf, vliegwiel, kameleon, *fire walker*, intelligente stuurder, sociale architect, antenne, diener, consultant, onderwijzer, verschrikkelijke sneeuwman, *asshole*, monarch, ambassadeur, diplomaat, tiran, kapitein, inktvis, *cheerleader*, tuchtmeester, *jungle fighter*, evaluator, *godfather*, productkampioen, egotripper, cowboy, profeet, hommel, zwerver, *shaper*, padvinder, vroedvrouw, voorbeeld, *gotcha*, acupuncturist, boeman, vriend en filosoof. (Zie voor bronvermelding Peter Camp/Funs Erens, *Meer dan 500 managementstijlen, over mensen en veranderende organisaties*. Contact, Amsterdam 1994.)

Metaforen over mensen

'Stekelvarkens weten heel veel van één ding. Ze blijven zich daarop ook concentreren. Vossen weten van alles een beetje en houden zich daarmee bezig.'

'Je kunt een *paard* naar de voederbak brengen, maar je kunt hem niet dwingen om te eten.'

'Dat de *kraaien* van zorg en kommer over je hoofd vliegen kunt

je niet beletten. Maar dat ze zich in je haar nestelen, kun je wel verhinderen.'
'Gij zult het spel zuiver en schoon spelen en als overwinnaar zult gij zodoende op hoffelijke wijze aan het gevaar ontsnappen,' zo kenmerkte de Italiaanse schermmeester Achille Mazzorro al in de 16de eeuw het schermen. Tegenwoordig zegt men ook: 'Bewegen als een *vlinder*, steken als een *bij*.'
'Ik ben liever een kleine *vis* in een grote kom dan een grote vis in een kleine kom.'
'Ik ben liever de kop van de *hond* dan de staart van de *tijger*.'
'Een *schildpad* komt niet vooruit als hij zijn nek niet uitsteekt.'
(Zie voor bronvermelding: Peter Camp/Funs Erens, *De Negensprong, Overleven als kunst, jezelf managen met de matrix*, Contact Amsterdam 1996.)

Metaforen maken
Er zijn verschillende wegen om tot een passende metafoor te komen. De praktijk leert dat het vaak op een spontane, ongedwongen manier gebeurt. Zo kun je al lezend ineens bij een passend beeld uitkomen.
Een andere mogelijkheid is om een dier te kiezen en dat te combineren met de gewenste handelingsrichting.
Je kunt ook andere ingangen kiezen, zoals objecten (een stokpaardberijder), de culinaire sfeer (de spaghetti-eter), de wetenschap (een filosoof), de politiek (actievoerder). Combinaties zijn ook goed mogelijk (een politiek dier).
Door de gekozen metafoor te verbeelden wordt ze iets van jezelf. Maak een driedimensionaal knutselwerk, een foto, een gedicht, een *rap* of iets dergelijks.
Vaak vind je een passende metafoor door meteen aan de slag te gaan; denk niet te diep na. Door met papier en verf iets te doen, objecten (die op je bureau staan) met elkaar te verbinden of een collage te maken van advertenties uit managementbladen ontstaan de beelden vaak vanzelf. Het is alsof je het toevallig gekozen 'ding' gaat sturen. Zo gaat een kunstschilder soms ook te werk. Hij gooit een pot verf over het doek, waarna hij met het patroon dat ontstaat, aan de slag gaat. Hij stuurt het toe-

val net zolang tot hij tevreden is. Deze benadering is meer intuïtief.

Probeer iets met de gevonden beelden te doen. Lijst ze in, zet ze op een zichtbare plek of neem ze mee als een soort talisman. Je kunt jezelf dan voortdurend 'de spiegel' voorhouden.

DE ORDENING VAN DE METAFOREN

In dit boek zijn meer dan tweehonderd metaforen opgenomen. Ze hebben allemaal betrekking op het managen van veranderingen. Het zijn uitdrukkingen, gezegdes en grappen. De metaforen hebben betrekking op een of meer aspecten van veranderingsprocessen. Met de matrixmanagementmethode kun je laten zien waar de metafoor over gaat. Deze integrale managementbenadering verduidelijkt de functie van de gekozen metafoor. Zo kunnen de metaforen betrekking hebben op deze veranderingsopties:

1 doelen en werkwijze,
2 taken en bevoegdheden,
3 deskundigheid,
4 beleidsbeïnvloeders,
5 besluitvorming,
6 autonomie,
7 bedrijfsklimaat,
8 samenwerking en
9 houding.

Het concept achter deze indeling staat beschreven op blz. 24.
Boven elke metafoor in dit boek staat in de matrix aangegeven op welke van deze veranderingsopties de metaforen het accent leggen. Om praktische redenen hebben we telkens voor één optie gekozen. Deze plaatsbepaling is niet heilig en ook niet waterdicht. Hij wordt, net als bij discussies over organisatieverandering, bepaald door onder meer het gezichtsveld dat je kiest, de positie die je inneemt in de organisatie en de referentiekaders die je hanteert.
De metaforen komen uit allerlei bronnen: boeken, kranten en tijdschriften en artikelen. Meestal uit artikelen over veranderingen van mensen en hun organisaties.
Het zijn allemaal metaforen uit de dierenwereld.

DE MATRIXMANAGEMENTMETHODE

Een handig hulpmiddel
'We weten dat je van een aquarium vissoep kunt maken; de vraag is evenwel of je van vissoep weer een aquarium kunt maken.' (Timothy G. Ash, 'De autoritaire verleiding, Oost-Europa's onzekere koers.' In: *Intermediair*, 31 augustus 1990; zie de monoprint op blz. 18)
Deze Russische grap over de overgang van communisme naar een vrije-markteconomie typeert hoe moeilijk het is om veranderingsprocessen in organisaties tot een goed einde te brengen en om de juiste maatregelen te nemen. Voor je het weet waad je met elkaar tot de oksels rond in een ondoorzichtige brij van goede bedoelingen, verwarring en frustraties. Vissoep, dus.

De kunst bij het ontwerpen en doorvoeren van veranderingsmaatregelen bestaat uit het kiezen van heldere aangrijpingspunten. Deze moeten een weergave zijn van de belangen zoals ze door de diverse partijen in een organisatie naar voren worden gebracht. Het spreekt voor zichzelf dat partijen op verschillende zaken de nadruk kunnen leggen. Door zorgvuldig te inventariseren en te analyseren wat de bedoeling van iedereen is, voorkom je dat er vissoep ontstaat. De matrixmanagementmethode kun je daarbij als hulpmiddel gebruiken.
Met de matrixmanagementmethode houd je overzicht op de belangrijkste aspecten van een veranderingsproces. (Peter Camp, *De kracht van de matrix, een model om veranderingsprocessen in beeld te brengen en doeltreffend aan te pakken*. Contact, Amsterdam 2002[7], en Peter Camp/Funs Erens, *De praktijk van de matrix, een doeltreffende methode om veranderingen te sturen*. Contact, Amsterdam 1998.) Het is een vierkante checklist waarmee je voor jezelf een aantal zaken kunt afstrepen. Je kunt er een sterkte/zwakte-analyse van veranderingen op organisatie-, afdelings- en uitvoeringsniveau mee maken. Later kun je de matrix gebruiken om de balans op te maken en na te gaan welke punten je verder moet uitdiepen.

De matrix is een handig hulpmiddel om voor jezelf en voor anderen de veranderingen te visualiseren en te presenteren. Daarbij kun je aan verschillende doeleinden denken. Je kunt er beoordelingsgesprekken mee voeren, teamrollen mee verdelen en er organisatieverandering mee in beeld brengen.

Het grote voordeel van de matrixmanagementmethode is dat je de opvattingen van jezelf en die van anderen bij elkaar zet in een overzichtelijk geheel dat redelijk compleet is. Je kunt de opvattingen zo beter toetsen op volledigheid, bepaalde accenten en de onderlinge dwarsverbanden. Je gaat er dan ook op een andere manier over praten, waarbij je elkaar aanvult. Je steekt de koppen bij elkaar. Iedereen vraagt zich af hoe hij de opvattingen van de ander in de matrix kan plaatsen en hoe hij ze met die van de anderen kan combineren.

De matrix

De matrix – zie figuur op blz. 31 – bestaat uit de volgende hoofdonderwerpen.

1 *Doelen en werkwijze*

Als je succesvolle verkoopcijfers wilt halen, dan is het goed om een analyse te maken van de doelen (bijvoorbeeld organisatie, team, project), de sterke en zwakke kanten te inventariseren, de aanpak te bespreken, een strategie uit te zetten, en rekening te houden met de wensen van betrokkenen en de beschikbare middelen.

2 *Taken en bevoegdheden*

Hier geef je aan wie wat doet, welke plaats iedereen heeft in het organisatieschema, hoe de informatieprocessen met elkaar samenhangen en met welke procedures je rekening moet houden.

3 *Deskundigheid*

Kennis van zaken is essentieel. Je moet ervaring hebben of opdoen. Ook moet je een idee hebben welke mensen je nodig hebt, wat ze moeten kunnen, en welke (bij)scholing noodzakelijk is. Tot slot moeten de betrokkenen op de een of andere manier worden gehonoreerd.

4 *Beleidsbeïnvloeders*
Bij veranderingsprocessen zijn allerlei mensen betrokken. Ze maken onderdeel uit van allerlei netwerken. Inzicht in de manier waarop deze werken, is een eerste vereiste om er gebruik van te kunnen maken. 'Netwerken' is contacten leggen, relaties opbouwen met invloedrijke personen, mensen zoeken die jouw organisatie verder helpen en weten welke personen en instanties belang hebben bij jouw organisatie.

5 *Besluitvorming*
Om plannen te realiseren moet je keuzes maken en beslissingen nemen. Bij de voorbereiding en uitvoering zijn meestal allerlei belanghebbenden betrokken. Om hen zover te krijgen dat ze achter jouw wensen staan, zul je in meer of mindere mate invloed op hen moeten uitoefenen. Door overleg en onderhandelingen kun je proberen de verschillende perspectieven op elkaar af te stemmen.

6 *Autonomie*
Zelfstandigheid, vrijheid en speelruimte in een organisatie zijn de voorwaarden voor mensen om zich te kunnen ontplooien. Iedereen heeft bepaalde belangen. Deze kunnen worden gestimuleerd of belemmerd. Het is zaak rekening te houden met de persoonlijke verlangens van de betrokken personen. Naarmate de veranderingen en het algemeen belang daar beter bij aansluiten is de kans op succes groter.

7 *Bedrijfsklimaat*
De sfeer van de organisatie moet mensen aanspreken. Hij is erg bepalend. Onder sfeer verstaan we ook de visie en het imago van het bedrijf. De traditie van de organisatie spelen daarbij een belangrijke rol. Ze moeten aansluiten bij de opvattingen van het personeel. Hoe meer eensgezindheid hoe meer draagvlak voor de genomen besluiten. Men zet de schouders eronder. 'De neuzen staan dezelfde kant uit' is dan een veel gehoorde uitspraak.

8 *Samenwerking*
Teams, projecten, werkgroepen en dergelijke zijn de plaatsen waar mensen met elkaar samenwerken. Daar kunnen ze zorgen delen, feedback uitwisselen en elkaar helpen. Samen worden er allerlei oplossingen bedacht en uitgeprobeerd. Ook

wordt er beleid ontwikkeld en voorbereid voor de besluitvorming.

9 *Houding*
Doordat de omstandigheden voortdurend veranderen, moeten mensen steeds hun gedrag aanpassen. Dat vraagt energie en inspanning. Een collegiale sfeer vergemakkelijkt veranderingsprocessen. Men kan dan de spanning beter aan en behoudt de inzet en motivatie die nodig zijn om vooruit te komen. Mensen worden dan ook inventiever en creatiever. Het spreekt voor zichzelf dat de leidinggevenden een stimulerende rol vervullen. Zij bevorderen het juiste gedrag en geven zelf het goede voorbeeld.

10 *Integratie*
Op blz. 31 zie je de negen hoofdonderwerpen gevisualiseerd in een matrixfiguur.

Dwarsverbindingen
Tussen de cellen in de matrix bestaan enkele duidelijke dwarsverbanden.

Verticaal tref je drie kolommen aan met daarboven *beleid, organisatie* en *personeel*. Dit zijn de voorwaarden om te kunnen veranderen. Ze helpen je eraan herinneren dat je ongeveer moet weten wat je met je organisatie wilt, dat je daarvoor het een en ander moet organiseren en dat je daar personeel voor moet inzetten. Anders gezegd, veranderen doe je met *beleid*: je moet een plan hebben, steun en invloed vanuit je netwerk en de gekozen strategie moet passen bij je identiteit.
Veranderen impliceert *organisatie*: je moet je werkzaamheden organiseren, keuzes maken en genomen besluiten tijdig bijstellen en je ideeën in een sociaal verband met anderen kunnen delen.
Veranderen heeft een *personele* kant: je moet mensen managen, zorgen dat ze zich blijven ontwikkelen, via bijscholing ontplooien, genoeg speelruimte hebben en zich adequaat gedragen.

Horizontaal zie je drie invalshoeken: *technische, politieke* en *culturele*. Je kunt dus op drie manieren naar het veranderingsproces kijken. Sommige veranderingen leggen meer het accent op de technische kant, andere benadrukken de politieke of culturele aspecten van de verandering. Het is van groot belang dat je de drie invalshoeken integreert om te voorkomen dat je een veranderingsproces te eenzijdig aanpakt.

De *technische* invalshoek: veranderen is een kwestie van een plan maken dat je, afhankelijk van je positie in de organisatie, met de juiste kennis en vaardigheden door de juiste personen laat uitvoeren.
De *politieke* invalshoek: veranderen is een proces waarin je de belangen van individuele personen via besluitvormingsprocessen afstemt op die van de belanghebbenden om hen heen.
De *culturele* invalshoek: veranderen wordt mede beïnvloed door allerlei gewoonten, normen en waarden over de manier waarop je met mensen omgaat, over hun verhouding tot anderen en over de manier waarop ze zich gaan gedragen.

Harde én zachte kanten
Veranderingen kennen ook een *harde* en *zachte* kant. De *harde* kant heeft betrekking op de successen van de organisatie, de relaties met de netwerken en de wijze waarop je het werk organiseert. Ze zijn resultaat- en taakgericht. In het matrixschema is dat het vak linksboven: het plan om successen te boeken.
De *zachte* kant bestaat uit het vermogen van mensen hun ideeën te delen, hun autonomie, en gedrag. Ze onderstreept de beleving en de innerlijke processen van het veranderen. In de matrix is dat het vak rechtsonder: de houding.

	beleid	organisatie	personeel
technisch	**1 • doelen & werkwijze** • kernactiviteiten • strategische planning • marketing • financiering • • • 1 2 3 4 5	**2 • taken & bevoegdheden** • organisatieschema • taak / projectomschrijving • informatiebehoeften • procedures • • • 1 2 3 4 5	**3 • deskundigheid** • functie-eisen • werving en selectie • know-how • salariëring • • • 1 2 3 4 5
politiek	**4 • beleidsbeïnvloeders** • directie • belangengroepen • klanten • financiers • • • 1 2 3 4 5	**5 • besluitvorming** • participatie • beoordeling van resultaten • overleg • onderhandelingen • • • 1 2 3 4 5	**6 • autonomie** • speelruimte • persoonlijk perspectief • status • individueel belang • • • 1 2 3 4 5
cultureel	**7 • bedrijfsklimaat** • visie • betrokkenheid • uitstraling • huisstijl • • • 1 2 3 4 5	**8 • samenwerking** • probleemoplossing • samenspel • ideeënafstemming • vergaderaanpak • • • 1 2 3 4 5	**9 • houding** • inventiviteit • collegialiteit • betrouwbaarheid • inzet • • • 1 2 3 4 5

10 • integratie
• problemen • dwarsverbindingen • prioriteiten • oplossingen • • 1 2 3 4 5

Prioriteiten stellen en taken verdelen

In iedere matrixcel is een scoreschaaltje van 1 tot 5 opgenomen. Met behulp van die schaaltjes stel je de prioriteiten vast. Dat gaat als volgt:

1. Loop door alle matrixcellen. Ken aan iedere cel een score van 1 tot 5 toe.
   1: Ja, dat is oké.
   2: Dat gaat wel.
   3: Is niet duidelijk, zoeken we uit.
   4: Nee, moet anders.
   5: Nee, kan niet wachten, daar moeten we meteen mee aan de slag.
2. Maak zo met de matrix een analyse van de gehele situatie.
3. Beoordeel de resultaten.
4. Bestudeer het beeld per cel en voor de hele matrix.
5. Benoem de matrixcellen en punten waaraan je meer aandacht wilt besteden.
6. Let op de onderlinge verbanden, maak een paar oplossingenscenario's.
7. Visualiseer het gezamenlijke actieplan.
8. Vraag wie wat wil uitwerken en verdeel deze taken.
9. Presenteer daarna aan elkaar de uitwerkingen.

DE WORKSHOP METAFOREN

Metaforen en de matrixmanagementmethode
Je kunt metaforen en de matrixmanagementmethode apart van elkaar gebruiken, maar een combinatie werkt veel sterker. Door de veranderingen met de matrixmanagementmethode te analyseren breng je de belangrijkste veranderingspunten op een systematische wijze in beeld. Op grond hiervan kun je prioriteiten stellen en taken verdelen. Alle betrokkenen nemen de punten die het beste bij hen passen en waar zij zich mee willen profileren. Met metaforen kun je vervolgens de vrolijke noot inbrengen. Metaforen verwijzen naar het belang van externen en doen een appel op de inzet. Ze worden symbolisch voor het proces, wat ertoe bijdraagt dat betrokkenen zich identificeren met de resultaten. De gemaakte plannen en de genomen besluiten krijgen daardoor een breder draagvlak.

Door de resultaten van de analyses te combineren met de ontwikkelde metaforen in bijvoorbeeld een beleidsnota of een samenwerkingsplan maak je zowel de meer analytische als de meer emotionele kant van een veranderingsproces zichtbaar.

Samenwerking versterken
De hierna beschreven workshop is een uitstekende manier om de samenwerking – de synergie – tussen twee afdelingen of organisaties te versterken.
Het doel van de workshop is drieledig:

1 Zorgen dat er een concreet actieplan komt met doelen, suggesties en actiepunten.
2 De betrokkenheid van alle deelnemers bij de onderlinge samenwerking stimuleren.
3 Een gemeenschappelijk positieve ervaring van feitelijke samenwerking tot stand brengen.

Niet alleen het uiteindelijke resultaat is belangrijk, maar ook de manier waarop je met een grote groep van mensen met verschillende belangen tot beklijvende besluitvorming komt.

In de workshop werk je afwisselend met metaforen, analyses, de matrixmanagementmethode en presenteer je de resultaten met behulp van zelfgekozen en zelfgevisualiseerde metaforen. Aan het eind spreek je af wie voor de uitwerking, de rapportage en de vormgeving van het geproduceerde materiaal zal zorgen. Hierna vind je stapsgewijs het verloop van de workshop.

1 Ontvangst en toelichting van de doelen van de workshop.
2 Als workshop-leider vraag je iedereen enkele associaties te noemen bij de doelstelling van de workshop 'het versterken van de samenwerking'. Daarvoor kies je een van de metaforen uit dit boek, bijvoorbeeld 'De Chinese dierenordening'. De tekening die erbij hoort, kopieer je van tevoren en vergroot je. De associaties schrijf je op een flipover. Deze neem je later op in de inleidng van het samenwerkingsdocument.
3 Vervolgens vraag je beide afdelingshoofden te vertellen hoe zij de samenwerking zien. Je kunt hen ook aanmoedigen te reageren op een metafoor, zoals die van de 'Broedende hanen'.
4 Daarna leg je met enkele *sheets* (of op een andere manier die goed bij je past) de matrixmanagementmethode uit. Je vraagt aan beide afdelingen om met een score van 1-5 aan te geven welke matrixcellen het eerste aangepakt moeten worden. (1=lage prioriteit, 5=hoge prioriteit). Iedere afdeling doet dit met een andere kleur.
5 Je bespreekt de resultaten: prioriteiten, overeenkomsten en verschillen, verbanden en patronen.
6 Je vraagt de aanwezigen zich te groeperen – naar persoonlijke interesse – volgens de matrixcellen. Elke nieuw gevormde groep behandelt een of meer matrixcellen. De leden gaan brainstormen over doelen en doen suggesties voor oplossingen en actiepunten voor de korte en lange termijn. Iedere groep omvat mensen van beide afdelingen.

7   De resultaten uit de groepen presenteer je op flipovers. Voor iedere matrixcel gebruik je een aparte flipover. De aanwezigen mogen tijdens de presentatie vragen stellen en aanvullingen geven. Iedereen krijgt slechts enkele minuten per presentatie. Voer daarom de volgende spelregel in: geen 'ja-maar-reacties', wel 'en-ook-reacties'. De aanvullingen noteer je op de betreffende flipovers.
8   Om de groepen vertrouwd te maken met metaforen vertel je er nog een paar, uit dit boek, uit andere bronnen of zelfbedachte. Deze introductie is een soort warming-up voor de deelnemers.
    Daarna vraag je de groepen een metafoor te bedenken en te tekenen. De metafoor moet passen bij de eerder uitgewerkte matrixcellen. Iedere matrixcel krijgt een specifieke metafoor.
    Deze laat je door de bestaande groepen gezamenlijk visualiseren met behulp van een bepaalde tekentechniek. Denk aan aquarel, collages of de monoprinttechniek uit dit boek.
9   De metaforen worden door de groepen gepresenteerd, met verwijzing naar de betreffende matrixcellen. Het is een leuk idee de expositie in stijl te openen met drank en hapjes.
10 Aan het eind van de dag vraag je in hoeverre de doelen zijn bereikt: hoe is de kwaliteit van het actieplan, wat vindt men van de intenties van de metaforen en van de gezamenlijke samenwerkingservaringen.
11 Daarna spreek je af wie de werkgroep gaat vormen die het materiaal gaat uitwerken in een fraai vormgegeven rapport. De werkgroepleden verwerken de inhoudelijke resultaten in een beleidsdocument. Dit illustreren ze met de gevisualiseerde metaforen. Later lijsten ze de tekeningen in. Het uiteindelijke resultaat presenteren ze aan elkaar en eventuele andere belanghebbenden. Geef deze bijeenkomst een officieel tintje.
12 Tot slot nodig je iedereen uit voor een informele afronding met een gezamenlijk diner.

DE MONOPRINTS

In dit boek zijn ter illustratie van enkele metaforen reproducties afgebeeld van monoprints. Dat is een druktechniek waarmee iedere keer maar één afdruk gemaakt kan worden. Je schildert met olieverf op glas, legt op de tekening een stuk papier, wrijft daarover met je handen. Als je het papier van de glasplaat afhaalt, zie je de afgedrukte afbeelding van je tekening.
Het interessante van deze techniek is dat je niet een opgeleid kunstenaar hoeft te zijn om een mooi resultaat te bereiken. Door het afdrukken wordt de kwaststreek mooi zichtbaar. De terpentine zorgt voor mooie patronen. De verschillende kleuren maken het schilderij levendig.
In termen van organisatieverandering uitgedrukt: je visualiseert de hoofdlijnen en de hoofdzaken.
In dit boek zijn zwart-wit monoprints opgenomen. We hebben gekozen voor een vormgeving die balanceert tussen abstract en figuratief. Enerzijds moet een illustratie een gegeven metafoor visualiseren, anderzijds moet hij ook als losstaand beeld gezien kunnen worden.
Wanneer je tijdens een workshop met z'n allen gaat monoprinten, ontstaat altijd een aparte sfeer. Iedereen krijgt werkkleding aan en men ziet er daardoor hetzelfde uit. Samen gaat men aan de slag. De terpentine en olieverf zorgen voor heerlijke geuren. Op de achtergrond speelt lekkere muziek. Enige onwennigheid wordt snel overwonnen. Snel is iedereen aan het werk. De resultaten overtreffen de verwachtingen. De presentaties zijn zeer persoonlijk. Het is gezellig, ontspannen en resultaatgericht.
Van de monoprints worden exposities samengesteld. Teksten en schilderijen hangen dan in de volgorde van de matrix systematisch en overzichtelijk bij elkaar. Bedrijven en instellingen gebruiken deze expositie voor allerlei doeleinden, bijvoorbeeld om veranderingsprocessen te ondersteunen en op te luisteren.

De schilderijen fungeren dan als boodschappers. Ze moeten mensen enthousiast maken of inspireren.
Ze worden ook gebruikt bij openingen van nieuwe gebouwen, projecten of afdelingen.
Vaak worden de schilderijen en de metaforen uit dit boek opgenomen in rapporten, beleidsdocumenten en jaarverslagen.
Soms wordt een metafoor geschilderd om als symbool voor een veranderingsproces te dienen of als speciaal geschenk voor een relatie, jubileum, afscheid of de aankleding van iemands werkkamer.
Ook komt het regelmatig voor dat de expositie een functie krijgt bij congressen, tot lering ende vermaak. Vaak verwerken de inleiders en de deelnemers de metaforen dan in hun inleidingen en reacties.
Bij workshops over organisatieverandering dienen de schilderijen als inspiratiebron om zelf metaforen te visualiseren. Het mooiste is wanneer ze worden vervangen door de schilderijen van de deelnemers die vervolgens binnen het eigen bedrijf worden opgehangen en in de eigen beleidsdocumenten worden afgebeeld. Het is een hoogtepunt in het proces van werken met de matrix, de metaforen en de schilderijen. Schilderijen vervullen kortom een belangrijke ondersteunende rol bij het realiseren van de gewenste veranderingen.

DE METAFOREN

Metaforen over doelen en werkwijze

zakendoen in het Oostblok	NESTJES LEEGHALEN
problemen overzien	SEND THE PIGS IN
trends	TRENDS ZIJN NET PAARDEN
programma's	DE HERTENJACHT
profilering	DE DOLFIJN TEGEN DE HAAI
beleidsommezwaai	EEN OLIFANT KLONEN
ontwikkelingen	PAPEGAAIEN MET ANIMAL SPIRITS
sterkte/zwakte-analyse	PAARDEN LEREN KOORDDANSEN
strategie	EEN KIP IN LEGNOOD
kwaliteit	EEN BEER IN DE ACHTERTUIN
vooruitgang	DINOSAURUSLAPPEN
uitdaging	DE STRATEGIE VAN DE GELAARSDE KAT
kernactiviteiten	EEN LAMME DUIZENDPOOT
handboek	PAPIEREN TIJGERS
mislukking	WITTE OLIFANTEN
snel aanpassen	HET DINO-SYNDROOM
strategie	DE AAP IN DE STEPPE
competitie	DE LEEUW EN DE ZEBRA
lef	CHICKEN GAME
marketing	KOETS MET VIER PAARDEN
expansiedrift	EEN KOLONIE ALGEN
risico's	EEN KAT MET JONGEN
concurrentie	BRANCHEKENNIS BIJ KORAALVISSEN
planning	DE GROEITIJD VAN EEN OLIFANT
complexiteit	HET VLINDEREFFECT
theorieën	DE LANGE 1-2-3 PAARDENRACE
lange-termijnbeleid	EEN HONGERIGE LEEUW
voorspellen	ACHTERSTEVOREN OP EEN PAARD
financiën	BABI PANGANG EN WASBEREN
prestigeprojecten	WITTE OLIFANTEN 2
goed spelen	KIP MET EI
dubbelhartige strategie	DE KOEKKOEK IN HET NEST VAN DE ALBATROS

doelen en werkwijze

overwaarderen	LIPSTICK OP VARKEN
sluwe plannen	MUIZEN EN MANNEN
product positioneren	PINGUÏNS EN DUIVEN
totaalvoetbal spelen	RODE MUSKIETEN
verzelfstandigen	RUPSJE NOOITGENOEG
mensen uitmelken	INTENSIEVE VEEHOUDERIJ
inspelen op de markt	MEEUWUIVEN ALS EEN ZEE-ANEMOON
ingewikkelde problemen oplossen	EEN DOOD PAARD VERPLAATSEN
sensatiezucht	KROKODIL IN DE RIVIER
nieuwe ondernemingen	GAZELLEN

doelen en werkwijze / zakendoen in het Oostblok
NESTJES LEEGHALEN

De nouveaux riches moeten, in tegenstelling tot het 'oude geld,' status kopen. De overwegende *self-made* mannen boksen tegen de oude elite op met protserige spullen en hobby's. Uit de top-tien van onbescheiden nouveaux riches let alleen kruidenier Dirk van den Broek op de kleintjes en bewoont hij slechts een bescheiden villa in Noordwijk. Zijn grootste hobby? 'Nestjes leeghalen,' ofwel zakendoen, in het Oostblok. [1]

doelen en werkwijze / problemen overzien
SEND THE PIGS IN

Als bedrijven hun targets niet halen, is de eerste reflex: we gaan nog harder ons best doen. Méér kunstmest, méér controlemechanismen. Ze zijn heel erg gericht op het reduceren van onzekerheid. Terwijl het juist belangrijk is om het héle probleem te overzien. Is het product niet goed? Zijn de klanten ontevreden? Achterhaal de waarheid, de gevoelens bij mensen. *Send the pigs in*, dat doen we op de boerderij ook. Als we problemen hebben met onkruid dan sturen we de varkens het land op, zodat er een nog grotere puinhoop ontstaat. Dat zorgt voor turbulentie en leidt tot creativere oplossingen. [2]

Zie voor de bronvermeldingen pag. 319 e.v.

Trends zijn net paarden

doelen en werkwijze / trends

TRENDS ZIJN NET PAARDEN

In een wereld waarin ideeën en gebeurtenissen worden overgeanalyseerd tot er bijna niets meer van over is, die almaar complexer wordt, waarin je boven alle kabaal uit moet gillen om gehoord te worden, in zo'n wereld verlangen wij naar een structuur.
In een eenvoudig kader kunnen we een samenhang ontdekken. En we kunnen dat kader veranderen, als de wereld zelf verandert.
Trends zijn net paarden. Als je mee beweegt, kun je er gemakkelijker mee overweg. [3]

doelen en werkwijze / programma's

DE HERTENJACHT

Hertenjagers gaan het bos in, schieten een hert en nemen dat mee naar huis. Klopt dat? Niet helemaal.
Ze nemen het lichaam mee terug, maar de geest van het levende hert blijft in het bos.
Datzelfde gebeurt in veel organisatie-ontwikkelingsprojecten.
Managers gaan op jacht naar het goede programma of ontwerp om hun organisatie te veranderen. Wordt het idee 'thuis' toegepast, dan wint de dagelijkse realiteit en blijken de resultaten vaak teleur te stellen. De trofeeën hangen als ingelijste diploma's aan de muur, maar de essentie van wat het programma probeerde te bereiken, is verloren gegaan.
Zulk soort programma's volgen elkaar snel op. Uit iedere ervaring leert men iets en de organisatie wordt in de goede richting geduwd. De resultaten zijn vaak echter marginaal en de mede-

werkers worden uiteindelijk gefrustreerd en cynisch: 'Daar gaan we weer.' 'Het nieuwe snoepje van de maand!' 'Waarop zal men zich volgend jaar gaan richten?' 'We zijn bezig met verandering ter wille van de verandering.' De programma's vreten tijd, leggen extra druk op toch al volle schema's en leiden tot veel desillusies. [4]

doelen en werkwijze / profilering

DE DOLFIJN TEGEN DE HAAI

In maart leverden Caddell en Miller, twee adviseurs van het computerbedrijf Apple, hun rapport met de naam *De dolfijn tegen de haai* af.

In *De dolfijn tegen de haai* drongen Miller en Caddell erop aan IBM te laten voor wat het was. Ze hielden een pleidooi voor een 'marketing-jioe-jitsoe' om de sterke punten van IBM tot zwakke punten te veranderen. De grote, bedreigende en vastberaden haai IBM kon omsingeld en uit evenwicht gebracht worden door een slimme en behendige vijand.
Apple was meer dan een bedrijf, het was een idee dat aan het Amerikaanse publiek verkocht moest worden. [5]

doelen en werkwijze / beleidsommezwaai

EEN OLIFANT KLONEN

Ervoor zorgen dat Kodak weer gaat groeien is niet een olifant leren dansen, maar een olifant klonen in een muis. [6]

doelen en werkwijze / ontwikkelingen

PAPEGAAIEN MET ANIMAL SPIRITS

Als de onzekerheid toeneemt, is dat altijd funest voor de economie. Er ontstaat een massa-psychose en Nederland wordt een papegaaienland. Men aapt elkaar na en praat elkaar zodoende de recessie aan. De internationale economie heeft veel weg van een dierenwinkel. Vaak zijn het namelijk de *animal spirits* die de dienst uitmaken. Toen bijvoorbeeld bleek dat Reagan kankergezwelletjes op zijn neus had, kelderden de aandelenkoersen onmiddellijk. [7]

doelen en werkwijze / sterkte/zwakte-analyse

PAARDEN LEREN KOORDDANSEN

C. van der Kolk (COR-lid) gooide de knuppel in het hoenderhok toen hij zich hardop afvroeg of de VNU-tijdschriftengroep door de gemaakte keuze voor primaire aandacht voor grote, op de massa gerichte titels geen kansen liet liggen die andere, kleinere uitgeverijen wel kunnen grijpen.
'We kunnen dan nu wel sterk zijn in massabladen, maar dat is ook het segment dat het meeste bedreigd wordt door de huidige ontwikkelingen op de advertentiemarkt. Moet je dan aan zo'n keuze blijven vasthouden?' vroeg het COR-lid zich af.
A. Lugt meende stellig dat Van der Kolk zich vergiste: 'Als je een paard bent, moet je niet leren koorddansen,' maakte hij een vergelijking met de Tijdschriftengroep in de rol van de edele viervoeter. Want waar zijn we sterk in? In massa-consumentenartikelen. Daar is ook de advertentiemarkt op afgestemd. [8]

Een beer in de achtertuin

doelen en werkwijze / strategie

EEN KIP IN LEGNOOD

Zeventig procent van de kosten in de intramurale gezondheidszorg wordt aan personeel besteed. Maar om een reden die ik nog steeds niet scherp heb kunnen krijgen, hobbelt het sociaal beleid altijd ver achter het medisch/verpleegkundige en het financiële aan. Pas in 1977 kreeg de gezondheidszorg zijn eerste CAO. Sociaal beleid is in deze sector als een kip in legnood. Ineens wordt een tekort of overvloed geconstateerd waarop allerlei onbezonnen ad hoc-maatregelen volgen. Later blijken dat allemaal windeieren te zijn. Momenteel zit 70 procent van de ziekenhuizen in de rode cijfers. [9]

doelen en werkwijze / kwaliteit

EEN BEER IN DE ACHTERTUIN

Dat de beer het woud verlaat en uw achtertuin opzoekt, is niet conform de eisen, maar een gesprek daarover is op dat moment waarschijnlijk niet zo'n goed idee.
Het echte probleem is echter: Wat doet deze beer in uw achtertuin? [10]

doelen en werkwijze / vooruitgang

DINOSAURUSLAPPEN

Toen hij die ochtend wakker werd, zat de dinosaurus er nog steeds. Hij pakte zijn knuppel en mepte hem neer voor de lunch. Het leven was goed voor deze holbewoner. Er was genoeg. Het land zat vol domme dino's. Zijn knuppel was van de beste kwaliteit. Hij hoefde niet meer. Maar alles veranderde de dag dat Jan Vuur zijn hol binnenstapte en opgewonden, struikelend over zijn woorden, vertelde dat hij iets geweldigs had uitgevonden. Iets met twee keitjes en een pluk droog gras. Hij sloeg de keitjes driftig op elkaar tot het flitste en het gras rookte, vlamde, en het warm werd. Vuur zei dat hij er nog geen naam voor had, maar dat het een lekker gevoel gaf in je botten als je dicht in de buurt bleef en dat dinovlees beter smaakte als je dat er niet al te lang in hield. Het scheen ook als een licht in de duisternis. Vuur was er vol van, maar voor de holbewoner hoefde het niet. Het zag er reuze gevaarlijk uit en voor je het wist, was al het gras platgebrand. Hij lustte ook helemaal geen opgewarmde dino. Hij zag de vonk van Vuur niet en hun relatie bekoelde.
Verandering is niet te vermijden. Elke dag komt een nieuwe Jan Vuur ons hol binnenstappen, knetterend van enthousiasme omdat hij nog iets beters heeft gevonden dan gisteren.
Groei is elke dag kiezen. Als we goed kiezen, zitten we morgen lekkerder dan vandaag. Als we nooit hadden gekozen, renden we nu nog als knuppels door de vrieskou op zoek naar dinosauruslappen. [11]

doelen en werkwijze / uitdaging

DE STRATEGIE VAN DE GELAARSDE KAT

Wat wij van de strategie van de gelaarsde kat kunnen leren, is dat hij tot actie overging omdat er een uitdaging lag. In ander opzicht is de strategie van de kat echter een slecht model voor organisatiestrategieën. De kat opereert in een veld waarin zekerheid en wetmatige gedragspatronen troef zijn. Organisatiestrategieën hebben daarentegen betrekking op het maken van onvoorwaardelijke keuzen in een onzekere en onvoorspelbare context. Belangrijker dan dit is de constatering dat in de strategie van de kat alle elementen van constructieve interactie ontbreken. De aanpak is individueel en het respect voor de medeactor, dat essentieel is voor constructieve interactie, is ver te zoeken. [12]

doelen en werkwijze / kernactiviteiten

EEN LAMME DUIZENDPOOT

Internatio-Müller heeft een scala aan activiteiten, maar op vrijwel geen enkel terrein een prominente positie. In het verleden is op te veel paarden gewed. 'We hebben bekeken welke paarden in de toekomst ook nog kunnen lopen', verkondigde bestuursvoorzitter 'Mas' Thomassen deze week bij de presentatie van de nieuwe concernstrategie.
Internatio-Müller doet van alles en nog wat. Het Rotterdamse concern paart handel in chemie en farmaceutische produkten, werktuigbouw, metaal, transport en distributie aan automatisering, elektrotechniek, brandbeveiliging en de aanleg van gas- en waterleidingen.
Internatio-Müller is het laatste echte conglomeraat in Nederland. Het concern telt, inclusief belangrijke deelnemingen,

maar liefst 78 werkmaatschappijen.
Het concern heeft nu eindelijk zelf ook ontdekt dat zo'n enorme hoeveelheid activiteiten, waarin enig verband ver te zoeken is, niet te besturen is. Het concern is een lamme duizendpoot. [13]

doelen en werkwijze / handboek

PAPIEREN TIJGERS

Er zijn bedrijven die een handboek kwaliteitswaarborging hebben dat er perfect uitziet. Bij lezing van het boek moet je constateren dat aan alles is gedacht. Er zijn procedures bedacht voor alle voorkomende situaties. *Flow-charts* geven aan hoe de processen verlopen, controlegrendels zijn duidelijk aangegeven. Kortom alles wekt de indruk dat het bedrijf zijn zaakjes op het gebied van de kwaliteit goed voor elkaar heeft.
Niets is minder waar. Zo neemt bijvoorbeeld niemand in de produktie het handboek serieus. Het wordt als een stokpaardje van de Kwaliteitsafdeling gezien. 'Maar hier doen we het anders, want anders leveren we geen produkten meer af', is het veel gehoorde commentaar vanuit de produktie.

Het handboek Kwaliteit is slechts een papieren tijger. De relatie met de dagelijkse praktijk is ver te zoeken. [14]

doelen en werkwijze / mislukking

WITTE OLIFANTEN

Soms worden ontwikkelingsprojecten op een verkeerde schaal, op de verkeerde plaats en op het verkeerde tijdstip uitgevoerd. Ze worden afgewezen door de bevolking. Ze hebben geen relevantie voor de sociale infrastructuur. Het zijn *surviving failures* ook *white elephants* genoemd. Het zijn projecten die niet bij de omgeving passen. [15]

doelen en werkwijze / snel aanpassen

HET DINO-SYNDROOM

In de snelle wereld van vandaag zijn olifanten een bedreigde diersoort. Langzame, logge, omvangrijke dikhuiden kunnen zich niet snel genoeg verplaatsen om aan de dodelijke laserstraal van de concurrentie te ontsnappen. Er wordt lichtvoetigheid vereist. De gazellen zullen dus overleven, maar niet de zich maar traag aanpassende olifanten...

...De olifant moet dus leren dansen om te voorkomen dat de organisatie in een dinosaurus verandert... [16]

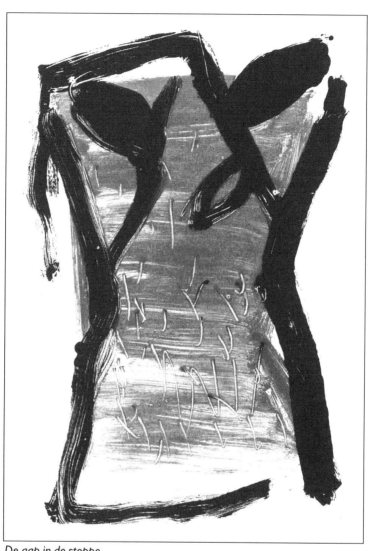
De aap in de steppe

doelen en werkwijze / strategie

DE AAP IN DE STEPPE

Op de steppe is plaats voor de giraffe, de leeuw en de tijger. En voor de aap. Die aap zijn wij: levendig, behendig, met een snelle sprong, slim genoeg om vanuit een boom toe te zien hoe de grote dieren ruzie maken. Als de aap denkt: ik moet de leeuw nadoen om te kunnen overleven, dan is het zo met hem gebeurd. Wij moeten ons steeds die aap voelen. Dat beeld heb ik overal uitgedragen. Dat werkt, vind ik, beter dan een reeks *corporate statements*. De motoriek van de beweeglijke, eigenwijze aap die ATAG wil zijn, wordt gestuurd door een totaal geïntegreerd informatiesysteem. [17]

doelen en werkwijze / competitie

DE LEEUW EN DE ZEBRA

Time-based competition

When the sun rises in Africa, the zebra decides that he better runs faster than the lion

When the sun rises in Africa, the lion decides that he better runs faster than the slowest zebra

When the sun rises in Africa, you better be running [18]

doelen en werkwijze / lef

CHICKEN GAME

Een geliefd spel onder Hell's Angels op de Californische stranden was destijds het *chicken game*.
Bij *chicken* rijden twee Angels hard op elkaar in en degene die het eerst wijkt, heeft verloren.
Hij is de *chicken*, omdat hij banger was dan zijn tegenstander.
De beste strategie bij *chicken* bestaat hierin dat je je tegenstander informatie geeft over je te verwachten uitwijkgedrag, bijvoorbeeld door duidelijk te maken dat jij zeker niet zult wijken. [19]

doelen en werkwijze / marketing

KOETS MET VIER PAARDEN

De werking van de marketing-mix wordt wel eens uitgelegd aan de hand van het voorbeeld van een kar (of koets) getrokken door een aantal paarden. De marketeer speelt de rol van de koetsier. Hij is verantwoordelijk voor de keuze van de paarden. Hij moet ervoor zorgen dat de dieren bij elkaar passen. Hij houdt de leidsels in handen en leidt de dieren, zodat ze hun kracht inzetten in dezelfde richting. Als een paard afremt of een andere richting in wil gaan dan de rest van het span, vertraagt dat de snelheid van het geheel. Het is zelfs gevaarlijk! De hulpmiddelen (elementen) worden voor elk geval apart op een bepaalde manier samengevoegd. [20]

doelen en werkwijze / expansiedrift

EEN KOLONIE ALGEN

Het in 1976 geboren geesteskind van business-goeroe Eckart Wintzen blijkt in een cruciale fase te zijn beland. Het 'organisme' BSO/Origin heeft zich de afgelopen jaren – om met Wintzen te spreken – ontwikkeld 'als een kolonie algen in zee'. Onder het motto 'think global, act local' waagde BSO/Origin in 1990 de stap van een zuiver lokale klandizie naar wereldwijde dienstverlening aan multinationals. Een riskante sprong waar Volmac en het Franse Cap Gemini zich niet met overtuiging aan durven wagen. BSO/Origin dacht en denkt dat avontuur nog steeds aan te kunnen door de 'organische-celstructuur' van het bedrijf. Wintzen streeft naar een organisatie zonder moederbedrijf, samengesteld uit zelfstandig werkende 'cellen' van maximaal zeventig mensen die elkaar allemaal kennen. Cellen die boven dat aantal uitgroeien, worden gesplitst. Wintzens 'organisme' breidde zich in drie jaar uit met vele tientallen 'cellen' in negentien landen. Het personeelsbestand verdubbelde zich tot ruim vijfduizend werknemers, waarvan de helft in het buitenland, met een ongehoord laag leeftijdsgemiddelde van vierendertig jaar. Inmiddels is de cellenstructuur opgegaan in Origin, een omvangrijke fusie met Philips informatiseringsafdelingen. [21]

doelen en werkwijze / risico's

EEN KAT MET JONGEN

In geval van een goed resultaat tegen Uruguay moet Thys, trainer van het Belgisch voetbalelftal, nog maar eens tot een groot veldheer worden uitgeroepen. Als er verloren wordt, zal iedereen echter in zijn richting wijzen. Er zal dan worden gezegd dat

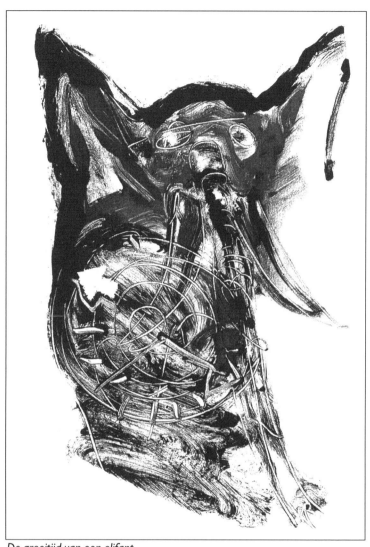
De groeitijd van een olifant

de Mondiale een brug te ver was voor de terecht meest gelauwerde trainer van het land.
Thys, die maar geen vat krijgt op de selectie, neemt dus grote risico's. De spelersgroep gelooft (voorlopig) geenszins in de vooropgestelde werkwijze, die op een kluwen lijkt waarin zelfs een kat haar jongen niet terugvindt. [22]

doelen en werkwijze / concurrentie

BRANCHEKENNIS BIJ KORAALVISSEN

Koraalvissen staan bekend om hun veelsoortigheid, prachtige en opvallende kleuren en grote onderlinge agressiviteit.
Twee vissen van dezelfde familie bevechten elkaar op leven en dood, maar exemplaren van verschillende soorten laten elkaar ongemoeid.
Een verklaring voor deze feiten is dat het koraal ruimte biedt voor een groot aantal typen vissen om te jagen op hun eigen aas.
Elke vis kent zijn eigen slachtoffers en eigen vangtechnieken en is daarin in hoge mate gespecialiseerd.
Twee soorten koraalvissen beconcurreren elkaar dus niet: zij hebben elk hun marktgebied en jagen elk op hun eigen aas. [23]

doelen werkwijze / planning

DE GROEITIJD VAN EEN OLIFANT

Van Dorp, voormalig korpschef van de Rotterdamse politie, heeft dan ook geen begrip voor de kritiek van de dienstcommissie. 'Je kunt niet van een olifant verlangen dat hij binnen negen maanden bevalt, want de zwangerschap van een olifant

duurt nu eenmaal tweeëntwintig maanden.
Een operationele dienst als de politie kijkt op zijn hoogst drie maanden vooruit. Bij de zaken waar ik aan gewerkt heb, geldt een heel andere termijn. Ik denk dat veel van de verwijten die mij gemaakt worden, verband houden met de korte tijdschaal die hier door velen wordt gehanteerd'. [24]

doelen en werkwijze / complexiteit

HET VLINDEREFFECT

De snelst groeiende discipline in de moderne wiskunde is die van de complexiteitstheorie.
Zij toont met rigoureuze, wiskundige bewijzen aan dat gecompliceerde systemen geen voorstellingen of prognoses toelaten; ze worden beheerst door factoren die niet statistisch significant zijn. Dit is bekend geworden als het 'vlindereffect': een triviale, maar wiskundig rigoureus (alsmede experimenteel) bewezen stelling bewijst dat het fladderen van de vlindervleugels in de regenwouden van het Amazonegebied binnen enkele weken of maanden het weer in Chicago kan bepalen (en dat inderdaad ook doet). In gecompliceerde systemen is het 'klimaat' voorspelbaar; het 'weer' is daarentegen onvoorspelbaar en volstrekt onstabiel. Geen enkel gecompliceerd systeem kan ook maar iets als 'extern' buiten beschouwing laten, met betrekking tot verschijnselen op korte termijn is er geen systeem, alleen chaos. [25]

doelen en werkwijze / theorieën

DE LANGE 1-2-3 PAARDENRACE

Men kan de laatste honderd jaar managementhistorie zien als een 1-2-3 paardenrace. De paarden in deze race zijn:

1. Padvinder: de ondernemer met visie, sterk ontwikkeld waardegevoel en besluitvaardigheid.
2. Probleemoplosser: de marketeer uit de stal van de businessschools. Hij analyseert en maakt plannen.
3. Uitvoerder: de doener. Hij verandert, beïnvloedt, en is sociaal en emotioneel bezig.

Het is een race zonder eind. Daarom zijn er ook geen duidelijke winnaars.
Bekijken we echter de periode vanaf 1890, dan kunnen we toch de posities van de paarden bepalen. En als we dat doen, zullen we constateren dat het een heel bijzondere wedstrijd is.
De kopposities veranderen ongeveer iedere twintig jaar. Een van de drie paarden – Padvinder – is dan zover teruggevallen dat zijn positie hopeloos lijkt.
Maar bezien we de stand van zaken een tiental jaren verder, dan blijkt dat dit paard weer enigszins zijn oude kracht teruggewonnen heeft en de andere twee weer inhaalt.

Padvinder hebben we laatste twintig jaar te veel verwaarloosd. De komende tien jaar moet hij weer samen met Uitvoerder aan kop gaan lopen. [26]

doelen en werkwijze / lange-termijnbeleid

EEN HONGERIGE LEEUW

Kortzichtige politici en zakenlieden, waar ook ter wereld, zien hun narigheden in bilateraal perspectief: Amerikaanse zakenlieden maken zich zorgen over hun problemen met Japan en Japanse zakenlui vragen zich bezorgd af hoe ze het hoofd moeten bieden aan de klachten van Amerikaanse en Europese zakenlieden en politici.

Onlangs hoorde ik nog een mop over een Amerikaan en een Japanner die samen in de jungle een hongerige leeuw tegenkwamen. De Japanner begon meteen zijn schoenen aan te trekken.
'Als jij denkt een hongerige leeuw voor te blijven, ben je goed gek,' sneerde de Amerikaan.
'Ik hoef die hongerige leeuw ook niet voor te blijven,' antwoordde de Japanner, 'alleen jou maar!'

De leeuw die op ons afkomt, de toekomstige crisis, is echter van wereldformaat. Het wereldhandelssysteem verkeert naar mijn idee in groot gevaar en de kiftpartijen tussen de afzonderlijke landen over bepaalde handelskwesties camoufleren de echte, onder de oppervlakte schuilende problemen. Met oplossingen voor kleine afzonderlijke problemen komen we niet verder.
[27]

doelen en werkwijze / voorspellen

ACHTERSTEVOREN OP EEN PAARD

Het is een misverstand te denken dat een goedgekeurd jaarverslag alle belangrijke informatie bevat die nodig is om een goed beeld te krijgen van een bedrijf. Dat is onjuist. De cijfers zeggen iets over het verleden maar niets over de toekomst. Alsof je achterstevoren op de rug van een paard zit: wat je ziet, ligt al achter je. Waar het paard naar toe gaat, is ongewis omdat je er met de rug naar toe zit. Misschien stevent het wel af op de afgrond... Iedere voorspelling die op cijfers is gebaseerd, is een gissing, en daarom vaak zelfs een vergissing. [28]

doelen en werkwijze / financiën

BABI PANGANG EN WASBEREN

De financiële wereld heeft net als iedere wereld haar eigen jargon. Een deel daarvan bestaat uit dierenmetaforen.

Babi pangang is de bijnaam in de Nederlandse goederen-termijnhandel voor varkensbuiken. Dit zijn bulkprodukten als graan, olie en zilver. Geslachte varkens (*pork bellies*) zijn bulkproducten waar men beter niet al te lang in kan handelen.

Is de stemming over de markt pessimistisch, dan heeft men het over beren en berig (*bearnik*). Is de stemming optimistisch, dan praat men over stieren (*bull*), en stierig (*bullish, bull-run en bull-rally*). De berenmarkt is het tegenovergestelde van berengoed ofwel het is een fantastische markt. Soms heb je van die verraderlijke situaties waarin een aandeel na een belangrijke periode van daling even opveert. Een belegger die dan koopt, stapt in een berenval (*bear trap*).

Bambi's zijn startende ondernemingen. Gazelles zijn doorstartende ondernemingen.

Een opverende dode kat (*dead cat bounce*) is de laatste kortstondige stijging van een aandeel van een bedrijf dat bijna ter ziele gaat. Vergelijkbaar met een dode kat die nog even opstuitert als hij van een hoog kantoorgebouw naar beneden wordt gegooid.

Kangoeroes zijn Australische aandelen. Die kunnen als rode haring (*red herring*) worden uitgegooid om klanten te vangen. Bijvoorbeeld met een mooie prospectus. Als je bang bent voor vijandige overnames, zet je dodelijke bijen (*killer bees*) in. Die jaag je dan het kippenhok, de Amsterdamse effectenbeurs, in. Met het risico dat ze via voorkennis in de rendieren-zone (*reindeer belt*) terechtkomen. Waardoor de wasberen (beleggingsanalisten) niet meer van het computerscherm zijn weg te slaan. En deze door de kringen rond hun ogen nog meer op de wasberen gaan lijken. [29]

doelen en werkwijze / prestigeprojecten

WITTE OLIFANTEN 2

Volgende week besluit het bestuur van de Wereldbank of zij het project zal steunen door een garantie af te geven van 250 miljoen dollar voor politieke risico's. 'Als de Wereldbank geen aanpassingen eist, loopt zij het risico een witte olifant neer te zetten die de wankele schuldenlast van Uganda alleen maar vergroot,' reageert Lori Pottinger, directeur Afrika van milieuorganisatie International Rivers Network, die actie voert tegen de dam. 'Witte olifant' is de gangbare benaming voor geldverslindende, vaak infrastructurele prestigeprojecten die weinig bijdragen aan armoedebestrijding en ontwikkeling. [30]

doelen en werkwijze / goed spelen

KIP MET EI

PSV en Heerenveen, voor het beginsignaal in punten gelijk en in doelsaldo één goal uiteen, speelden op Paasmaandag de klassieke 'kip of ei'-wedstrijd. Na 4-1 voor de Eindhovenaren – 8-1 had ook gekund – luidde dus de vraag of PSV zo goed was dan wel Heerenveen zo slecht.
Bij de beantwoording van die altijd weer klemmende vraag diste Heerenveen-trainer De Haan gistermiddag foe yong hai op, kip *met* ei. PSV was heel goed, zei De Haan. En om die reden had zijn ploeg 'misschien' onder zijn niveau gespeeld, opperde hij. [31]

doelen en werkwijze / dubbelhartige strategie

DE KOEKOEK IN HET NEST VAN DE ALBATROS

Het meest dubbelhartig is natuurlijk: de sluwe strategie waarmee de SP de afgelopen jaren doelbewust de natuurlijke terugvalpositie van de PvdA in oppositie dacht te kunnen bezetten. Marijnissen in *Vrij Nederland:* 'Ik denk dat we de PvdA zo langzamerhand overvleugelen.' Als een koekoek die zijn ei uitbroedt in het nest van een aangeslagen albatros.
Je moet maar durven. Om de partij van Mao, Jan Marijnissen en Tiny Kox te beschouwen als de ware erfgenaam van Troelstra, Drees, Den Uyl en Kok. Je moet maar durven om de socialistische ervaringen uit Oss belangrijker te achten dan honderd jaar sociaal-democratisch laveren tussen realisme en idealisme van SDAP en PvdA. [32]

doelen en werkwijze / overwaarderen

LIPSTICK OP VARKEN

Wat de beleggers het schuim op de lippen bracht, was een reclame die tot vorige maand dagelijks op de tv was. In de parodie raadde een snelle geldmanager zijn analisten met een kwaadaardige grijns aan: *Let's put some lipstick on this pig!* – pak een waardeloos of riskant aandeel, en verkondig dat het een nieuw wereldwonder is. Overwaardeer! De referentie was niet te missen. Concurrent Merrill Lynch was net in het nieuws vanwege zwakke aandelen die door analisten overgewaardeerd waren om zaken van het betreffende bedrijf binnen te halen. In e-mails hadden de gevallen Merril-analisten het over 'schoongeboende *dogs*' gehad: vandaar de varkensanalogie. [33]

doelen en werkwijze / sluwe plannen

MUIZEN EN MANNEN

De sluwste plannen van muizen en mannen lopen vaak verkeerd.
Robert Burns (1759-1796)
[34]

doelen en werkwijze / product positioneren

PINGUÏNS EN DUIVEN

De pinguïn is een beestje dat achteraan stond toen de schepper de leuke dingen uitdeelde. Vliegen kan hij niet, wat sneu is voor een vogel, en lopen doet hij slechts met moeite. Niets vermoeit meer dan kijken naar een pinguïn die over kilometers ijs moet waggelen om zijn broedplek te bereiken.
Een pinguïn – de perfecte mascotte voor Linux.
Want dit besturingssysteem voor computers lijkt in veel opzichten op deze poolvogel. De pinguïn kennen we voornamelijk uit de dierentuin – zoals Linux vooral is te vinden in de enclaves van universiteiten en het leger. Op kantoorcomputers maakt Windows van Microsoft de dienst uit. Windows is meer een soort duif: saai grijs, maar alom aanwezig en zo'n goede vlieger dat er wedstrijden mee worden gehouden.
Aan die ongelijkheid willen tal van overheden een einde maken. Deze week zette de Duitse regering haar handtekening onder een raamovereenkomst met IBM en Suse. De Amerikaanse computerbouwer en het Duitse softwarehuis gaan met korting pc's leveren waarop Linux draait aan gemeentes, deelstaten en centrale overheidsdiensten. [35]

doelen en werkwijze / totaalvoetbal spelen

RODE MUSKIETEN

Mohammed Ali, de beste bokser aller tijden, danste als een vlinder en stak als een bij. Zijn motto is naar voetbal vertaald door de Zuid-Koreaanse voetbalploeg. De angel van Jung Hwan Ahn, speler nota bene van Perugia, trof Italië diep in het hart. Het was de ultieme doodsteek. De grootste sensatie in het WK der sensaties: 2-1 in de verlenging.

Ali danste in de ring, vermoeide zijn tegenstander en sloeg dan onbarmhartig toe. De Koreanen rennen, springen, vliegen, duiken, vallen, staan weer op en gaan weer door (vrij naar Herman van Veen). Ze spelen de Aziatische vorm van totaalvoetbal, uitgevoerd door spelers met veel minder talent dan de gouden generatie van Rinus Michels in 1974, maar met in plaats daarvan ongelooflijke wilskracht.

De *Rode Muskieten* zijn door Hiddink, assistent Verbeek en inspanningsfysioloog Verheijen zo fit en conditioneel sterk gemaakt dat het bijna akelig is.

Hiddink mag nu tegen Spanje waar hij werkte bij Real Madrid en Valencia. Dat vindt hij prachtig. En de Rode Muskieten? Die ruiken bloed. [36]

doelen en werkwijze / verzelfstandigen

RUPSJE NOOITGENOEG

'Holland Casino is als Rupsje Nooitgenoeg: het wil almaar *meer, meer, meer,*' schrijft de Algemene Bond voor Casinopersoneel, kortweg ABC, in een brandbrief aan de ministers van Justitie en Economische Zaken. Holland Casino wil verzelfstandigen en naar de beurs. 'Maar de kansspelmarkt kan niet als een gewone industrie worden aangemerkt,' stelt vakbondsvoorzitter Okke Verstrenge. 'De herkomst van het vele geld dat circuleert, is niet te herleiden; een gedeelte ervan is zwart of crimineel geld. Holland Casino verkoopt een illusie. De grote winnaar is Holland Casino zelf.' [37]

doelen en werkwijze / mensen uitmelken

INTENSIEVE VEEHOUDERIJ

Hoe kijken de werknemers van Daimler-Benz aan tegen hun bestuursvoorzitter Jürgen Schrempp, die zijn laptop inronisch genoeg Klara heeft genoemd. Zijn 'Welt AG' is als één grote melkkoe in de spreadsheets van Klara gestopt en op basis daarvan beslist Schrempp om 35.000 banen bij Chrysler en Mitsubishi preventief te ruimen.
Werken niet steeds meer organisaties volgens werkwijzen die zijn ontstaan in de intensieve veehouderij? Bij welke beenhouwerij werkt u eigenlijk? De intensieve advieshouderij, de intensieve winkelhouderij, de intensieve bankhouderei, de intensieve studentenhouderij, intensieve restauranthouderij, intensieve bejaardenhouderij, of de intensieve treinhouderij? Leven wij niet steeds meer om de economie in stand te houden en laten wij ons niet steeds meer omvormen tot wegwerpmedewerkers ten dienste van de aandeelhouders? [38]

doelen en werkwijze / inspelen op de markt

MEEWUIVEN ALS EEN ZEE-ANEMOON

En wat anders is flexibiliteit dan een economische vorm van devotie: bereidheid tot volledige overgave aan het economische krachtenspel, een verlangen op te gaan in het mystieke lichaam van de markt? Zoals een zee-anemoon meewuift met de waterstromen, zo speelt een flexibele ondernemer in op de veranderende stromen van de markt. De markt is als het oud-Chinese orakelboek *I Ching*, 'het boek van veranderingen.' Het accepteren en kunnen 'navigeren' van verandering, vormt de sleutel tot een succesvol (bedrijfs)leven. Hier raakt economie aan mystiek. [39]

doelen en werkwijze / ingewikkelde problemen oplossen

EEN DOOD PAARD VERPLAATSEN

De agent van dienst van de alarmcentrale van een grote gemeente ontvangt een telefoontje. De beller heeft een spraakprobleem.
'Ik he he he he heb een do do do do do dood p p p p paard gev gev gevonden.'
'En waar kunnen we dan wel noteren dat mijnheer een dood paard heeft gevonden?'
'In de de de de B B B B.'
'In de Burgtstraat?'
'Nee nee nee in de B B B B.'
'Mijnheer we hebben hier maar één buitenlijn en er gebeurt van alles in zo'n stad, wanneer u weet waar dat paard ligt kunt u het nog eens proberen. Goedenavond.'
Drie uur later, de agent heeft zijn jas al aan, gaat weer de telefoon.
'Ik he he he heb een do do dood ppppaard gev gevonden in de B B B B.'
'In de Burgtstraat?'
'Ja! Da daar he he heb ik hem ne ne net naar toe getrrrrokken.'

In sommige gevallen lijkt bovenschoolmanagement trekken aan een dood paard.
Natuurlijk, we weten 't allemaal. Het onderwijs wordt compexer en goedwillende bestuursleden kunnen 't in hun vrije tijd niet meert bijbenen. Daarom is actie gewenst. Zo eenvoudig is het. Maar de oplossing is niet zo eenvoudig of in ieder geval niet eenduidig. Bovenschoolse samenwerking in welke vorm dan ook, kan voor een deel zeker een adequaat antwoord zijn op de ingewikkelde problemen. [40]

doelen en werkwijze / sensatiezucht

KROKODIL IN DE RIVIER

De Volkskrant is er meermalen sterk in geweest om de tijdgeest te volgen, maar door het dubbele verlies van identiteit is ze nu overgeleverd aan de grillen van zap & soap. Er is echter niemand die het probleem van de identiteit beter kan verwoorden dan Pieter Broertjes zelf (*De journalist,* mei 1998): 'We onderscheiden ons hoop ik door enthousiasme, door onze eigen toon en smaak, door humor. En door onze openheid tegenover veranderingen. Dat geeft *de Volkskrant* een eigen identiteit.'
Er kunnen zeven redenen zijn om een rivier over te steken, maar als er een krokodil in zwemt, kun je beter aan de kant blijven. Er kunnen zeven redenen zijn om *de Volkskrant* te lezen, maar als sensatiezucht de kop opsteekt, dan is dat de krokodil. [41]

doelen en werkwijze / nieuwe ondernemingen

GAZELLEN

In beschaafd blauw pak zei de nieuwe voorzitter van VNO-NCW, Jacques Schraven, er zin in te hebben de ondernemersbelangen te gaan vertegenwoordigen. Ook die van 'de ruggengraat van Nederland,' de vele duizenden kleine en middelgrote bedrijven, benadrukte de ond-topman van Shell Nederland.
Zijn boodschap: Nederland moet meer nieuwe ondernemingen krijgen, vooral op het gebied van informatie- en biotechnologie. Deze 'gazellen' kunnen profiteren van de kenniseconomie. [42]

Metaforen over taken en bevoegdheden

functie-omschrijving	DE HOND EN DE PILOOT
complementariteit	EEN VLUCHT GANZEN
taakopvatting	BERENGRAPJE
handelen	DE ORGANISATIECENTAUR
tijdsbesteding	HET VERTERINGSPROCES VAN EEN BOA CONSTRICTOR
verbinding	SPINNENWEBTAAL
integratie	DE ORGANISATIE ALS DIERENTUIN
zelforganisatie	STRATEGISCHE TERMIETEN
organogram	EEN ZEUG MET BIGGETJES
flexibilisering	VISVIJVERORGANISATIES
business unit	HET BUIDELDIER
bedrijfsonderdelen	KAMELOFANTEN
procedures	EEN VERKOUDEN MIER
verantwoordelijkheden	MOLLEN MET SNEEUWBRILLEN
management	OLIFANTEN EN KONIJNEN
interactie	DE COMMISSIE ALS EEN KAMEEL
staffuncties	HET VETTE-KATSYNDROOM
vermogens aanwenden	DE KIP MET GOUDEN EIEREN
communicatie	ORGANISATIES ZIJN EEN KOOI
bureaucratie	DE VETTE-ZWIJNENWET
structuur	EEN SLECHT GEKNOOPT VISNET
slagvaardigheid	DE POOT VAN DE OLIFANT
delegeren	SCHOUDERAAPJES
projecten	DE ZALMVANGST
onmogelijke opdrachten	MIJNENHONDEN
deregulering	KONIJNENFOKKERIJ
organisatie als koe	DIT IS GEEN KOE

De hond en de piloot

taken en bevoegdheden / functie-omschrijving

DE HOND EN DE PILOOT

De technische revolutie heeft tot gevolg dat de crew van een vliegtuig binnenkort zal bestaan uit een piloot en een hond. De piloot is er om de hond te verzorgen en de hond om de piloot te bijten als hij aan een van de knoppen komt. [1]

taken en bevoegdheden / complementariteit

EEN VLUCHT GANZEN

De meeste grote organisaties moeten zich ombouwen van het model 'kudde buffels' naar het model 'vlucht ganzen'. De kudde heeft de volgende kenmerken:
- loyaal aan en afhankelijk van de leider;
- doe precies wat je gezegd wordt, stel geen vragen;
- wacht op instructies, doe niets totdat je gezegd is wat je moet doen.

De vlucht heeft de volgende kenmerken:
- Iedere deelnemer is verantwoordelijk voor zichzelf en bepaalt wat te doen tijdens de vlucht.
- Iedere deelnemer weet waar de vlucht heen gaat. Door die eensgezinde richtingsbepaling kan het leiderschap makkelijker aanvaard worden.
- Een ieder wil het leiderschap op zich nemen als dat voor de groep nodig is; als de voorste gans moe wordt, komt er een frisse achter uit de vlucht naar voren om het leiderschap over te nemen. Dit systeem garandeert een hoog tempo.
- De volgelingen achter in de vlucht moedigen de leider aan, ook dit garandeert een hoog tempo.

- Deelnemers zorgen voor elkaar. Zo blijft iedereen gecommitteerd aan het gemeenschappelijke doel. Als een gewonde gans moet neerdalen, gaan er twee gezonde mee om hem te verzorgen en voeden totdat de zieke weer verder kan of sterft. Zij voegen zich dan bij de oorspronkelijke vlucht of bij een volgende.
- Als de aard van de activiteit verandert, dan reorganiseren de leden van de groep zich moeiteloos. Vliegen doen ganzen in een V-vorm, landen in golven en foerageren in viertallen.

Het gaat er, kortom, om mensen verantwoordelijk te maken voor hun eigen handelingen en gedrag. Het gaat er niet om dat iedereen kan doen waar hij zin in heeft, maar dat iedereen er zin in heeft om dat te doen wat goed is voor het gemeenschappelijke resultaat. Zorg dat mensen zich eigenaar voelen van hun werkterrein, dan zullen zij er ook het beste mee voor hebben. [2]

taken en bevoegdheden / taakopvatting

BERENGRAPJE

Twee vrienden zitten in een blokhut ter gelegenheid van een berenjacht. Ze drinken behoorlijk. Een van de twee moet even naar buiten. Terwijl hij staat te wateren, bemerkt hij een beer. Hij schrikt zich een hoedje en zet het op een lopen naar de hut. Vlak bij de ingang struikelt hij. De beer rolt over hem heen naar binnen. De man doet snel de deur op slot en zegt tegen zijn vriend: 'Als jij dit probleem oplost, doe ik wat anders.'

Twee interpretaties van de auteur:
1. De manager zegt dat de adviseur beren (moeilijke problemen) binnen jaagt.
2. De adviseur zegt dat hij altijd met beren opgesloten wordt in een hok, kwesties die de manager niet aan kan. [3]

taken en bevoegdheden / handelen

DE ORGANISATIECENTAUR

In organisaties heb je middelen en regels. Organisaties kunnen echter niet praten of bewegen. Zij hebben geen benen om mee te wandelen en geen ogen om mee te zien. Als organisaties iets doen, zijn het altijd mensen die handelen. Zij doen dat niet namens zichzelf maar namens de organisatie.
Alle leden van een organisatie handelen deels voor de organisatie, deels voor zichzelf. De organisatiecentaur is hiervan een belichaming. Hij is voor een deel organisatie en voor een ander deel mens. [4]

taken en bevoegdheden / tijdsbesteding

HET VERTERINGSPROCES VAN EEN BOA CONSTRICTOR

Bob Belleville, directeur van de technische afdeling van Macintosh, zat op een ochtend te peinzen over Turbo Mac en hij zei tot zichzelf: Bob, dit lukt zo niet.
Hij berekende dat ze in de tijd die het zou kosten een Turbo Mac te ontwikkelen, ook een Macintosh konden ontwikkelen die aansluitingen voor extra geheugen had en een scherm van 15 inch waarop je een hele pagina tekst kon afbeelden. Dus waarom zouden ze dat niet doen?

Toen hij het ter sprake bracht, tijdens een uitstapje voor de staf in Pajora Dunes, gebruikte hij de analogie van de boa constrictor en de olifant. Apple kon net zo min twee typen Macintosh ontwikkelen als een boa constrictor tegelijkertijd twee olifanten kon verteren, zei hij, dus konden ze maar beter de olifant kiezen die het best op de maag zou liggen. [5]

De organisatie als dierentuin

taken en bevoegdheden / verbinding

SPINNENWEBTAAL

Spinnenwebtaal betekent denken in een heel andere terminologie. Een laterale organisatie laat zich niet beschrijven in termen van: *span of control*, aantal bestuurslagen, hiërarchie, taakverdeling, verantwoordelijkheden en bevoegdheden, regels en procedures. Spinnenwebtaal bestaat uit begrippen als:
- verbondenheid via directe en indirecte lijnen,
- dichtheid van verbindingen,
- clustering van eenheden die intern met elkaar zijn verbonden,
- symmetrie en wederkerigheden in de relaties. [6]

taken en bevoegdheden / integratie

DE ORGANISATIE ALS DIERENTUIN

Als je een organisatie opzet met overnames krijg je een dierentuin met giraffes, nijlpaarden en olifanten.
Probeer die maar eens geïntegreerd te laten samenwerken. Er is geen eenheid. [7]

taken en bevoegdheden / zelforganisatie

STRATEGISCHE TERMIETEN

Termieten! Kleine blinde diertjes, verwant aan kakkerlakken. Enge kruipende beestjes, die zich voeden met hout en huizen verkruimelen. Steeds als ik de mogelijkheid opper om een 'strategische termiet' te worden, wordt dit door de meeste managers negatief uitgelegd. 'Wilt u dat wij de bureaucratie opeten?' 'Nodigt u ons uit om ondergronds te gaan werken?' De metafoor heeft op het eerste gezicht deze negatieve associaties, maar die worden hier niet benadrukt. Termieten zijn meesterbouwers. Termietenheuvels zijn het product van willekeurige, zelforganiserende activiteiten waaruit structuren oprijzen en die zich, stukje bij beetje, niet-gepland ontvouwen. Dit inspireert ons tot het ontwikkelen van coherente benaderingen voor strategisch management en veranderen. Zonder het dwangbuis en de problemen die ontstaan als men probeert vooropgezette plannen te volgen. [8]

taken en bevoegdheden / organogram

EEN ZEUG MET BIGGETJES

Een normaal organogram met de daarbij passende gezagslijnen zag ik niet zitten.
Ik zag en zie de SSB meer als een bureau met daaromheen twaalf buurthuizen. 'De SSB als een zeug met biggetjes,' zoals iemand zei. 'Ze willen allemaal iets halen, maar toch op eigen benen staan.' [9]

taken en bevoegdheden / flexibilisering

VISVIJVERORGANISATIES

In een visvijverorganisatie zijn medewerkers onbeschermd tegen de invloed van anderen, vooral van het management. 'Hogerhand' beslist hier naar eigen inzicht over de formulering van nieuwe activiteiten en combineert mensen, middelen en klussen zoals het uitkomt. Er is weinig structuur waaraan de medewerkers vastigheid kunnen ontlenen. Men is aangenomen op algemene, brede taakomschrijvingen en dit maakt inschakeling bij verschillende projecten mogelijk. Deze organisatievorm komt veel voor bij bureaus die op korte termijn medewerkers moeten inschakelen voor wisselende problemen. Reclame- en ontwerpbureaus en softwarebedrijven kennen soms deze structuur, zeker wanneer het beleid zich beperkt tot het selecteren van mensen op opdrachten en het uitsturen van medewerkers naar klanten (het zogenaamde *body-shopping*). [10]

taken en bevoegdheden / business unit

HET BUIDELDIER

De business unit heeft iets van een buideldier: het is een zelfstandig wezen maar tegelijkertijd nauw verbonden met de moeder. Deze ambiguïteit blijkt hoge eisen te stellen aan de unit manager, dit is degene die voor de unit verantwoordelijk is. Enerzijds moet dit een krachtige persoonlijkheid zijn, een general manager, en meer nog, een ondernemer, die beslissingen kan nemen en die zijn of haar team tot prestaties kan inspireren. Aan de andere kant moet het iemand zijn die zich deel voelt van het grotere geheel en die daar voeling mee houdt. Hij of zij dient een diepgaand besef te hebben van het belang van bij elkaar horen, omdat de synergie tussen de unit en het geheel uiteindelijk ook de bestaansgrond is van de eigen unit. [11]

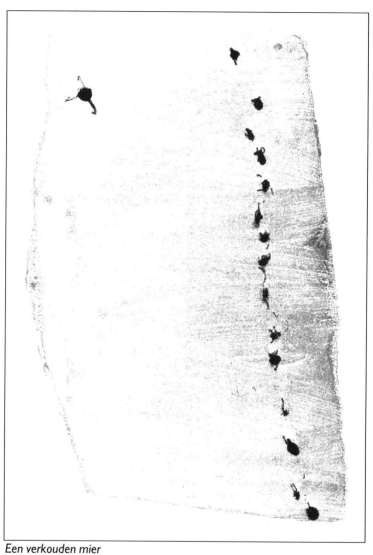

Een verkouden mier

taken en bevoegdheden / bedrijfsonderdelen

KAMELOFANTEN

Bureaucraten die worden gedwongen zich bezig te houden met een probleem dat in geen enkel bestaand vakje is onder te brengen, gedragen zich op bepaalde, stereotype wijze. Na enkele schermutselingen komt er onvermijdelijk iemand aanzetten met het idee een nieuw bedrijfsonderdeel op te zetten (met hemzelf aan het hoofd). Iedereen heeft onmiddellijk in de gaten waartoe dat kan uitgroeien: een geldverslindende rivaal van reeds gevestigde onderdelen. Niemand wil dat, dus sluit men een compromis. Dit compromis is de bekende 'kamelofant': de interdepartementale commisie of werkgroep, dan wel de zakelijke variant daarvan.
Dit nieuwe onderdeel, dat de trage, sjokkende tred van de olifant combineert met het IQ van de kameel, is eigenlijk het zoveelste hokje. [12]

taken en bevoegdheden / procedures

EEN VERKOUDEN MIER

Men noemt mieren wel eens de vuilnisdienst van de natuur. Altijd weten ze wel iets te vinden om te overleven. Daarom is het aardig om er eens bij stil te staan dat de strak geregelde mierenmaatschappij juist functioneert bij de gratie van een van tijd tot tijd falend systeem. Hoe werkt dat?

Als volgt. Een mier vindt bij toeval iets van voedsel. Met een deel daarvan rept hij zich terug naar zijn nest. Op zijn reis laat hij een geurspoor achter dat keurig wordt gevolgd door de mieren na hem. Zo is er een eindeloze karavaan gevormd die de buit binnenbrengt.

Wanneer die keten nu niet doorbroken zou worden, zou de mierenkaravaan tot in lengte van dagen doortrekken naar een reeds opgedroogde bron. Een soort kamikaze door perfectie. Gelukkig wordt de mier ook wel eens verkouden. Waardoor hij gaat dwalen en zo op nieuw voedsel kan stuiten. En omdat zijn reukorgaan wel, maar z'n geurafscheiding niet defect is, gidst hij een nieuwe karavaan naar een nieuwe voedselbron. [13]

taken en bevoegdheden / verantwoordelijkheden

MOLLEN MET SNEEUWBRILLEN

Bureaucratische uitvoerders die presteerden en geen fouten maakten, hebben nu beleidsverantwoordelijkheden die veel te groot voor ze zijn. [14]

taken en bevoegdheden / management

OLIFANTEN EN KONIJNEN

Het verschil tussen leiderschap en management:
Toen Noach de voorspelling van de zondvloed hoorde maakte hij de Ark klaar. Dat was leiderschap.
Toen zei hij: 'Iemand moet de olifanten duidelijk maken dat ze niet zien wat de konijnen aan het doen zijn.' Dat was management. [15]

taken en bevoegdheden / interactie

DE COMMISSIE ALS EEN KAMEEL

Bij ons in het Westen spreken we minachtend over commissies. We zeggen dat een kameel een paard is dat ontworpen is door een commissie. Maar in de ogen van een organisatie die haar wortels heeft in het Midden-Oosten, is een kameel prachtig, omdat hij een wonder is van functionaliteit. En hetzelfde geldt voor een commissie. De functionaliteit van dit systeem komt voort uit de voortdurende interactie tussen mensen. Deze onafgebroken dialoog is het systeem. De natuur scheidt de functie niet van schoonheid. [16]

taken en bevoegdheden / staffuncties

HET VETTE-KATSYNDROOM

Stafafdelingen die zwak bezet zijn of inhoudelijk weinig gemotiveerd zijn, zullen zich bijna onvermijdelijk overgeven aan het benadrukken van procedures. Daar ontstaan de zogenaamde regelneven, de mensen die er eens goed voor gaan zitten om een probleem uit te spitten en die daar alle tijd voor hebben. Je moet per slot van rekening toch iets doen om je bestaansrecht te bewijzen. Te zwaar bezette stafafdelingen, zelfgenoegzaamheid; het zijn syndromen die je ook in het bedrijfsleven kunt vinden.

Het fat cat-syndroom noemen ze dat in de Verenigde Staten, de 'vette kat' als tegenstelling voor het wenselijke *mean and lean*.

Een stafafdeling moet honger hebben, geen tijd om spelletjes te spelen, omdat er serieuze vraagstukken op de agenda staan, die om een oplossing vragen. [17]

Organisaties zijn een kooi

taken en bevoegdheden / vermogens aanwenden

DE KIP MET DE GOUDEN EIEREN

Op zich is de aandacht voor Business Proces Redesign begrijpelijk. Er is veel te verbeteren. Door toegenomen concurrentie hebben veel organisaties pijn. En als die pijn nog niet gevoeld wordt, dan is er wel ambitie om voorop te blijven lopen. Managers beginnen te beseffen dat de vermogens die in de organisatie en in de mensen aanwezig zijn, niet volledig worden benut door de ouderwetse structuren, werkwijzen en ongeschreven regels. Als men deze onbenutte vermogens eens kon aanwenden, ja, dan zouden we een kip met gouden eieren hebben, zo valt steeds vaker te horen. [18]

taken en bevoegdheden / communicatie

ORGANISATIES ZIJN EEN KOOI

Organisaties zijn een kooi. (...) Die kooi, daar zitten we in. Door de open tralies onderhouden we communicatie met de *Umwelt*, het buitengebeuren. Zenden we ook onze eigen signalen uit. Zo nemen we de ontwikkelingen rondom ons waar.
Er zijn performances die we niet kunnen beïnvloeden. Die spelen zich af buiten de kooi. In de jungle van de samenleving. [19]

taken en bevoegdheden / bureaucratie

DE VETTE-ZWIJNENWET

In sommige bedrijven gaat men ervan uit dat, als het goed lijkt om een beetje in de uitgaven te snijden, het nog beter moet gaan als je flink snijdt. Zij hongeren zichzelf uit tot een soort organisatie-anorexia, de ziekte die optreedt als bedrijven te slank worden. Als men snijdt in het aantal mensen om de kosten te verlagen, kan dat, als het niet goed begeleid wordt, in feite leiden tot verhoging van de kosten, namelijk in de vorm van verborgen kosten door overbelasting. De taken zijn niet verdwenen, alleen de mensen die ze moeten uitvoeren. Het zou beter zijn om de taken door te lichten om te zien welke onnodige of ouderwetse taken kunnen verdwijnen. Exxon USA deed dit tijdens zijn onderzoek naar de vette-zwijnenwet (*hog law*, een Texaanse uitdrukking voor regels en procedures). Men onderzocht welk deel van de bureaucratie voorgoed kon verdwijnen. [20]

taken en bevoegdheden / structuur

EEN SLECHT GEKNOOPT VISNET

De nieuwe belangstelling voor het oude fenomeen netwerken ontstond in de jaren zestig rondom de verschillende succesvolle emancipatiebewegingen. Met name Black Power en de Pinkstergemeente trokken de aandacht van de onderzoekers. Beide groeperingen hadden een losse gedecentraliseerde, gesegmenteerde en onbureaucratische organisatie.
Onderzoekers beschreven het als een slecht geknoopt visnet met mazen en knopen van verschillende grootte, en allerlei directe en indirecte verbindingen. Voor conventionele onderzoekers hadden deze organisaties geen structuur. [21]

taken en bevoegdheden / slagvaardigheid

DE POOT VAN DE OLIFANT

Een olifant kan met zijn poot niet in de hoek van de kamer komen. Hij kan niet zo slagvaardig zijn als een kleine organisatie. [22]

taken en bevoegdheden / delegeren

SCHOUDERAAPJES

Ik loop door de gang en kom een van mijn mensen tegen. 'Goedenmorgen. Kan ik u een minuutje spreken? We hebben een probleem.' Ik moet attent zijn op de problemen van mijn staf, dus ik sta daar in de gang te luisteren terwijl hij me het probleem in detail voorlegt. Ik ga er helemaal in op en omdat het oplossen van problemen een kolfje naar mijn hand is, vliegt de tijd. Als ik uiteindelijk op mijn horloge kijk, blijken wat vijf minuten leken, er dertig te zijn geworden. Door het gesprek ben ik te laat voor de afspraak waar ik aanvankelijk naar op weg was. Ik weet genoeg van het probleem om te weten dat ik me ermee moet gaan bezighouden, maar net niet genoeg om een beslissing te nemen. Dus zeg ik: 'Dit is een belangrijke kwestie, maar ik heb nu geen tijd om er verder over te praten. Ik zal erover nadenken en dan laat ik het je weten.' Zo gingen we uit elkaar.

Wat gebeurde er?
Voordat wij elkaar in de gang ontmoetten, zat de aap op de rug van mijn stafmedewerker. Terwijl we stonden te praten was de zaak onder ons beider aandacht, dus de aap had op elke rug een poot. Maar op het moment dat ik zei dat ik erover na zou denken, verplaatste de aap zijn poten van de rug van mijn medewerker naar die van mij en mijn medewerker liep een paar kilo lichter weg. [23]

taken en bevoegdheden / projecten

DE ZALMVANGST

Sinds mensenheugenis, tot op de dag van vandaag toe, heeft de zalm een diepe invloed op het politieke en sociale leven van de bevolking van het noordelijkste deel van Zweden en Finland. Het gehele jaar door zijn de dorpen en stammen aldaar kleine koninkrijkjes, volledig autonoom en economisch zelfstandig. Totdat de tijd van de zalmvangst aanbreekt. De bewoners van verscheidene dorpen slaan dan de handen in-een en werken eendrachtig samen bij het reguleren van watervallen, uitzetten van netten en het binnenhalen en prepareren van de zalm. Tijdens deze 'campagne' benoemen de stammen 'zalm-voorlieden', die tezamen, onder leiding van een 'zalmhoofdman', de campagne leiden, de taken verdelen en toezien op het verloop van de activiteiten. Is alles weer voorbij, dan keren de werkers met hun vangsten terug naar de dorpen. De voorlieden worden gedurende 1 à 2 maanden verbannen uit de dorpen, opdat zij niet op het idee komen om definitief de leiding van het dorp op te eisen.

Voorwaar een voortreffelijk voorbeeld van projectorganisatie en Project Management en van ontmanteling van de tijdelijke organisatie, inclusief het regelen van de 'onthechting' van de projectleiders en de projectteamleden.
Alleen heette dit toen (en ook nu) niet zo. Het voorbeeld illustreert dat het verschijnsel 'Project Management', met alles wat erbij hoort, net als zovele andere verschijnselen, al lang bestond voor het werd benoemd en bestudeerd. [24]

taken en bevoegdheden / onmogelijke opdrachten

MIJNENHONDEN

Na vier jaar zijn de VN-wapenadviseurs in Irak weer aan het werk gegaan. Hun taak is niet benijdenswaardig: ze worden naar voren gestuurd met een gevaarlijke, bijna-onmogelijke opdracht. De wapeninspecteurs zijn mijnenhonden, is meermaals gezegd. Inderdaad – maar als VN'ers zijn ze wel *onze* mijnenhonden, die alle steun verdienen. [25]

taken en bevoegdheden / deregulering

KONIJNENFOKKERIJ

Deregulering stond op de agenda, minister Wijers is ermee begonnen. Maar je moet het wel volhouden. Mevrouw Jorritsma is als minister een ramp. Zij heeft het laten verslonzen. Maar als je ziet wat er tegelijkertijd weer aan regels wordt geproduceerd! Het is net een konijnenfokkerij. En Brussel kan er ook wat van. Het is verstikkend voor ondernemerschap.

Je moet er gewoon een staatssecretaris op zetten, die dat vier jaar gaat volhouden, in overleg met de belangenorganisaties van ondernemers. Zij weten hoop ik goed aan te geven wat de belangrijkste knelpunten zijn en wat echt hinder geeft. [26]

taken en bevoegdheden / organisatie als koe

DIT IS GEEN KOE

Dit is een organisatieschema met de verschillende delen van een koe. Bij een echte koe zijn de delen zich er niet van bewust dat ze delen zijn. Ze vinden het geen probleem met elkaar informatie uit te wisselen. Ze werken soepel en als van nature met elkaar samen. Als koe. U hoeft voor uzelf eigenlijk maar één vraag te beantwoorden. Wilt u uw onderneming laten werken als een organisatieschema? Of als een koe? [27]

Metaforen over deskundigheid

veelzijdigheid	EEN WOLF MET VIJF POTEN
geschiktheid	EEN PAPEGAAI ALS ECONOOM
flexibel werk	DE MUIS ROEPT
routine	DE NADENKENDE DUIZENDPOOT
salariëring	NEDERLAND: EEN APENKOLONIE
gezichtsveld verruimen	KIJKEN NAAR KOEIEN
personeelsplanning	VLIEGEN MET AZIJN VANGEN
capaciteit	EEN KOE OPETEN
menskracht	HET PAARD DAT DE KAR TREKT
opleiding	DE OLIFANT OP HET BLAUWE TONNETJE
ervaring uitbouwen	VAN STEKELVARKEN TOT VOS
training	WERKEN ALS VELDMUIZEN
nieuwe dingen leren	DE OLIFANT ZIET VLAMMEN
selectie	DE FORELLENVIJVERAANPAK
honorering	EEN GROTE VIS VANGEN
leren	LEER HEM VISSEN
kwaliteiten	DE IDEALE EZEL
ervaring	DE VOORBENEN VAN HET CIRCUSPAARD
nieuw personeel	NIEUWE KOEIEN
overzicht hebben	REUSACHTIG SPRINGENDE VLOOIEN
voorwaarden	EEN DANSENDE BEER
niveau	HET GEHEUGEN VAN EEN AAP
hersens gebruiken	GUPPIES EN BLADLUIZEN
specifieke kwaliteiten	MENSEN ZIJN GEEN UILEN
een belofte	EEN GROEN PAARD
succesvol trainen	DE KILLE KIKKER SPELEN
basiskwaliteiten	VAN EEN EZEL GEEN RENPAARD MAKEN
werk uitvoeren	FINANCIËLE MOL
zakelijk besef	ZAKELIJK BESEF VAN EEN AAP
zelfkennis	ONTHANING
inzicht veranderen	DE HAAN OP HET HOENDERHOF
verbeelding	WORSTELEN MET DE GEIT
(door)selecteren	SLECHTE DUIVEN

deskundigheid

bewustwording | DE DOLFIJN BUITEN WATER
managementeigenschappen | DE KANARIE IN DE KOLENMIJN
werven | OP VROUWEN VISSEN

deskundigheid / veelzijdigheid

EEN WOLF MET VIJF POTEN

In onze visie dient een projectleider noch een schaap met vijf poten, noch een wolf in schaapskleren te zijn.
Wat het eerste betreft is het onjuist consequent hogere of uitgebreidere eisen te stellen dan aan een afdelingshoofd of bedrijfsleider.
Waar dat wel wordt gedaan, ontstaat spoedig een projectelite. Op korte termijn zal dat weinig problemen (wel scheve ogen) opleveren. Maar op langere termijn ontstaan er in en rondom een projectelite diverse knelpunten. Zo'n projectelite roept afgunst op en belemmert daarmee de acceptatie van projectplannen en ondersteuning van projectactiviteiten in de moederorganisatie.

Wat het tweede – de wolf in de schaapskleren, ook wel het 'projectbeest' genoemd – betreft: uitgezonderd de crisisprojecten is er wat ons betreft geen plaats voor de doordrammer pur sang in de leiding van een project. Projectbeesten hebben niet alleen het vermogen om rampen het hoofd te bieden, zij beschikken ook over de magische kracht om onverwachte rampen te creëren, maar vooral beschikken zij over de gave om op zere tenen te trappen, en daarmee maken zij het zichzelf en anderen knap moeilijk om toekomstige projecten goed van de grond te krijgen. [1]

Een papegaai als econoom

deskundigheid / geschiktheid

EEN PAPEGAAI ALS ECONOOM

Sickinghe heeft geen blindelings vertrouwen in macro-economische prognoses van het CPB. 'Als je een papegaai ja en nee leert zeggen heb je een econoom.' [2]

deskundigheid / flexibel werk

DE MUIS ROEPT

Midden in de Dynamische Zee ligt Flexiblia. Er wordt hard gewerkt op het eilandje. De grote, alles overziende olifant voert er het management over onder andere de hazen, trouw en snel. De antiloop zorgt met zijn spitse ideeën voor nog meer efficiency en de maraboe vliegt in en uit om de producten te verkopen. De muis, klein in aantal én formaat, is belast met het wel en wee van alle werkers op Flexiblia, zodat iedereen tevreden blijft. Tot een ander eiland in de Dynamische Zee een geduchte concurrent blijkt! De antiloop krijgt een aantrekkelijk aanbod, de maraboe ziet kansen en de hazen worden met de dag onzekerder over hun toekomst. De olifant dreigt met donderend geraas van zijn managementtroon te vallen. Tot de muis roept: 'Volg mij! Wij gaan flexibiliseren!' [3]

deskundigheid / routine

DE NADENKENDE DUIZENDPOOT

Als een duizendpoot gaat nadenken over de vraag welke poot hij het eerst moet zetten, komt hij geen voet meer vooruit. [4]

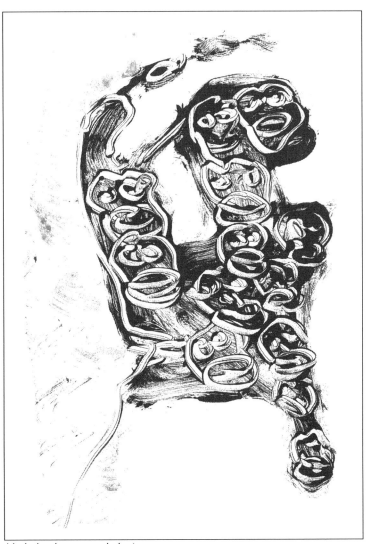
Nederland: een apenkolonie

deskundigheid / salariëring

NEDERLAND: EEN APENKOLONIE

Nederland dreigt een apenkolonie te worden, want *if you pay peanuts, you get monkeys*, grapte de directeur van het onderzoeksbureau deze week. [5]

deskundigheid / gezichtsveld verruimen

KIJKEN NAAR KOEIEN

Beheerst u het al? *Management by looking out of the window*? Dé manier om zaken op te lossen zonder notities te produceren of te vergaderen.
U neemt een willekeurig fenomeen, doet een waarneming en trekt een parallel naar uw situatie. Enkele voorbeelden:

Koeien herkauwen.
(Over een maand ligt de zaak niet meer zo gevoelig.)
Koeien eten van de grond waar ze op staan.
(Waarom zouden we met buitenlandse experts werken?)
Koeien slaan de vliegen met hun staart weg.
(Natuurlijk, ik moet de zaak delegeren.)
Koeien maken geen drollen, maar vlaaien.
(Misschien moet ik het project een andere naam geven.)
Koeien geven melk, zolang je blijft melken.
(Een probleem kan door gebrek aan aandacht verdwijnen.)
Zonder koeien geen melkfabrikanten.
(Eigenlijk hebben we die klant aardig in de tang.)

Oefen nu zelf met bijvoorbeeld volkstuintjes of het Nederlands balkon.

De trein. Een andere kijk op de wereld. [6]

deskundigheid / personeelsplanning

VLIEGEN MET AZIJN VANGEN

- Renard: Met hoeveel mensen kan een moderne NMBS (Nationale Maatschappij der Belgische Spoorwegen) functioneren?
- Schouppe (Directeur-Generaal): Als we een privé-bedrijf zouden zijn, met 37 000 mensen. Maar we zijn een overheidsbedrijf met vastheid van betrekking en met maatschappelijke doelstellingen. Als we daarmee rekening houden, dan denk ik dat we het kunnen bolwerken met 41 à 43 000 mensen, volgens de snelheid van de herstructurering. We kunnen het in ieder geval nog met een paar duizend minder.
- Renard: U zou dan vooral snoeien bij de laagstgeschoolden en de administratie?
- Schouppe: Ja, maar het zou wel gaan om afvloeiingen, niet om ontslagen. Ik denk nooit dat we het met de helft van 68 000 mensen van acht jaar geleden kunnen, maar met een vermindering met meer dan een derde moet kunnen.
- Renard: In sommige streken vindt u dan weer geen laag geschoold personeel. In de haven van Antwerpen, onder meer.
- Schouppe: Daar zullen we beter moeten betalen. Men vangt geen vliegen met azijn. [7]

deskundigheid / capaciteit

EEN KOE OPETEN

Hoe eet ik een koe op?
Stel je voor dat je de volgende opdracht krijgt:
'Bij Boer Jansen staat een koe, en die moet opgegeten worden.'
Je begeeft je onverwijld naar Boer Jansen, waar de bewuste koe vreedzaam grazend in de wei staat. En daar kom jij, servet om de nek, mes en vork in de hand. De koe (400 kilogrammen zwaar!) kijkt je even vriendelijk aan en gaat dan onverstoorbaar door.

Op het eerste gezicht valt er dus niets mee aan te vangen, en de reactie om je servet af te doen, de koe de koe te laten, rechtsomkeert te maken en te bezweren dat je van je leven geen rundvlees meer zult eten, is dan ook heel begrijpelijk...

Met het wegwerken van achterstanden (bijvoorbeeld archiveerwerk) gaat het precies als met het opeten van een koe... Verdeel het werk in hapklare brokken, werk eerst de belangrijkste dingen weg, en doe iedere dag een stukje. [8]

deskundigheid / menskracht

HET PAARD DAT DE KAR TREKT

Sommige mensen zien de ondernemer als een op buit beluste wolf, die men dood moet slaan.
Anderen zien hem als een koe, die men zonder ophouden kan melken.
Maar slechts weinigen zien hem zoals hij werkelijk is, namelijk het paard dat de kar moet trekken. [9]

De olifant op het blauwe tonnetje

deskundigheid / opleiding

DE OLIFANT OP HET BLAUWE TONNETJE

Soms zijn opleidingen niet veel meer dan het aanleren van kunstjes: de olifant moet op het blauwe tonnetje gaan zitten, maar o wee als hij tijdens de tour door de stad een klein autotje van dezelfde kleur ziet staan. Dat lijkt in tegenspraak met dat wat we van een manager verwachten: keurend en kiezend gedrag. Met concepten kan een manager meer dan met kunstjes. [10]

deskundigheid / ervaring uitbouwen

VAN STEKELVARKEN TOT VOS

De managers hadden in opvallend korte tijd hun kijk op zichzelf en op de wereld rondom hen veranderd. Dat hadden ze bereikt door te leren van ervaringen, door problemen op te lossen en door sociale situaties. Door te *handelen* als manager *werden* ze manager.

Ze veranderden van uitvoerder in manager van mensen, van produktmedewerker in zakenman. Ze zagen zichzelf niet meer als het spreekwoordelijke stekelvarken dat heel veel wist over één ding en zich daarop concentreerde en gingen zich gedragen als vossen die een beetje wisten van alles en zich daarmee bezighielden. [11]

deskundigheid / training

WERKEN ALS VELDMUIZEN

Anders dan de meeste Japanse bedrijven, die een soort van loyaliteit bij het personeel voor de organisatie proberen aan te kweken, heeft Tsubouchi – een van de grootste ondernemers van Japan – een cultuur rond zijn eigen persoonlijkheid gecreëerd.
Werknemers noemen hem 'eigenaar Tsubouchi', en hun wordt verteld dat de bonussen rechtstreeks uit zijn zak betaald worden.
Als werknemers op een scheepstimmerwerf het dubbele produceren, geeft Tsubouchi elk $ 200 en hetzelfde bedrag ook nog een keer aan hun vrouwen om hun echtgenoten aan te moedigen nog harder te werken.

Tsubouchi maakt gebruik van speciale trainingssessies waarin keiharde zelfkritiek centraal staat en waarin de werknemers geleerd wordt 'plezier in het werk te hebben'.
En het werkt. 'Zijn mensen werken als veldmuizen,' zegt Hajimi Murakami, hoofd Opleidingen in een van Tsubouchi's ondernemingen. 'Hij is in staat mensen door middel van brainwashing tot hard werken aan te zetten.' [12]

deskundigheid / nieuwe dingen leren

DE OLIFANT ZIET VLAMMEN

Als de circustent (waarin de olifant altijd op dezelfde manier zijn kunstje vertoont) vlam zou vatten en de olifant met eigen ogen de vlammen ziet en ook zelf de brandlucht ruikt, dan vergeet hij zijn oude dresseur en doet heel wat anders. [13]

deskundigheid / selectie

DE FORELLENVIJVERAANPAK

Deze aanpak richt zich op de versterking van de kwaliteiten van het gehele personeel. Het is dan aan de organisatie om op de momenten waarop het nodig is de meest belovende functionarissen te selecteren (de best ontwikkelde 'forel'). [14]

deskundigheid / honorering

EEN GROTE VIS VANGEN

Eric Nordholt had 'een zeer strak arbeidscontract' nodig met verregaande bevoegdheden om in 1987 de stap van het Groninger platteland naar de binnenstad van Amsterdam te kunnen maken.
Nordholt ging overstag, nadat Van Thijn hem een toelage van 25 procent aanbood boven op zijn toch al riante salaris van 180 000 gulden. Bovendien wist hij te bedingen dat hij na zes jaar (per 1 juni 1993) zijn functie kon neerleggen en tot zijn pensionering het volledige salaris plus de toelagen mocht behouden.
Wat Van Thijn bewoog om akkoord te gaan met de vergaande voorwaarden van Nordholt, is niet erg duidelijk. Wel liet de ex-burgemeester weten dat 'het ging om een grote vis die wij wilden vangen. En daarvoor moet je betalen'. [15]

Leer hem vissen

deskundigheid / leren

LEER HEM VISSEN

'Geef een man vis en hij zal eten;
Leer hem vissen en hij zal eten keer op keer;
Leer hem leren en hij hoeft niet altijd vis te eten.' [16]

deskundigheid / kwaliteiten

DE IDEALE EZEL

De president-directeur van een groot bedrijf kan doelstellingen uitsluitend realiseren via andere mensen. Soms hoor ik weleens dat alleen een schaap met vijf poten dat werk aankan. Maar naar mijn gevoel – en om in het rijk der dieren te blijven – is de vergelijking met een ezel beter op zijn plaats. Een zwaluw of een adelaar zou veel mooier en poëtischer klinken, maar die kunnen door andere vogels nauwelijks bijgehouden worden. Een ezel daarentegen heeft iets klagerigs, is niet bedreigend voor zijn omgeving en gaat stapje voor stapje, voorzichtig maar hardnekkig, op zijn doel af. Bovendien heeft de ezel het voordeel dat hij al voortsjokkend zijn eigen pad volgt en niet de ongecontroleerde wilde sprongen van een opgeschrikt raspaardje maakt. Daarbij heeft een ezel adembenemend grote oren: om goed te luisteren. Zegt hij iets, dan komt er een stokkend geluid uit zijn keel dat zelfs de vogels even stil doet zijn. De ezel komt, kortom, waar hij wezen wil en – in tegenstelling tot de meeste managers – stoot hij zich niet tweemaal aan dezelfde steen. De ezel is de ideale president-directeur.
Zelfverheerlijking, overschatting en deftigdoenerij kom je in de wereld van ondernemers en managers nogal eens tegen, maar een goede ezel zal je niet gauw op dat gedrag betrappen.
U weet het: ezels dragen de haver, waarna de paarden het eten.

Binnen een bedrijfsorganisatie is het een groot gif als er een stammenstrijd ontstaat over de vraag wie de stommiteit heeft begaan. Gelukkig hebben we daar bij SHV een pasklaar antwoord op: verantwoordelijk is altijd de hoogste in de organisatie. Het treft dat deze een ezel is. [17]

deskundigheid / ervaring

DE VOORBENEN VAN HET CIRCUSPAARD

Adviseurs zijn levende wezens. Ze denken en doen op basis van een zich mede op basis van ervaringen ontwikkelende ervaring.

Deze dubbele lus kan een valstrik zijn: een wurgend touw van eerdere ervaringen.

Een schitterend voorbeeld (naar ik meen van Watzlawick) kan dit verduidelijken. Het gaat over het circuspaard dat had geleerd om bij een belsignaal de voorbenen op te lichten. Het leerproces was simpel: kort na het belsignaal werd een stroomstootje door een metalen plaat gestuurd waarop het beest met de voorbenen stond.

Het paard was nu gepensioneerd en de huidige verzorgers verbaasden zich erover dat telkens als de telefoon in de stal ging het overigens rustige paard demonstratief de benen hief.

Kernpunt is nu niet de verbazing van de verzorgers maar de perfecte rationaliteit van het paard. De opvatting dat het heffen van de voorbenen succesvol is, wordt immers nog steeds bevestigd. De ervaringen met het verleden sturen het gedrag van het paard op een zodanige wijze dat waarneming van de veranderde werkelijkheid onmogelijk is. [18]

deskundigheid / nieuw personeel

NIEUWE KOEIEN

Melk kun je pas verbeteren als je nieuwe koeien hebt. [19]

deskundigheid / overzicht hebben

REUSACHTIG SPRINGENDE VLOOIEN

De aanblik van de aarde vanuit de ruimte bracht nog een ander inzicht met zich mee: het besef dat de planeet als geheel misschien een levend wezen is. Wij aardbewoners zouden vergeleken kunnen worden met vlooien die hun hele leven op een olifant hebben doorgebracht, zonder te weten waar ze eigenlijk op woonden. Ze brachten het gebied in kaart – alle verschillende stukken huid, de haren en bobbels – bestudeerden de scheikundige samenstelling, maakten grafieken van de temperatuurschommelingen, classificeerden de andere dieren met wie zij hun wereld deelden, en kregen zo naar hun mening een redelijk begrip waar ze leefden.

Toen, op een dag, namen een paar vlooien een reusachtige sprong en keken van een afstand van dertig meter naar de olifant. Plotseling drong tot hen door: 'Het hele ding leeft.'
Dit was het echt ontzagwekkende besef dat de reis naar de maan veel mensen gaf. De hele planeet leek te leven – niet alleen maar krioelend van het leven, maar een organisme op zich. [20]

deskundigheid / voorwaarden

EEN DANSENDE BEER

'Een beer die niet gegeten heeft, danst niet.' [21]

deskundigheid / niveau

HET GEHEUGEN VAN EEN AAP

Gelukkig zijn wij in de gelegenheid om ons doelbewust en op een verstandige manier bezig te houden met het probleem hoe we tijd kunnen besparen. De mens is – voor zover ons bekend – het enige levende wezen dat zowel in de tijd om kan zien als vooruitblikken. Experimenten met dieren hebben uitgewezen dat ratten, muizen, Guinese biggetjes en apen over een zeer beperkt geheugen beschikken. Als we onder een rij schalen lekkere hapjes verbergen, maar onder sommige niets, kunnen apen zich nog anderhalve minuut later herinneren onder welke schaal iets ligt. Ratten onthouden zulke dingen hooguit dertig seconden, zoals de Amerikaanse zoöloog Samuel Goudsmit heeft vastgesteld.

Anders dan wijzelf kan ook geen enkel dier plannen maken voor de toekomst. Ongetwijfeld is dit vermogen een van de voornaamste redenen waarom wij mensen ons tot ons huidige niveau van cultuur en beschaving hebben kunnen ontwikkelen. Weliswaar maken chimpansees gebruik van een stok om met behulp daarvan mieren uit een mierenheuvel te halen en vervolgens de stok langs hun lippen en tong te halen om deze delicatesse te verorberen, en ook gebruiken ze wel een stok om een anders onbereikbare kokosnoot of banaan te pakken te krijgen, maar dat zijn slechts prestaties van het moment zelf. Geen enkele aap legt een collectie werktuigen aan. Daarentegen hebben archeologen wel grote voorraden van door oermensen uit vuursteen vervaardigde artefacten uit de prehistorie opgegraven.

Laten we dus verstandig met onze tijd – en daarmee onze toekomst – omspringen; wij mensen kunnen dat. [22]

deskundigheid / hersens gebruiken

GUPPIES EN BLADLUIZEN

Een recente krantenpublicatie bracht een interessant verhaal over guppies die elkaar verslinden op het moment dat er te veel soortgenoten in een te kleine ruimte aanwezig zijn. Bladluizen lossen dit probleem op een andere manier op en kweken vleugels bij een deel van het overschot aan bladpopulatie, dat vervolgens naar andere onbewoonde bladeren verhuist. De yuppies staan elkaar naar het leven in de file waarvoor blijkbaar geen oplossing mogelijk zou zijn. Guppies en bladluizen gaan dus beter met hun hersencapaciteit om dan de yuppies die voor hun eigen probleem geen oplossing kunnen bedenken en in hun slechte gedrag volharden.

De yuppies zijn volgens een onderzoek de deelnemers aan de dagelijkse ellende die zij zichzelf aandoen: goed opgeleid, goede baan, goed salaris, leasebak (jaloezie van de onderzoeker?), jong en dynamisch, ondernemend, veelal van het mannelijk geslacht plus nog wat van die zaken. De clou van het verhaal is dat de guppies en bladluizen wel slim zijn ten opzichte van de yuppies, omdat de laatste groep volhardt in zijn foute gedrag. [23]

deskundigheid / specifieke kwaliteiten

MENSEN ZIJN GEEN UILEN

Maandag vertrekt André Hof met een wagen vol Italiaanse en Franse snijbloemen en planten naar Nice, waar hij zijn collega oppikt die per vliegtuig is aangekomen. En dan is het rijden en rijden, aan één stuk door. Om de vier uur wisselen ze elkaar af. Klanten willen hun kwetsbare waar zo snel mogelijk hebben. Je bent pas klaar als de wagen leeg is. 's Nachts rijden is het zwaarst. Het is werk voor uilen. Mensen zijn geen uilen. [24]

deskundigheid / een belofte

EEN GROEN PAARD

Op Diederix' werk (foto's) klinkt ook wel kritiek. Haar beste werk hangt niet aan de muur, maar zit verscholen in het boek dat deel uitmaakt van de presentatie. Toch overheersen de tevredenheid en bewondering, en in het slechtste geval berusting in het positieve oordeel van de andere juryleden. Toscani: 'Ze is wat in de draverij een groen paard wordt genoemd: een belofte. Ik zou mijn geld op haar zetten. En bovendien, heel belangrijk, ze heeft van de vier genomineerden het hardst gewerkt. Ze is vlijtig.' [25]

deskundigheid / succesvol trainen

DE KILLE KIKKER SPELEN

Rob Kerkhoven, succesvolle zwemcoach achter het vlindergoud van Ada Kok in 1968, werkte aan de mentaliteit. 'Ik was te jong om vaderfiguur te zijn. Ik speelde de kille kikker. Ik werkte aan zelfstandig denkende, opererende sportmensen. Anders kunnen ze op grote toernooien niet presteren. Ik had me van het begin van mijn trainersloopbaan geërgerd aan de zwemmers die uithuilden bij hun moeder op de kant.' [26]

deskundigheid / basiskwaliteiten

VAN EEN EZEL GEEN RENPAARD MAKEN

De ex-ploegleider van de wielerploeg Festina, Antoine Vayer, heeft op een semi-wetenschappelijke manier de trainingsprogramma's geoptimaliseerd. Zijn laptop met grafieken heeft hij altijd bij de hand.
Maar zijn conclusies zijn gebaseerd op gezond verstand: je kunt van een ezel geen renpaard maken. [27]

deskundigheid / werk uitvoeren

FINANCIËLE MOL

Arthur Docters van Leeuwen, voorzitter van de Autoriteit Financiële Markten (AFM), doet zijn werk als een mol. Buiten het zicht van iedereen speurt en graaft hij in de krochten van banken en beurzen. En heel af en toe duwt hij een hoopje zand naar boven: het jaarverslag.

Dit verslag doet vermoeden dat Docters van Leeuwen het heel druk heeft, maar wat hij precies doet, blijft onduidelijk. Bedrijven die boetes hebben gekregen worden niet met naam genoemd en de hoogte van de boetes blijft helemaal geheim. [28]

deskundigheid / zakelijk besef

ZAKELIJK BESEF VAN EEN AAP

De bewindvoerders klagen over het gebrek aan management en de spilzucht bij dotcommers. R. Klaasen, curator bij internetwinkel Unowear, tegenover dit blad: 'Dit type ondernemers heeft het zakelijk besef van de eerste de beste aap.' De faillissementen doen ook elders pijn: bij de leveranciers. Vooral reclame- en adviesbureaus blijven met onbetaalde rekeningen zitten. [29]

deskundigheid / zelfkennis

ONTHANING

In de bijna duizendjarige geschiedenis van de Britse politiek was die zinsnede nog niet voorgekomen: 'Ik ben niet goed genoeg.' Woensdag stapte minister Estelle Morris van Onderwijs op, omdat ze zichzelf onvoldoende capabel vond voor het leiden van een enorm departement. Ze zei dat het haar hiervoor aan strategische managementkwaliteiten ontbrak en dat ze de druk van de moderne media te groot vond.
'Een typisch vrouwelijk ontslag,' zo karakteriseerde het BBC-programma *Despatch Box* haar aftreden. Mannen zullen er zelden voor uitkomen dat ze voor een bepaalde post ongeschikt zijn.

Morris was geen 'IJzeren Dame' maar een eerlijk bestuurder. Voor premier Blair is haar ontslag een bittere tegenslag. Gisteren was hij hierdoor gedwongen opnieuw wijzingen in zijn ministersploeg door te voeren. Nieuwe vrouwen werden niet benoemd. De 'onthaning' van de politiek – zoals Jeltje van Nieuwenhoven die in Nederland wenst – is in Groot-Brittanië weer iets verder uit beeld geraakt. [30]

deskundigheid / inzicht veranderen

DE HAAN OP HET HOENDERHOF

Paradigma's karakteriseren individuele, maar ook gezamenlijke zienswijzen of wereldbeelden van de eigen realiteit, waarbinnen we ons bewegen. Een paradigma is als water voor een vis, weliswaar zwemt hij erin, maar hij kan het moeilijk onderscheiden en beschrijven.

De zonaanroeper
De haan op het hoenderhof werd zo ernstig ziek, dat je er niet op mocht rekenen dat hij de volgende ochtend zou kraaien. De kippen maakten zich daarom grote zorgen en waren bang dat de zon die ochtend niet zou opgaan, als die niet werd geroepen door het kraaien van hun heer en gebieder.
De kippen geloofden namelijk, dat de zon alleen opkwam omdat de haan kraaide. De volgende ochtend werden ze van hun bijgeloof genezen. De haan bleef ziek en was te schor om te kunnen kraaien, maar de zon scheen; niets had haar loop beïnvloed.
(Perzisch verhaal uit Nossrat Pesechkian, *De koopman en de papegaai*)

Paradigma's hebben een beslissende invloed op onze instelling en ons gedrag tegenover onze beroepsmatige en persoonlijke referentiekaders zoals het leefmilieu, de intermenselijke betrekkingen of het omgaan met tijd. Alleen een verandering binnen de eigen of gezamenlijke denkwijze, een zogenaamde afwisseling van paradigma's, leidt tot nieuwe, diepere inzichten en echte ontwikkelingskansen. [31]

deskundigheid / verbeelding

WORSTELEN MET DE GEIT

Als ik het mij goed herinner had God een groot, wolkachtig lichaam en een klein hoofdje. De verhalen die ik over hem hoorde, maakten hem niet bijzonder sympathiek. Dat hij alles en iedereen ombracht en alleen Noach met zijn familie en zijn dieren in leven liet, vond ik bijvoorbeeld niet zo netjes.
Toch was ik niet bang voor God. Ik had als kind wel angsten, maar die waren niet gerelateerd aan een boze vader.
En God? God was als de witte geit die ik vanuit mijn kamertje in de tuin van de synagoge zag staan. Ik worstelde vaak met de geit; ik hield haar net zo lang aan haar horens vast, tot ze genoeg kreeg van ons spelletje en mij met een flinke duw de tuin uit zwiepte.
Dat was mijn beeld van God; een komen en gaan van seizoenen, de herhalingen van het leven. Ooievaars die uitvliegen, volwassenen die vertrekken. Nieuwe vogels, nieuwe kinderen.
God had in mijn ogen eerder te maken met een dierlijk, organisch geheel dan met een man boven in de hemel die zich uitliet over goed en kwaad. [32]

deskundigheid / (door)selecteren

SLECHTE DUIVEN

Als je in de topsport niet mee kunt komen, dan lig je eruit. Doorselecteren noemen ze dat en dat doen wij ook. Mensen die niet kunnen meekomen, helpen we natuurlijk wel. Maar als blijkt dat ze de veranderingen in ons bedrijf en de groei niet kunnen bijhouden, dan moet je afscheid nemen van elkaar. Dat is keihard. Maar een vestigingsmanager van ons herkende dat wel, toen ik erover vertelde. Hij zit in de duiven en hij zegt dat je de slechte duiven de nek moet omdraaien om kampioen te worden.

De enige effectieve houding, volgens van Dijk, maar wel een harde. [33]

deskundigheid / bewustwording

DE DOLFIJN BUITEN WATER

Zoals een dolfijn zich, in tegenstelling tot andere vissen, bewust kan zijn van wat 'water' is omdat hij er even buiten kan springen en er dan weer in kan duiken, zo kan de mens zich ook bewust worden van de grondhouding die de zijne is door deze even te verlaten. Om de eigen grondhouding te begrijpen moet men ze mentaal van op een afstand bekijken en ze kunnen relativeren. [34]

deskundigheid / managementeigenschappen

DE KANARIE IN DE KOLENMIJN

De enige persoon die weet hoe verward dingen kunnen zijn, is de manager, wiens voornaamste taak is de goederen en diensten te produceren die van hem worden verwacht. Hij is de persoon – en er zijn honderdduizenden van deze individuen – die de kanarie in de kolenmijn is. Deze werden in mijnen gebruikt om methaangas op te sporen. Als de kanarie naar beneden duikelt, is het tijd om de mijn te verlaten.

De suggestie is dus dat de manager ervaring opdoet met hogere niveaus van gasachtige zaken die moeilijker te ontdekken zijn voor hen die verkeren op plaatsen waar waarden, aspiraties, en prioriteiten met elkaar botsen. [35]

deskundigheid / werven

OP VROUWEN VISSEN

Maar 12 procent van Neerlands leidinggevers is vrouw, aldus de Loontechnische Dienst van het ministerie van Sociale Zaken. Het vrouwelijk werknemersbestand vormt dus een goedgevulde vijver om te vissen. Werkgevers zouden wel gek zijn om niet snel een hengel te gaan kopen. Want er is nog altijd het belangrijkste argument van Plesch voor meer vrouwen in een organisatie. Een mix van vrouwen en mannen maakt het werk leuker. Leuk is toch goed voor de productiviteit? Een economisch argument van formaat, lijkt me. [36]

Metaforen over beleidsbeïnvloeders

invloed	HET VISJE EN DE WALVIS
sleutelposities	ANIMAL FARM
recepties	RAT FUCKS
marktleiders	DE HAAIENCLUB
topposities	BIJENKONINGINNEN
machtsverdeling	IN ELKE POEL EEN KROKODIL
agressiviteit	GIER EN PROOI
controle	EEN REUZENSPINNE IN DEN HAAG
profileren	DE VELDMUIS DIE DE SLANG VOORBLIJFT
partnerschap	DE KUS VAN DE KIKKER
sponsors	OOIEVAARSKUITEVET
externen	DE HOND UITLATEN
overnames	SPEK MET EIEREN
media	GEBLINDEERDE APEN
vraatzucht	HET BEEST VOEREN
buitenland	TIJGER LUST OOK BROKJES
wetgeving	DE EIEREN UIT DE OMELET HALEN
bundeling	EEN PAAR MUGGEN
krachtenspel	EEN ADELAAR VANGT GEEN MUGGEN
adviseurs	DE SLANG IN HET PARADIJS
banden	LEEUWEN EN HOEFDIEREN
posities	EEN KOE IN PANIEK
acteurs	SLANGENOLIE
geestverwanten	KNORRETJE REDDEN
bescherming	DE GROOTSTE AAP VOOROP
systemen	DE KLAUWEN VAN ORGANISATIES
coöperatie	GEHANDICAPTE SABELTIJGERS
meespelen	EEN DRONKEN KAT
domineren	RIJDEN OP DE BEER
betrouwbaarheid	EEN ZIEKE SLANG
isolement	DE EENZAAMHEID VAN EEN SPIN
managers	SPRINKHANEN OF ZWALUWEN
het hoofdkantoor	HET REPTIELENHUIS

beleidsbeïnvloeders

kleine zelfstandigen	DE OLIFANT, DE VLO EN SLEEP CAMELS
aanhang verzamelen	EEN RATTENVANGER IN DE NEDERLANDSE POLITIEK
politieke partijen	STERVENDE OLIFANTEN
etnische groepen	TUSSEN DE GOLF EN DE BEK VAN DE VIS
kleine wendbare onafhankelijke organisaties	EEN ONAFHANKELIJKE MUIS
uit blijven gaan van eigen kracht	HUILEN ALS WOLFJES IN HET BOS
tegenstanders volgen	ALS EEN HAAI WACHTEN
geruchten verspreiden	BLAFFEN ONDER EEN BOOM
mensen van buiten	DAKDUIVEN ZONDER ZEEBENEN
oude generatie vervangen	JONGE HONDEN
concurrenten verzwakken	ZICHZELF OPETENDE DINOSAURUS
onbekwame vriendjes	TE VEEL RATTEN BOVEN
leveranciers	MEEDENKENDE DIEREN
heren van stand	DINOSAURUSSEN VAN DE HAUTE FINANCE
activisten	SPINNEN
echte vrienden	GELOVEN IN NIET-BLAFFENDE HONDEN
nieuwe deelnemers	PARADIJSVOGELS
mondiaal internetactivisme	EEN SCHOOL VISSEN
voorhoede	KRABBENMAND
schimmige figuren	PAPEGAAIEN
Europese politici	KEFFERTJESBESTAAN
meelopers	HERMELIJNVLOOIEN
vrije jongens	KAKKERLAKKENGEVECHT
steun mobiliseren	SPELEN MET DE HAAI
onverwachte winnaars	THE DARK HORSE
slechte verliezers	KIPPEN DIE NAAR HET ONWEER KIJKEN
roddelpers	ROOFVOGELS OPJAGEN
journalisten	PAPEGAAIENCIRCUIT
(on)belangrijke rollen	EEN KLEINE VIS IN EEN ZWEMBAD VOL

beleidsbeïnvloeders

praten in clubjes	EEN OLIFANT BEWEGEN TOT EEN DANSJE
profiteurs	VEILIGHEIDSPARASIETEN
netwerkoorlogen	VLOOIEN- EN BIJENZWERMOORLOG
verraders	PAPEGAAI DE NEK OMDRAAIEN
overnames	DE MUSKUSRAT
mammoetbedrijven	EEN REUZEGROTE HAGEDIS
buitenlandse roofdieren	ROOFDIERENKAPITALISME
vijanden	DE ZILVERMEEUW NIET OPNEMEN
experts volgen	DE KUDDE VERSLAAN MET EEN KARPER
autoriteiten	DE VOEDSELWAAKHOND
zonderlingen	DE POOT VAN DE OCTOPUS
oud-gedienden	JURASSIC PARK
partnership	SCHILDPAD EN SCHORPIOEN
politiek	VAN RUPS NAAR VLINDER
gokbeluste dictators	DE MUIS EN DE LEEUW
verbond	DE AS VAN DE ANGSTHAZEN

Het visje en de walvis

beleidsbeïnvloeders / invloed

HET VISJE EN DE WALVIS

In 1984 nam Texaco de belangrijkste raffinage- en verkoopactiviteiten in zes landen van Noordwest-Europa over van Chevron. In Nederland heeft de overname tot gevolg dat Texaco in Rotterdam, waar drieëntachtig mensen werken, de leiding krijgt over de verkoopactiviteiten van Chevron in Den Haag en van de raffinaderijen in Pernis, waar ruim achthonderd man bij betrokken zijn.
'Het visje slikt de walvis in,' zegt Texaco Nederland-directeur Colomb. [1]

beleidsbeïnvloeders / sleutelposities

ANIMAL FARM

Het is moeilijk de juiste mensen te vinden en ze snel te laten functioneren in het vorm geven aan uw nieuwe morgen. Het kost tijd om in een organisatie verhoudingen op te bouwen. Het hele plan kan in duigen vallen, en als gevolg daarvan zal de poging om tot verandering te komen mislukken.
Identificeer daarom de sleutelposities. In zijn klassieke roman *Animal Farm* gebruikte George Orwell de juiste woorden. Toen de dieren de boerderij overnamen, maakten zij een wet die luidde: 'Alle dieren zijn gelijk geschapen.' Later, toen de varkens het roer overnamen, veranderden zij die wet zo dat die luidde: 'Alle dieren zijn gelijk geschapen, maar sommige dieren zijn meer gelijk dan andere.' Die varkens van Orwell hadden gelijk. Maar sommigen zijn belangrijker dan anderen.

Begin met te vragen: 'Welke strategische richting/attitude/gerichtheid wordt voor mijn nieuwe morgen vereist?' En 'Welke posities geven mij maximale invloed om deze nieuwe attitude/gerichtheid/strategische richting erdoor te krijgen?' [2]

beleidsbeïnvloeders / recepties

RAT FUCKS

Recepties in Washington noemt men *rat fucks*, ze worden door politici en journalisten gehaat maar wel regelmatig bijgewoond. [3]

beleidsbeïnvloeders / marktleiders

DE HAAIENCLUB

Norris, oprichter van Control Data Corporation, wilde een grote vis in een kleine vijver worden, zoals een Amerikaans gezegde luidt. Dit gezegde is overigens zeer toepasselijk daar Norris de computerindustrie later met de zee zou vergelijken waarin IBM rondzwom als een reusachtige haai. De meeste andere bedrijven fungeerden daarbij als loodsmannetjes, die voortdurend de bek van de haai in- en uitzwommen om de afvalresten te vergaren, altijd bang dat ze opgeslorpt zouden worden.
Zoals Norris het zag, moest een bedrijf ofwel als loodsmannetje ofwel als haai leren leven en hij was vastbesloten om van Control Data Corporation een haai te maken – zij het dan in een ander deel van de oceaan, in haar eigen domein, ver weg van IBM. En dat is de reden dat de organisatie van topverkopers bij CDC de naam 'Shark Club' heeft gekregen. [4]

beleidsbeïnvloeders / topposities

DE BIJENKONINGINNEN

Oudere vrouwen staan vaak bekend als bijenkoninginnen. Wat is de definitie van een bijenkoningin? Het is een vrouw die ondanks veel tegenwind de top bereikt heeft zonder hulp van allerlei overheidsmaatregelen, werkgelegenheidsplannen voor vrouwen en de vrouwenbeweging. Op eigen kracht is ze een geaccepteerd lid geworden van een groepering die uit mannen bestaat. Waarschijnlijk heeft zij niet alleen een weg met veel hindernissen afgelegd, maar vaak ook een erg eenzame weg. [5]

beleidsbeïnvloeders / machtsverdeling

IN ELKE POEL EEN KROKODIL

De Formule 1 zou je kunnen beschrijven als twee communicerende poelen met in elke poel één krokodil.
De poelen: de FISA (Internationale Federatie van de Automobielsport) en de FOCA (Federatie van de Formule 1-Constructeurs).
De FISA-krokodil is Jean Marie Balestre; de FOCA-krokodil heet Bernie Ecclestone. Beiden zijn voorzitter van hun vereniging. Beide krokodillen zijn jarenlang met elkaar slaags geweest, totdat er uiteindelijk een akkoord tot stand kwam – slechts een wapenstilstand? – in 1980. Ze heersen elk over hun eigen poel en elkeen blijft de fauna en flora in de klauw houden. Beide heren hebben hun typische trekjes: Balestre, de Fransman, is machtsgeil; Ecclestone heeft een onverzadigbare trek in dollars. De FIA is de alleenheerser van de F-1 kampioenschappen. Ze delegeert de organisatie naar de FISA, wier voorzitter niemand anders dan Jean Marie Balestre is. De commerciële zaken worden toevertrouwd aan Bernie Ecclestone van de FOCA. [6]

Een reuzenspinne in Den Haag

beleidsbeïnvloeders / agressiviteit

GIER EN PROOI

In buitenlandse bladen als *The Wall Street Journal* en *The Herald Tribune* portretteert de ABN/AMRO zich op dit moment als een agressieve gier die op het straatnaambordje Wall Street is neergestreken. In eigen land lijkt de bank daarentegen op dit moment eerder een willoze prooi. De gier lijkt hier in het Amsterdamse stadhuis te zetelen. De gemeente Amsterdam vraagt voor de bouw van een nieuw hoofdkantoor in Amsterdam Buitenveldert de ABN/AMRO een afkoopsom voor het erfpacht van liefst 150 miljoen gulden. Hiermee legt de gemeente Amsterdam de hoogste afkoopregeling uit de geschiedenis als voorstel op tafel. [7]

beleidsbeïnvloeders / controle

EEN REUZENSPINNE IN DEN HAAG

Een reuzenspinne weeft er
Haar webbe in Den Haag
In duizend draden zweeft er
Haar spinsel naar omlaag [8]

beleidsbeïnvloeders / profileren

DE VELDMUIS DIE DE SLANG VOORBLIJFT

De opvolging van Ruud Lubbers spookte in het CDA. Ruud Lubbers heeft zoals bekend al vroeg zijn vertrek aangekondigd. Namelijk zes weken nadat hij in november 1989 welgemoed aan zijn nieuwe kabinetje begon. Hij zei toen: 'Uit oogpunt van gezondheid en democratie moet ik er toch ooit mee ophouden.' (Let op: Lubbers sprak over 'gezondheid en democratie', niet: 'gezonde democratie'). De Baas wees Brinkman aan als zijn Petrus en menig apostel prees de dag waarop hij aan deze goddelijke genade had mogen ontsnappen. Sinds die dag moet Brinkman zichzelf voortdurend profileren op straffe van te worden afgeknepen. Het is een vermoeiende en ook hachelijke bezigheid. Nu de dagen van het grote aftellen lijken te zijn begonnen, ritselt het in het struikgewas. Frans Andriessen, de Europees commissaris, is het addergebroed, Van den Broek en meer nog Ruding zijn de wurgslangen. Brinkman is de arme veldmuis. Arme veldmuis. Hij is veroordeeld om het initiatief te nemen. Hij moet de anderen voorblijven, maar hoe gevaarlijk dat is kan geen veldmuis meer navertellen die gedwongen werd de slang voor te blijven. [9]

beleidsbeïnvloeders / partnerschap

DE KUS VAN DE KIKKER

Je moet eerst de kikker kussen om erachter te komen of het een prins is. [10]

beleidsbeïnvloeders / sponsors

OOIEVAARSKUITEVET

Sportsponsoring wordt in Nederland steeds meer volwassen. Vanuit het bedrijfsleven gezien dan. Aan vele andere kanten wordt sportsponsoring echter steeds meer als een soort wondermiddel beschouwd. Tijgerbalsem. Ooievaarskuitevet, zoals wij dat in Delft noemden. Een aspirientje. Goed voor alles.
Sponsoring is het redmiddel voor de Nederlandse sport. Doet het ergens pijn: zoek dan een sponsor. Dan wordt alles beter. Dat het voetbal nauwelijks nog publiek trekt, doet er al lang niet meer toe. Ach, het is aardig voor de ambiance in het stadion, maar echt nodig hebben we die lui achter de hekken natuurlijk niet. We komen op tv, en zolang dat gebeurt zijn er bedrijven die reclame met ons willen maken.
Betaald voetbal ontleent in Nederland haar bestaan grotendeels aan de inbreng van sponsors. [11]

beleidsbeïnvloeders / externen

DE HOND UITLATEN

Vaak wordt er een adviseur binnengehaald, terwijl men geen tijd heeft om alle goede voornemens in actie om te zetten. Dat is net alsof je een hond aanschaft en geen tijd vrijmaakt om hem uit te laten.
Na verloop van tijd doe je hem van de hand, omdat hij niet meer bevalt. Je schaft enige tijd later weer een andere aan. Geen wonder dat die asiels zo vol zitten. [12]

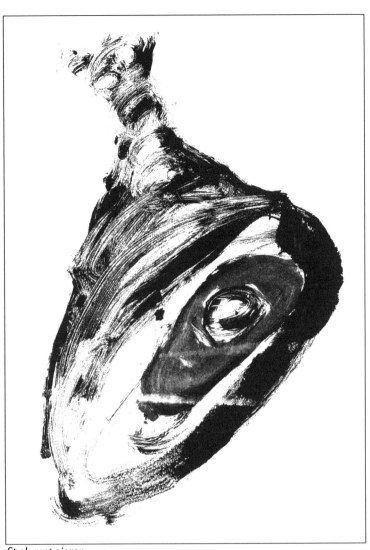
Spek met eieren

beleidsbeïnvloeders / overnames

SPEK MET EIEREN

Zegt de kip tegen het varken:'Ham and eggs, een wereldprodukt! Wat zou je zeggen van de fantastische mogelijkheden die een fusie tussen jou en mij zou hebben. Overal, in alle restaurants ham and eggs.'
Je ziet het varken denken.
'Wacht eens even,' zegt het varken. 'Jij blijft eieren leggen en ik ga eraan.'
Antwoordt de kip: 'Dat is toch altijd met fusies'! [13]

beleidsbeïnvloeders / media

GEBLINDEERDE APEN

Minder serieus, maar wel legendarisch is de competitie die *The Wall Street Journal* ieder semester organiseert tussen beleggingsanalisten en geblindeerde apen. Waren het aanvankelijk vooral de apen die victorie kraaiden, inmiddels zijn de analisten een inhaalrace begonnen. Na 23 afleveringen gaan de dieren nog maar net aan kop. Twaalf keer pakte hun advies beter uit dan dat van de professionals. Elf keer werden de apen verslagen.
Uitzonderlijk goed bleken de tips van Gary Miller, verbonden aan het in Bussum gevestigde commissionairshuis Charterhouse Options. Drie keer – Philips, Nedloyd en Hoogovens – kwam hij bij de analisten als beste uit de bus. Uitstekende reclame, geeft Miller volmondig toe. Maar na vier keer heeft hij er wel genoeg van. Zijn nieuwste tip, de Tsjechische energiemaatschappij *Cukurova Elektric*, is dan ook echt serieus bedoeld.
Overigens mikten de geblindeerde apen – in werkelijkheid redacteuren van de WSJ – dit keer onder andere op het Neder-

landse detailhandelsconcern Ahold. Een keuze die de top van de Zaanse grootgrutter, gezien de uitstekende 'adviezen' van de dieren tot nu toe, zeker zal bevallen. [14]

beleidsbeïnvloeders / vraatzucht

HET BEEST VOEREN

Onder Clintons campagnemedewerkers figureert de uitdrukking *feeding the beast:* werp de media dagelijks brokken toe om de vraatzucht van het beest te stillen. [15]

beleidsbeïnvloeders / buitenland

TIJGER LUST OOK BROKJES

De Aziatische economieën die onder de naam 'Aziatische Tijgers' bekend zijn geworden, scoren hoog op de business-hitlijsten; een van de *runners-up* is ongetwijfeld Indonesië. De buitenlandse investeringen zijn in dat land in 1989 met een tijgerachtige sprong opgestuwd tot 4,7 miljard dollar. Meer dan ooit tevoren, maar minder dan de Indonesische regering dit jaar in de wacht hoopt te slepen.

Om het ook voor kleine en middelgrote ondernemingen aantrekkelijk te maken dollars in de Indonesische economie te pompen, heeft de regering begin vorig jaar de minimuminvestering voor een joint venture met een buitenlandse onderneming omlaag gebracht van 1 miljoen naar 250 000 dollar. En dat maakt duidelijk dat deze oosterse tijger ook de kleine brokjes niet versmaad. [16]

beleidsbeïnvloeders / wetgeving

DE EIEREN UIT DE OMELET HALEN

Op dit moment bestaat er geen verplichting om een fusie of overname bij de Europese Commissie te melden. De Commissie kan alleen opkomen tegen een fusie die al gerealiseerd is, bijvoorbeeld door gefuseerde partners achteraf te verplichten om bepaalde bedrijfsonderdelen weer af te stoten. 'Men noemt dit wel eens unscrambling the eggs,' aldus Van Empel.
Dat is onmogelijk en voor de ondernemingen een schrikbeeld, omdat dit het hele evenwicht van een fusie kan verstoren. [17]

beleidsbeïnvloeders / bundeling

EEN PAAR MUGGEN

Nuon en Pnem vinden dat de fusieplannen haaks staan op de tendens naar meer marktwerking in de elektriciteitssector. 'Wij zien niets in één grote producent. Wij willen juist meer concurrentie,' zegt een woordvoerder van Nuon. Volgens Nuon kan meer concurrentie leiden tot lagere stroomprijzen. Dat één grote producent in de toekomst lagere prijzen kan bedingen dan de huidige vier stroomproducenten nu, gelooft de woordvoerder niet. Hij gelooft evenmin dat het, gezien de internationale ontwikkelingen, nodig is om één groot stroombedrijf te hebben. 'Ook zo'n stroomproducent is, in internationaal verband, maar een kleine speler. Een fusie van een paar muggen maakt nog steeds geen groot beest.' [18]

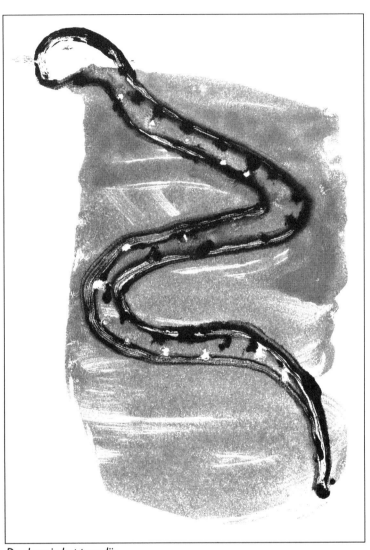
De slang in het paradijs

beleidsbeïnvloeders / krachtenspel

EEN ADELAAR VANGT GEEN MUGGEN

Het Parool meldde onlangs dat Bisschop Bomers zich verzet had tegen een herdenking van Bisschop Zwartkruis, zijn voorganger, die tien jaar geleden plotseling overleed, naar gezegd werd toen hem bekend werd wie zijn opvolger zou worden. Bisschop Bomers ontsteekt nu in grote woede. 'Dat is een leugen van *Het Parool*, zoals ik er maar zelden een in mijn leven ben tegengekomen! Ik heb geen enkele herdenking verboden en zou dat ook nooit doen. Dat is een pure leugen!' Waarom heeft de bisschop dat dan niet krachtig laten ontkennen? 'Dat hadden we ook zeker gedaan. We hadden afgesproken dat we een verklaring zouden uitgeven als het in landelijke bladen zou zijn overgenomen. Maar nu bleef het bij *Het Parool*. En u weet het: *Aquila non captat muscas*. Een adelaar vangt geen muggen.' [19]

beleidsbeïnvloeders / adviseurs

DE SLANG IN HET PARADIJS

Hoe oud is het beroep van adviseur? Sommigen zullen aanvoeren dat de slang in het paradijs de eerste adviseur was, de adviseur die Eva adviseerde dat God haar zeker niet zou doden voor het eten van de verboden vrucht. Goed, de slang liet na haar te waarschuwen voor de bijkomende gevolgen. Maar ja, geen enkele adviseur is volmaakt. Dit is de reden waarom adviseurs zelf advies nodig hebben. [20]

beleidsbeïnvloeders / banden

LEEUWEN EN HOEFDIEREN

Leeuwen en hoefdieren op de Afrikaanse savanne gaan eenmaal per dag een zinvolle netwerkverbinding aan. De leeuwen jagen de kudde op, en pakken alleen die prooien die in paniek van de kudde wegrennen. Nadat de race gerend is, grazen ze rustig verder. De leeuwen zijn de organisatieadviseurs die ook de outplacement voor hun rekening nemen. De prooi is hun honorarium. [21]

beleidsbeïnvloeders / posities

EEN KOE IN PANIEK

Kluwer-voorzitter Alberdingk Thijm wierp zich na de overval van Elsevier in de armen van zijn Samsom-collega Ververs. Eenmaal ingelijfd bij de Groningse redder bekleedde Alberdingk Thijm zijn functie niet lang meer. Elsevier-topman Vinken merkte in de *Wall Street Journal* meesmuilend op: 'To avoid a public auction, the cow, in its panic, has run straight into the butcher shop.' [22]

beleidsbeïnvloeders / acteurs

SLANGENOLIE

Toen ik als organisatieadviseur begon, was ik begeesterd door het idee managers te gaan helpen bij het beantwoorden van hun strategische vragen. Kortom, een behoorlijk idealistische opstelling. Door de consulting boom van de negentiger jaren veranderde het imago. Consultants beginnen magische acts op te voeren. Optredens die enerzijds bestaan uit een soort intellectuele slangenolie en anderzijds uit een hoop glitter en glamour. Met als effect dat managers gaan geloven dat ze niet meer in staat zijn om zelf te denken. [23]

beleidsbeïnvloeders / geestverwanten

KNORRETJE REDDEN

Laat ons de strategie van Knorretje nemen. Eerst is hij verbijsterd en voelt hij zich knap benard. 'Geeft je wel een wat angstig gevoel,' zei hij bij zichzelf, 'een Klein Beestje te zijn, Geheel Omringd door Water.' Na rijp beraad besluit hij een briefje in een fles te verzenden. In een weliswaar gebrekkige stijl en spelling geeft hij aan wat er aan de hand is en wat hij verwacht: hulp. De fles dobbert rond, maar belandt uiteindelijk bij Winnie-de-Poeh. Deze held – eveneens geheel door water omringd, maar bepaald niet radeloos – gaat te water, spoelt aan, krijgt hulp en met vereende krachten lukt het vervolgens Knorretje te redden. Lege honingpotten en een paraplu zijn daarbij de hulpmiddelen.

De boodschap is simpel en krachtig. Als de omstandigheden veranderen, is hulp zoeken bij geestverwanten geboden. De inzet van onorthodoxe middelen dient daarbij niet geschuwd te worden. [24]

beleidsbeïnvloeders / bescherming

DE GROOTSTE AAP VOOROP

De verwachtingen die mensen hebben van een regeringsleider, kunnen zich op een fatale manier tegen hem keren. Heifetz haalt met kennelijk genoegen een voorbeeld aan uit de tijd van George Bush: 'Toen de bazen van de drie grootste Amerikaanse autofabrieken samen met Bush naar Japan gingen, was dat heus niet om iets over kwaliteitsmanagement te leren. Ze gingen om bescherming te krijgen tegen de Japanse export. En net zoals apen dat doen, lieten ze het grootste mannetje vooroplopen. Hun missie was zo onmogelijk, en de verwachtingen die zij van hun president hadden zo misplaatst, dat hij daar letterlijk ziek van werd. De hele wereld zag hem op CNN onder tafel zakken. [25]

beleidsbeïnvloeders / systemen

DE KLAUWEN VAN ORGANISATIES

Destructieve macht verricht twee verschillende rollen in de samenleving.
De ene is die van de voorbode van produktie: bossen moeten verdwijnen voor landbouw, oude gebouwen worden afgebroken voor nieuwe enzovoort.
De andere betreft het uitdragen van dreiging. Organisaties die

zich hiermee bezighouden zijn gewoonlijk deel van een groter organisatiesysteem. De tenen en klauwen van dieren zijn deel van een groter lichaam van het dier zelf, en zijn tot op zekere hoogte onder controle van dat grotere lichaam.
Dreiging is niet onbekend in de dierenwereld. Grommen, snauwen, en het krommen van de tenen zijn bepaalde methoden om dreiging over te brengen.
In de mensenwereld zijn organisaties waarvan dreiging uitgaat, zoals bijvoorbeeld legers, een belangrijk onderdeel van de algemene structuur van macht. [26]

beleidsbeïnvloeders / coöperatie

GEHANDICAPTE SABELTIJGERS

De meesten van ons denken dat Darwins evolutietheorie een onderbouwing vormt voor concurrentie, dat *survival of the fittest* inhoudt dat we elkaar op het slagveld van de natuur allemaal bestrijden. Een grondige studie van deze theorie leert echter dat Darwin over een opmerkelijke mate van samenwerking in het dierenrijk spreekt.
Recent onderzoek van skeletresten van prehistorische sabeltijgers heeft uitgewezen dat veel van deze dieren ernstige fysieke klachten doorstonden. Ook al hadden ze gebroken poten, ontwrichte heupen, zwaar rugletsel of chronische artritis, ze bleven in leven. Dit duidt erop dat zelfs deze woeste roofdieren een vorm van samenwerking kenden. Het lijdt geen twijfel dat tijgers een gehandicapte soortgenoot toestonden tijdens de jacht achter hen aan te hobbelen en zich met de prooiresten te voeden. [27]

beleidsbeïnvloeders / meespelen

EEN DRONKEN KAT

De echte harde waarheid voor de Nederlandse economie schuilt in de elektronische informatiediensten. Ditmaal is de kleine ondernemer niet per definitie uitgesloten van deelname. Dit is geen spel voor grote jongens *only*. Het is een spel waarbij geen middenkader, geen middenbedrijf of kleinbedrijf meer bestaat. 'The world is not a triangle anymore,' zei men op het Motorola-congres. Er is geen middengroep meer. 'The world is an egg.' Jawel, bovenaan zit de intelligente groep van kleine tot grote ondernemers, politici, zelfstandige beroepsoefenaren en noem maar op. Onderop zit een groep die het nog niet door heeft. Geld is geen criterium. Slim zijn en snappen wat er gebeurt is een criterium. De massa zal gaan telewinkelen of bulletin boards gebruiken, dus echt eng wordt het niet. Maar als plat gezegd elke boer... (vult u dat ook maar even in) aan miljoenen mensen duidelijk kan maken hoe hij erover denkt, dan klemmen we ons toch aan *Directiezaken*, een managementmagazine voor directeuren, vast als een dronken kat in een brandend vliegtuig. Mijn stelling in deze uitgave luidt derhalve: 'If the world is an egg, please be careful that it will not knock you out.' [28]

beleidsbeïnvloeders / domineren

RIJDEN OP DE BEER

IBM vroeg Microsoft om het besturingssysteem van de nieuwe computer OS/2 te ontwerpen. Waarom deed Microsoft dat? Aan IBM een besturingssysteem leveren dat weleens concurrerend kon zijn voor Microsoft Windows? De reden was dat Microsoft 'op de rug van de beer wilde rijden'. Houd je vast en zorg ervoor dat je er niet van afgeworpen wordt. Berijd je de beer niet, dan loop je het risico om onder de beer te komen. En de grootste beer was IBM. [29]

beleidsbeïnvloeders / betrouwbaarheid

EEN ZIEKE SLANG

Aartsbisschop Obando y Bravo van Managua waarschuwt de Nicaraguanen voor een sandinistische overwinning bij de verkiezingen van morgen. Hij noemt de sandinisten niet bij naam, maar vertelt het verhaal van een slang die ziek en verzwakt op de grond ligt en toch plotseling toebijt.

De door de aartsbisschop gebruikte parabel is een verwijzing naar de sandinistische leider Daniel Ortega, die zegt dat zijn partij niet de fouten van het verleden zal herhalen. [30]

beleidsbeïnvloeders / isolement

DE EENZAAMHEID VAN EEN SPIN

Het gevoel als een spin in een web te zitten en degene te zijn die alle draden van dat web overziet en beheerst, kan bij sommigen een groot gevoel van opwinding veroorzaken. Macht en wellust zijn niet voor niets nauw aan elkaar verwant. Maar de spin die alleen spin wil zijn en dat als zijn lust en leven beschouwt, kan aan het eind van de dag ook tot grote eenzaamheid vervallen. Het kan werkelijk 'lonely at the top' zijn. Twee schoolvoorbeelden zijn Cor van der Klugt van Philips en oud-premier Ruud Lubbers. In zijn tijd als topman van Philips ontwikkelde Van der Klugt zich tot een eenzame wolf, die alles en iedereen tegen zich in het harnas joeg. De manier waarop hij medewerkers kon afbekken werd legendarisch. Wie hem een kritische notitie stuurde, hoefde niet verbaasd te staan als hij die terugkreeg met opmerkingen als 'gelul' in de kantlijn. Hij raakte zodanig in een isolement dat het verhaal ging dat het rode lampje bij de deur van zijn kantoor vaker aan dan uit was (hetgeen onzin was, want er zat helemaal geen rood lampje). [31]

beleidsbeïnvloeders / managers

SPRINKHANEN OF ZWALUWEN

Er zijn managers genoeg op de wereld. Maar wat zijn ze waard? Ze zijn massaal in onze maatschappij neergestreken. Zijn het allemaal sprinkhanen die de goeie ouwe tijd komen wegvreten, of zijn het zwaluwen die de nieuwe technologische lente aankondigen? [32]

beleidsbeïnvloeders / het hoofdkantoor

HET REPTIELENHUIS

Een van de doelen van het lijngebonden werken is de communicatie tussen de werkvloer en de leidinggevenden te herstellen. Maar de kloof die gaapt tussen de diverse loongroepen is nog immens diep, dat wordt die dag in het statige Victoria Hotel wel duidelijk.

Een acteursduo speelt een scène na van de werkvloer. De dialoog is uit het Amsterdamse vervoersleven gegrepen. De voorbeelden zijn niet verzonnen, legt het duo uit. Nagespeeld wordt een fors staaltje van negativisme. Trambestuurder, al jaren in

dienst, werkt met een conducteur die pas komt kijken. Zij: 'Wat is het verschil tussen een conducteur en een vuilnisman? Bij ons stappen de zakken zelf uit. Ha, ha.'
Als even later een scène wordt gespeeld over seksuele intimidatie, waarin woorden vallen als 'kankertrut' en 'droge nonnenkut,' kookt de verontwaardiging over. Twee bestuurders weigeren serieus op de voorstelling van zaken in te gaan. Want: 'Dit is zo goedkoop, ik zit in de verkeerde film. Je gaat in een normaal bedrijf toch niet de extremen bespreken.'
De werkvloer is ervan overtuigd dat dergelijke botte scènes niet worden gespeeld voor loongroep 10 of hoger. Dit is bedacht in het 'reptielenhuis' (het Scheepvaarthuis, het hoofdkantoor van het Gemeentelijke Vervoersbedrijf aan de Prins Hendrikkade). 'Jullie willen zeggen: kijk nou eens hoe jullie onder elkaar zijn. Dit is bedoeld om ons een lesje te leren. En zeg nou niet dat niet zo naar ons wordt gekeken. Dat is al jaren zo, dat hebben we al lang geaccepteerd.'
Het regent opmerkingen waarin diep wantrouwen doorklinkt. Na elk goedbedoeld advies van de vervoersmanager schampert de werkvloer: 'Tsja, daar hebben ze in het reptielenhuis voor geleerd, maar op straat komen ze nooit. Wij worden elke dag weer geconfronteerd met boze passagiers, wij worden bespuwd en geslagen.' [33]

beleidsbeïnvloeders / kleine zelfstandigen

DE OLIFANT, DE VLO EN *SLEEP CAMELS*

De enige echte zakenprofeet van Engeland, Charles Handy, publiceerde halverwege dit jaar *De olifant en de vlo*. De olifant is, net als de mammoettanker, in managementkringen een afgesleten metafoor voor het grootbedrijf. De vlo is nieuw. Hij verbeeldt degene die voor zichzelf werkt, de kleine zelfstandige.
Jaarlijks beginnen in Nederland 55 duizend mensen een eigen onderneming. In de meeste gevallen doen ze dat alleen, als

eenmanszaak. De grote bedrijven hebben deze groep eigenzinnige individuen zelf hard nodig om het eigen bedrijf alert en gezond te houden.

Handy gebruikt de slimme metafoor van de olifant en de vlo om het verschil tussen de grote, logge organisaties van grootbedrijven aan te geven, versus de vrijheid en kleinheid van de vlo, het beestje dat staat voor zelfstandigheid.

Miljoenen westerlingen bouwen tegenwoordig een bestaan op met wat Handy 'portfoliowerk' noemt: een uitzendklus hier, een tijdje freelancen of interimmen daar, en gestaag bijsprokkelen met schrijf-, advies-, of doceerwerk. Als vlooien springen ze van de ene olifant op de andere. Geen wonder dat die logge dieren jeuk krijgen.

De olifant en de vlo is Handy's rijpste en meest intrigerende boek. Hij toont zich bijgelezen en wakker. Hem ontgaan noch de *sleep camels* (jonge, opgefokte weekendslapers) in Silicon Valley, noch het woord dat Japanners hebben voor de overbodige dingen van de consumptiemaatschappij: *chindogu*. [34, 35]

beleidsbeïnvloeders / aanhang verzamelen

EEN RATTENVANGER IN DE NEDERLANDSE POLITIEK

In de dagen dat de zuiderlingen de zotskap opzetten om de werkelijkheid een loer te draaien, heeft Pim Fortuyn de schijn van de ernst laten vallen en zichzelf voor een groot publiek ontmaskerd als een politieke zot. En dat hij dit ook nog tijdig heeft gedaan, stemt tot dankbaarheid.

Wat rest is het onrustige gegeven dat de man in korte tijd zoveel aanhang achter zich wist te verzamelen. Ook al waren de zetels in de peilingen nog niet meer dan vogels in de lucht, het waren er wel onrustbarend veel en net als de bomvolle zalen in het land tonen ze aan dat een rattenvanger in de Nederlandse politiek ver kan reiken. [36]

beleidsbeïnvloeders / politieke partijen

STERVENDE OLIFANTEN

Met een machteloos gebaar schilderde de oud-senator van D66, de staatsraad Jan Vis, deze week politieke partijen af als stervende olifanten die enigszins wankelend op de benen op zoek zijn naar een waardige begraafplaats. Jos de Beus, filosoof en PvdA-denker, was een tikkeltje optimistischer. Misschien zouden partijen het nog een poosje kunnen uitzingen. Niet als massapartij, niet als kaderpartij, maar als een Greenpeace-achtige organisatie, gerund door een fanatiek groepje en in stand gehouden door een legertje welwillende donateurs, die er vanuit hun comfortabele stoel wel een paar tientjes per jaar voor over hebben. [37]

beleidsbeïnvloeders / etnische groepen

TUSSEN DE GOLF EN DE BEK VAN DE VIS

Ook in het welzijnswerk is de hoog opgeleide allochtoon steeds meer te vinden als beroepskracht. Net zoals de hoog opgeleide autochtoon zal men hem of haar niet als bezoeker van buurtcentra tegenkomen. De doelgroep van het welzijnswerk zijn de lager opgeleide ouderen en jongeren. De groep die tussen de golf en de bek van de vis zit, zoals ze in Marokko zo mooi zeggen. Ze zijn uit alle etnische groepen afkomstig, inclusief de Nederlandse. Ze leven niet alleen in etnische gescheiden groepen. Zij leven ook door hun sociaal economisch lage positie in een maatschappelijk geïsoleerde groep. [38]

beleidsbeïnvloeders / kleine wendbare
onafhankelijke organisaties

EEN ONAFHANKELIJKE MUIS

In 1983 richtte schrijver/journalist K.L. Poll de Vereniging voor Onderwijs, Kunst en Wetenschap op. Poll betreurde het dat het ministerie van Onderwijs, Kunst en Wetenschappen de kunst kwijtraakte aan het ministerie van Cultuur, Recreatie en Maatschappelijk werk. Achterliggende gedachte bij de oprichting van OKW was het idee dat, zoals Poll het uitdrukte, 'een onafhankelijke muis niet zou misstaan naast de olifant van de culturele staatszorg.' Een kleine, wendbare organisatie zou het bestaande culturele verkeer kunnen verlevendigen en aanvullen.
[39]

beleidsbeïnvloeders / uit blijven gaan
van eigen kracht

HUILEN ALS WOLFJES IN HET BOS

Oudgedienden en nieuwkomers: velen van hen beleven bange dagen. Droomden ze enkele weken geleden nog van een carrière als politicus, nu is niks meer zeker. Ze hangen tussen vrees en hoop en verwensen Fortuyns zegetocht.
D66 staat in de peilingen al tijden op zes zetels, acht minder dan het huidige zeteltal. Nieuwkomer Boris van Ham is nummer acht op de lijst. Maar hij maakt zich geen zorgen. 'We komen nog wel in de dubbele cijfers. Wij huilen in deze tijden niet mee met de andere wolfjes in het bos, en dat gaat zich terugbetalen.'
[40]

beleidsbeïnvloeders / tegenstanders volgen

ALS EEN HAAI WACHTEN

Eén obsessie koestert Jospin als premier: zijn tegenspeler in de links-rechtse *cohabitation*. 'Chirac is niet sympathiek,' bijt hij zijn ministers toe als die te familiair met de president omgaan. Chirac, in de *cohabitation* ontheven van veel macht en werk, wacht vijf jaar als een haai op de fouten van de tegenstander.
Hij roept Jospin op het matje als die tijdens een bezoek aan Israël in verband met 'Hezbollah' van 'terroristen' spreekt, terwijl Frankrijk in het Midden-Oostenconflict een neutrale positie inneemt. Tijdens de gekkekoeiencrisis verschijnt Chirac onaangekondigd op de Franse televisie om te zeggen dat diermeel onmiddellijk verboden moet worden – de linkse regering kan het uitvoeren. [41]

beleidsbeïnvloeders / geruchten verspreiden

BLAFFEN ONDER EEN BOOM

Net als honden gaan concerns op hun bazen lijken – of omgekeerd, dat weet je op het laatst niet meer. Grootgrutter Ahold en topman Cees van der Hoeven laten nooit iets anders horen dan het tevreden geneurie van een voorbeeldige beestje-baasjecombinatie. Winstwaarschuwingen en andere incidenten gunnen zij graag aan de concurrentie.
Maar vrijdag stond het duo ineens blaffend onder een boom. Ahold was 'woedend' over 'geruchten' onder beurshandelaren als zou de boekhouding een kopie zijn van die van Enron. 'Schandelijk,' vond een woordvoerder. 'Het heeft totaal niets met de werkelijkheid te van Ahold te maken.' [42]

beleidsbeïnvloeders / mensen van buiten

DAKDUIVEN ZONDER ZEEBENEN

Henk staat wijdbeens achter de fruitautomaten en Gerard kijkt dromend naar de boten in de haven. In café Concordia stroomt de middag zachtjes voorbij. Totdat het gesprek komt op de burgemeestersverkiezingen, waarmee Vlaardingen (naast het Brabantse Best) op 6 maart geschiedenis schrijft. Henk staat furieus op van zijn barkruk en Gerard drukt hard op de startknop. 'Die twee gasten zijn dakduiven van buiten en hebben hier in Vlaardingen niks te zoeken.'
Maar of ie nou gekozen of benoemd is; een burgemeester van Vlaardingen moet geen watje zijn, daar zijn Henk en Gerard het in café Concordia wel over eens. Vlaardingers zijn moeilijk en rauw, heet het. En al komt er al twintig jaar geen haringlogger meer de haven in, de burgemeester moet zeebenen hebben. [43]

beleidsbeïnvloeders / oude generatie vervangen

JONGE HONDEN

Milli Görüs (Nationale Visie) is een religieus-politieke beweging die in Turkije in de jaren zeventig opkwam als reactie op rechts-liberale en linkse visies in de Turkse politiek.
Sinds Haci Karacaer in 2000 de leiding heeft overgenomen, is het imago van Milli Görüs aanzienlijk verbeterd. Als aanvoerder van de 'jonge honden' maakte Karacaer bekend de oude generatie uit de leiding te willen vervangen met Turken uit de tweede en derde generatie. Milli Görüs moest zich niet langer richten op het hoofdkwartier in Duitsland, of op het moederland Turkije. Integratie in de Nederlandse samenleving werd het nieuwe devies. [44]

beleidsbeïnvloeders / concurrenten verzwakken

ZICHZELF OPETENDE DINOSAURUS

Dat een kleine kring van Europese eliteclubs al jaren bezig was met oriënterende gesprekken over een supra-nationale competitie, is algemeen bekend. Toch was het voor De Haan schrikken, toen de meldingen vorige week een officieel karakter kregen: 'Toen ik het hoorde, dacht ik: Daar heb je het gelazer. Ze willen altijd uit twee ruiven eten en nu blijkt dat weer.' [...] 'Voetbal is *big business* geworden.' De Heerenveen-coach kan zijn ergernis niet verhullen als hij hoort dat Jorien van den Herik een blijvende rol voor Feyenoord ziet in de eredivisie. 'Daar ben ik het absoluut niet mee eens. Dan willen ze van twee kanten eten. Je krijgt zo alle aandacht voor Fikkie op woensdag, alle aandacht voor Fikkie op zondag en wij mogen als voer dienen. Ajax, Feyenoord en PSV zullen in die constellatie hun selecties drastisch moeten vergroten en de nationale markt nog verder afromen. Ik verdenk clubs als Feyenoord en Ajax er nu al van dat ze inkopen om de concurrentie te verzwakken. Maar als zij én-én doen, dan gaat dat ten koste van alles wat daaronder zit. Dan heb je een dinosaurus die alles opeet. Uiteindelijk ook zichzelf.' [45]

beleidsbeïnvloeders / onbekwame vriendjes

TE VEEL RATTEN BOVEN

'Een rouwkaart: een klapwiekende vogel boven zee. 1923-2001. Iedereen gelooft dat dit de uren van de doodstuip van de Belgische luchtvaartmaatschappij Sabena zijn.' 'Mismanagement.' 'Wanbeleid.' Roland Bousse, 52 jaar, 31 jaar bij Sabena, werkzaam op het ticketoffice: 'Te veel ratten zitten boven. Directeurs. Ze weten niets van de luchtvaart. Naar ons is niet geluisterd.' Het verwijt valt overal op te tekenen: politici gebruikten Sabena om er hun onbekwame vriendjes te parachuteren. [46]

beleidsbeïnvloeders / leveranciers

MEEDENKENDE DIEREN

Van Lévi Strauss is de beroemde uitspraak dat het dier goed is om mee te denken. Het biedt de mens de mogelijkheid zichzelf en anderen een identiteit te geven en daarover te spreken. Dieren behoren tot de belangrijkste leveranciers van metaforen waarmee mensen met elkaar communiceren. Dat kan in positieve zin zijn (denk aan namen van Amerikaanse footballclubs) of in negatieve zin: scheldwoorden bijvoorbeeld. Dieren zoals honden, geiten, katten, varkens, eenden, kippen en ezels zijn sterk vertegenwoordigd in het arsenaal van scheld- en bijnamen die mensen elkaar toevoegen. [47]

beleidsbeïnvloeders / heren van stand

DINOSAURUSSEN VAN DE *HAUTE FINANCE*

Zelfs in het nieuwe België van Guy Verhofstadt blijken door patriottisme gedreven heren van stand nodig om kroonjuwelen, of de overschotten daarvan, voor de natie behouden. De inschakeling van Maurice graaf Lippens (58), voorzitter van Fortis, en Etienne burggraaf Davignon (69), erevoorzitter van de Generale Maatschappij, bij de doorstart van luchtvaartmaatschappij Sabena illustreert dat bepaalde edellieden hun grip op de Belgische economie nog niet kwijt zijn.
De 'dinosaurussen van de *haute finance*,' zoals ze in België steevast worden omschreven, haalden op verzoek van premier Verhofstadt hun indrukwekkende adressenboeken te voorschijn. Waar de regering niet in slaagde, lukte de graven wel. Na een paar dagen bellen was een conglomeraat van banken, bedrijven en lagere overheden gevormd, dat bereid is de beurs te trekken voor 'DAT-plus,' een uitbouw van de regionale dochtermaatschappij van Sabena. [48]

beleidsbeïnvloeders / activisten

SPINNEN

Ik ontmoette een groep Amerikaanse studenten die zich bezighield met multinationals in Birma en die druk op hen uitoefende om dat land te verlaten vanwege de schendingen van de mensenrechten door de zittende regering. In hun persberichten noemen deze activisten zich 'spinnen'. Een treffend beeld, vond ik, in een tijd waarin een web van mondiaal activisme ontstaat. Juist vanwege hun alomtegenwoordigheid hebben logo's iets weg van een internationale taal die op veel meer plaatsen wordt herkend en begrepen dan Engels. Activisten kunnen zich nu door dit web van logo's als spinnen/spionnen verplaatsen. Door informatie uit te wisselen over arbeidsomstandigheden, lozing van chemisch afval, wreedheid jegens dieren en onethische marketing over de hele wereld. [49]

beleidsbeïnvloeders / echte vrienden

GELOVEN IN NIET-BLAFFENDE HONDEN

Na 11 september is opnieuw gebleken dat Amerika veel vrienden in de wereld heeft. 'Maar échte vrienden zijn geen hielenlikkers,' schreef Euro-commissaris Chris Patten dit voorjaar in een veel besproken stuk in de *Financial Times*. Patten liet geen misverstand bestaan over zijn pro-Amerikaanse instelling. Maar hij haalde ook Churchills uitspraak aan dat 'in working with allies, it sometimes happens that they develop opinions of their own'. Dat soort meningsverschillen hebben zich sinds 11 september tussen Amerika en haar bondgenoten herhaaldelijk voorgedaan, zoals toen de Duitse kanselier Schröder in verkiezingstijd aankondigde dat Duitsland niet mee zou doen aan een oorlog tegen Irak. Maar dat verwarren met anti Amerikanisme is even onredelijk als het geloof in niet-blaffende honden. [50]

beleidsbeïnvloeders / nieuwe deelnemers

PARADIJSVOGELS

Paradijsvogels of exoten worden ze genoemd, de deelnemers uit de landen die geen wintersporttraditie kennen. Sleetjesrijders uit India, Brazilië, Venezuela. Bobsleeërs uit Armenië, Taiwan, Puerto Rico. Langlaufers uit Kenia, Kameroen, Nepal.
De koning aller paradijsvogels is er dit jaar ook weer bij. Philip

Boit, langlaufer uit Kenia. Vier jaar geleden worstelde hij op de tien kilometer langlaufen door de sneeuw van Nagano naar de finish. Bij de eindstreep stond Olympisch kampioen Bjørn Dählie meer dan een half uur op hem te wachten.
Het beeld van dat treffen, de kapot gestreden Keniaan in de armen van de grote Noorse kampioen, ging de hele wereld over.
Onvergetelijk beeld: Dählie, met zijn acht gouden medailles de succesvolste winter-Olympiër aller tijden, wandelt in zijn eentje over de natte parkeerplaats van Hakuba naar de bus. Het journaille staat bij Boit.
Isaak Menyoli, een langlaufer uit Kameroen was vandaag de laatste: 'Ik wil een ambassadeur zijn voor mijn land. Ik hoop dat in de toekomst meer kleine landen aan de Winterspelen mogen meedoen.' [51]

beleidsbeïnvloeders / mondiaal internetactivisme

EEN SCHOOL VISSEN

Sommigen vinden het op het internet surfend activisme iets vreselijks. Maar of je nu met het model instemt of niet, het valt niet te betwijfelen dat een van de sterkste punten ervan is dat het vrijwel niet te controleren valt, vooral omdat het zo verschilt van de organisatieprincipes en doelstellingen van bedrijven waartegen het zich richt. Op concentratie van bedrijven reageert het met de doolhof van fragmentatie, op centralisatie met een eigen soort nadruk op plaatselijkheid en op consolidatie van macht met een radicale spreiding van macht.
We lopen tegen een rots op. Die kunnen we niet verplaatsen, dus proberen we eronderdoor te kruipen, eromheen te lopen, eroverheen te klimmen.
Transnationale bedrijven zijn net reuzentankers en wij zijn net een school vissen. Wij kunnen reageren en zij niet. [52]

beleidsbeïnvloeders / voorhoede

KRABBENMAND

De intellectuele voorhoede onder de moslims is niet alleen schaars, maar ondervindt zoveel tegenwerking uit de eigen gelederen dat deze het uit zijn hoofd laat flink aan de weg te timmeren. Het lijkt soms op een krabbenmand. Als er één een poging doet de groep de rug toe te keren, zullen anderen er alles aan doen de ontsnappingspoging in de kiem te smoren. [53]

beleidsbeïnvloeders / schimmige figuren

PAPEGAAIEN

'Er wordt nu gerichter gekocht,' zegt trainer Henk Stee. 'Wij laten ons niet door jan en alleman aanpraten wat we nodig hebben. In het verleden was de Alkmaarse voetbalclub AZ een populair oord voor allerlei schimmige figuren. Iedereen wist: daar zit geld, daar is handel. De papegaaien zijn verdwenen, tegenwoordig wordt voorzitter Scheringa omringd door mensen die hem durven tegenspreken maar die wél verstand van voetbal hebben.' [54]

beleidsbeïnvloeders / Europese politici

KEFFERTJESBESTAAN

Menen Europese politici het eigenlijk wel als ze de EU voorstellen als een jonge wereldmacht-in-wording die een inventieve en procesmatige benadering voorstaat van mondiale problemen? Of geven ze er heimelijk de voorkeur aan om tot in eeuwigheid een keffertje te blijven?

Het is een actuele vraag nu 'Europa,' als verzameling van gelijkgestemde landen die met één mond wil spreken over internationale problemen, wordt vermalen door het krachtige leiderschap vanuit het Witte Huis.

De vraag is gerechtvaardigd: is het zo erg om een keffertje te zijn? Over het algemeen is deze hondjes een lang (en wellicht ook gelukkig) leven beschoren. Toegegeven, je krijgt af en toe een rotschop van een voorbijganger. Maar de pijn gaat altijd over, en dan kun je weer vrolijk verder blaffen. Er valt mee te leven.

Door in de belangrijkste zaken van oorlog en vrede consequent afwezig te zijn, doet vooral continentaal 'Europa' zichzelf ernstig tekort. Bovendien laden de politici de verdenking op zich dat ze – in plaats van zich te beraden over verontrustende ontwikkelingen in de buitenwereld – de voorkeur geven aan de weg van de minste weerstand.

Dat laat de deur open voor een 'veilig' bestaan in de marge: geen leiderschap tonen, geen werkelijke deelname aan het Irak-debat, geen moeilijke besluiten. En als het later fout gaat, dan weten we precies wie het gedaan heeft. Het keffertjesbestaan. [55]

beleidsbeïnvloeders / meelopers

HERMELIJNVLOOIEN

Bij Martin van Amerongen kan prins Bernard niet meer stuk, 'mijn weerzin jegens monarchie ten spijt.' ZKH had hem op privé-audiëntie in de Olifantenkamer op Soestdijk gevraagd waarom *De Groene* toch zo lelijk over hem schreef. 'Ik had hem uitgelegd dat hij het niet goed had gelezen. Ja, hij is twee mensenlevens geleden lid van Hitlers NSDAP geweest, net als de rest van de lagere Duitse adel. Op de Lockheed-affaire ligt een dikke laag schimmel, daar ging het ons niet om. Wel om de afstotelijke wijze waarop een krant als *NRC Handelsblad* al die affaires goedpraat. Ik ben voor niemand bang, ook niet voor de Prins der Nederlanden, ik zei gewoon wat ik op mijn hart had. En de man die louter door hermelijnvlooien wordt omringd, waardeerde dat. Die heeft voor het eerst in zeventig jaar een normaal gesprek gevoerd! Hij is gewoon gevangene van zijn omgeving. Sindsdien bellen we elkaar wel eens.' [56]

beleidsbeïnvloeders / vrije jongens

KAKKERLAKKENGEVECHT

Kakkerlakken heten ze, in het jargon van de chauffeurs van de Schipholtaxi. Ze parkeren hun taxi boven bij de vertrekhal, dalen af naar de aankomsthal en plukken daar de lucratieve vrachtjes eruit: de lange ritten. Voor de korte ritjes verwijzen ze de passagiers door naar de standplaats buiten, naar de collega's van Schipholtaxi. Die zijn daar niet blij mee.
Op Schiphol is, behalve het gevecht om de klant, ook sprake van een culturele botsing. De ronselende chauffeurs zijn vaak afkomstig uit landen waar ronselen van klandizie tot de normaalste zaak van de wereld behoort. Zij profiteren van de deregulering die de taxiwereld in zijn greep heeft, sinds de invoering van de Taxiwet in 2000.
Directeur Grijpink van TCA, een van de taxibedrijven, roept zijn mannen woensdagochtend op om ook over te gaan tot het ronselen van passagiers. 'Als ze dat willen, kunnen ze het krijgen,' zegt taxichauffeur Henk strijdlustig. Hij voorspelt matpartijen bij de gates, in het gevecht om de passagiers. [57]

beleidsbeïnvloeders / steun mobiliseren

SPELEN MET DE HAAI

De Duitse mediamagnaat Leo Kirch spreekt bijna nooit met journalisten. De aartsconservatieve media-mogul hult zich liever in geheimzinnigheid. De *Spiegel*-redacteuren die naar München waren gereisd voor een interview met Kirchs zakelijk leider Hahn waren dan ook verrast toen tijdens het gesprek plotseling de 75-jarige patriarch zelf binnenkwam. Was zijn verschijning al een sensatie, wat hij over zijn eeuwige rivaal Rupert Murdoch zei was minstens even opmerkelijk. 'Als het noodzakelijk is, reik ik hem alles aan. dan vreet hij me maar op. De Heer heeft het gegeven, de Heer heeft het genomen. De botten zal zelfs Murdoch me wel laten.' Kirch noemde zijn concurrent een 'haai', maar 'kan op Rupert niet boos zijn. Hij is nu eenmaal zo.' Kapituleert Kirch? Niemand gelooft dat. Kirch doet in zijn sluwheid en hardheid voor Murdoch niet onder en vecht voor zijn overleven. Hij zou kunnen spelen met Murdochs entree op de Duitse mediamarkt om steun te mobiliseren. De Duitse politici en mediaconcerns zijn als de dood voor de komst van de Australiër, die het netjes verdeelde medialandschap zou omwoelen. [58]

beleidsbeïnvloeders / onverwachte winnaars

THE DARK HORSE

De mooiste bijnaam van George Harrison is *the Dark Horse*. Van oorsprong is een dark horse een *outsider* bij de paardenraces, later was het vooral de toepassing op een onverwachte winnaar bij politieke verkiezingen. In Harrisons geval geldt de betekenis van een buitenstaander. Ook dit werd de titel van een biografie, *Dark Horse: the Life and Art of George Harrison*, door Geoffrey Giuliano. De typering was treffend; Harrison had hem toen zelf al gebruikt, als naam voor zijn platenmaatschappij en als titel voor een cd in 1974. [59]

beleidsbeïnvloeders / slechte verliezers

KIPPEN DIE NAAR HET ONWEER KIJKEN

Tijdens het lijsttrekkersdebat op de tv zagen ze eruit als kippen die naar het onweer keken. *They never knew what hit them*, zoals de Amerikanen zeggen. Vooral collega Melkert maakte de indruk nooit meer te zullen bijkomen. Hij kon alleen nog maar een boos gezichtje trekken. Pim won op alle fronten. [60]

beleidsbeïnvloeders / roddelpers

ROOFVOGELS OPJAGEN

Het is mijn verantwoordelijkheid geweest: de manier waarop mijn scheiding is verlopen heeft ervoor gezorgd dat de roddelpers heel snel op de hoogte was. Maar dat zij ons als roofvogels hebben opgejaagd, heeft de zaak alleen nog maar erger gemaakt. Het was echt te walgelijk voor woorden. Ze speelden ons tegen elkaar uit. Ik was de 'slechte vrouw', hij was 'het slachtoffer'. Op een dag stond er een foto van onze kinderen in één van die bladen. De kop bij het artikel was: 'Kinderen van de rekening.' Terwijl we allebei, vóór alles, vastbesloten waren om samen de ouders van onze kinderen te blijven. [61]

beleidsbeïnvloeders / journalisten

PAPEGAAIENCIRCUIT

Veel journalisten denken dat ze heel individualistisch bezig zijn. Maar ze houden zichzelf voor de gek. Het is een biotoop, en binnen die biotoop voldoen ze precies aan de eisen van de groep. Het is een vak van sjablonen. Een papegaaiencircuit. Iemand roept dat er muiterij is bij Doctors van Leeuwen, en vervolgens roept de hele wereld dat. Laat dan liever een opinie zien die de zaak kantelt. [62]

beleidsbeïnvloeders / (on)belangrijke rollen

EEN KLEINE VIS IN EEN ZWEMBAD VOL HAAIEN

Tadic was gisteren buitengewoon overstuur na de uitspraak van het Joegoslavië-tribunaal, zei zijn advocaat John Livingston. De Engelsman zegt dat zijn cliënt zeker in hoger beroep zal gaan tegen de veroordeling, die volgens hem geen rekening houdt met de onbelangrijke rol die Tadic tijdens de Bosnische burgeroorlog speelde. Tadic was volgens Livingston maar een kleine vis in een 'zwembad vol haaien'. [63]

beleidsbeïnvloeders / praten in clubjes

EEN OLIFANT BEWEGEN TOT EEN DANSJE

Als er verkiezingen op til zijn, wordt het ei van Columbus steevast opnieuw uitgevonden, beter gezegd gelegd. Deze keer door burgemeester van Amsterdam, Job Cohen. Volgens hem moeten de leden van de gemeenteraden 'de boer op'. 'Ze moeten luisteren naar en praten met burgers.' Cohen constateert onvrede onder de burgers. 'Het vereist van politieke partijen dat ze meer met burgers optrekken.'
Zolang ik burger ben hoor ik deze oproepen al. Het schijnt moeilijk, zo niet onmogelijk te zijn de politici in beweging te krijgen. Die praten liever in clubjes tegen elkaar.
Cohen zelf is een voorbeeld van het laatste. Hij sprak zijn aansporing uit tijdens de viering van het Centrum voor Lokaal Bestuur, de PvdA-club van lokale bestuurders.
Ik zie een met geen man of macht te verplaatsen gezelschap voor me. Ongetwijfeld zal men geapplaudisseerd hebben na Cohens woorden, maar ik kan me niet voorstellen dat de sociaal-democratische bestuurders daarna de straat op zijn gerend om te luisteren naar en te praten met burgers. Eerder beweegt men een olifant tot een dansje. [64]

beleidsbeïnvloeders / profiteurs

VEILIGHEIDSPARASIETEN

In een recente opiniepeiling in zes Europese landen bleek de steun voor een hoger defensiebudget in Nederland het laagst. Inmiddels stijgen in twee derde van de vijftien NAVO-landen de defensie-uitgaven wél, in Frankrijk en Groot-Brittannië zelfs fors. Glijdt Nederland af naar het rijtje 'veiligheidsparasieten', aangevoerd door Duitsland, dat profiteert van de inspanningen van anderen?

Zo dramatisch staan de zaken er niet voor. Nederland is eerder dan Europese landen begonnen met de modernisering van de strijdkrachten. [65]

beleidsbeïnvloeders / netwerkoorlogen
VLOOIEN- EN BIJENZWERMOORLOG

Volgens een onderzoek van Rand voerden de Zapatistas in Mexico een 'vlooienoorlog' die dankzij het internet, de *encuentros* en het mondiale netwerk van niet-gouvernementele organisaties veranderde in een 'bijenzwermoorlog'. [66]

beleidsbeïnvloeders / verraders
PAPEGAAI DE NEK OMDRAAIEN

Trainer Leo Beenhakker van Feyenoord heeft Van Gastel voor de rest van het seizoen de aanvoerdersband ontnomen en aangekondigd dat Konterman hem die periode niet zal vervangen. De oefenmeester baalde al geruime tijd dat Feyenoord dit seizoen door uitspraken van spelers in een kwaad daglicht wordt gesteld. Zo maakte hij een kleine maand geleden bekend dat hij een papegaai in de selectie had zitten, die hij de nek zou omdraaien. [67]

beleidsbeïnvloeders / overnames

DE MUSKUSRAT

Ahrend heeft zich beschermd tegen een vijandige overname door preferente aandelen bij een bevriende stichting te plaatsen. Die verkoopt niet aan Buhrmann of Stonehaven. De Hal en Egeria laten zich daardoor niet afschrikken. Een aandeelhouder typeerde dat als: 'De muskusrat wroet toch wel door de dijk.' [68]

beleidsbeïnvloeders / mammoetbedrijven

EEN REUZEGROTE HAGEDIS

De uitval van een Franse atoombom, tot ontploffing gebracht in de Stille Oceaan, maakt een eitje van een hagedis radio-actief. In plaats van een schichtig, schattig beestje wordt een monster geboren. De megafusies van tegenwoordig zijn daarmee vergelijkbaar.
Het monster is een reuzegrote hagedis, die om Kaap Hoorn zwemt naar New York, om daar met zijn staart Manhattan – inclusief Wall Street – plat te slaan. Gelukkig wordt de mensheid gered en de jongen die de draak verslaat, krijgt ook het meisje.
Grote bedrijven kunnen door samen te smelten goedkoper produceren en makkelijker nieuwe producten ontwikkkelen. Dat is goed voor de burgers. Maar Godzilla-bedrijven hebben ook nadelen. Door fusie en overname kan een bedrijf te machtig worden en voor zichzelf een monopoliepositie creëren. Een mammoet-monopoliebedrijf kan concurrentie uitschakelen en de consument uitbuiten met exorbitante prijzen en slome service. [69]

beleidsbeïnvloeders / buitenlandse roofdieren

ROOFDIERENKAPITALISME

Tallinn is een van de laatste Noord-Europese steden met een middeleeuwse structuur. Na de val van het sovjetrijk kwam in de jaren negentig met veel geld een geweldige renovatie op gang. Ook omdat buitenlanders voor een spotprijs onroerend goed kochten van goedgelovige Esten die, voor het eerst in vijftig jaar over hun eigen huizen beschikkend, geen idee hadden van prijzen en dertig- of veertigduizend mark een ongelooflijk vermogen vonden. Voor de westerlingen tikte deze handel dubbel aan omdat ze de verwaarloosde panden ook nog eens voor spotstuivers door doodarme Esten konden laten restaureren.
Dit is niet de enige ellende van het ongebreideld roofdierenkapitalisme. Het gevaar dreigt dat er, om het de toerist naar de zin te maken, een Soete-Suyckerbolrenovatie ontstaat, inclusief bedienende bewoners in middeleeuwse klederdracht. [70]

beleidsbeïnvloeders / vijanden

DE ZILVERMEEUW NIET OPNEMEN

Bij de opening van de nieuwe werf in 1957 vergeleek een spreker Verolme met een zilvermeeuw, die eerst als een indringer door andere meeuwen wordt aangevallen, maar uiteindelijk in hun gelederen wordt opgenomen. Er is niets van uitgekomen, constateerde de zilvermeeuw zelf in zijn memoires. De vijandschap zat te diep. [71]

beleidsbeïnvloeders / experts volgen

DE KUDDE VERSLAAN MET EEN KARPER

In het verleden zijn al eens prachtige resultaten behaald met een chimpansee en met een gorilla, dus waarom het niet eens geprobeerd met een *leeuwenkop*? Met die gedachte laat de website Belegger.nl de meer dan 600.000 'zelfstandige' beleggers in Nederland hun krachten meten met Vinni. Deze siergoudvis voorspelt elke ochtend om 5 minuten over 11 hoe de Amsterdamse beurs zich zal gedragen. Zwemt Vinni aan de linkerzijde van zijn aquarium, dan daalt de AEX-index. Bevindt Vinni zich op het *moment suprème* rechts, dan eindigt de beursbarometer in de plus.
'Het is een spiegel voor de beleggingswereld,' stelt Mathijs Kanis van Beleggers.nl. 'Daarin volgt ook iedereen maar wat de experts of adviseurs roepen.'
Het idee van de beleggende beesten is vijftien jaar oud. De zakenkrant *Wall Street Journal* besloot in 1988 een theorie van de econoom Burton Malkiel aan de praktijk te toetsen. Malkiel stelde dat een aap die met dartpijlen op de beurspagina van een krant mikt, een even goede aandelenportefeuille kan samenstellen als de deskundige beleggingsadviseurs. De mandjes met aandelen die de geblinddoekte aap koos, deden het niet beter dan de portefeuilles die de experts samenstelden, bleek na tien jaar.
Vinni is misschien niet zo'n gek idee. Hij zat er de eerste drie dagen naast. Maar als de beleggers blind achter de kudde aan rennen, kunnen ze ook in een goudkarper geloven. [72]

beleidsbeïnvloeders / autoriteiten

DE VOEDSELWAAKHOND

Voedselcrises zijn er in de afgelopen jaren veel geweest. Te veel. Een korte terugblik geeft een onthutsende opsomming: dioxine in kippen, salmonella in eieren, rundvlees met BSE-risico, varkens met pest en diervoer dat was vervuild met het verboden MPA-hormoon.
De snelle opeenvolging van schandalen zet aan tot denken. Wat is er toch aan de hand met de bedrijfsketens die ons voedsel produceren? Willen ze niet leren van fouten? Of zijn de ketens zo ingewikkeld dat niemand er nog overzicht heeft?
De 'voedselwaakhond' heeft als belangrijkste nieuwe taak de zorg en ongerustheid over de betrouwbaarheid van het voedsel weg te nemen. In 2003 zal de Voedsel- en Warenautoriteit zich moeten bewijzen als een organisatie die een belangrijke rol vervult in de voedingsmiddelenketen. Niet alleen blaffen, ook bijten als het moet. De VWA moet respect afdwingen bij boeren, telers en de verwerkende industrie. [73]

beleidsbeïnvloeders / zonderlingen

DE POOT VAN DE OCTOPUS

Nog steeds staat voor vastgoed-consultant Olaf Schwencke en mede LPF'ers allerminst vast dat de moord op Pim Fortuyn het werk van één persoon was. 'Als we niet onderzoeken of Volkert V. de poot is van een octopus, dan kom je er nooit achter. Veel mensen vragen zich af wat erachter zit. Waarom de politie niet overal rondvraagt: waar is Pim geweest vanaf maart tot 6 mei? Op de dag van de moord was Pim bij Jorien van den Herik van Feyenoord. Maar de politie is niet komen vragen of hij iets bijzonders heeft opgemerkt. Dat is toch belachelijk?'

Een octopus, zegt Schwencke, heeft veel poten. 'Je moet zo'n poot ontrafelen en terugdraaien wil je bij de octopus zelf komen. Doe je dat niet, dan is dat een grote blunder. Een eenzame zonderling die zonder hulp, helemaal in zijn eentje, in het Mediapark iemand neerschiet: kom nou, mijnheer! Dat is toch te simpel voor woorden? Als u dit nou groot opgemaakt in de krant afdrukt heeft de Nederlander het gevoel dat er tenminste iets gebeurt.' [74]

beleidsbeïnvloeders / oud-gedienden

JURASSIC PARK

Het leek *Jurassic Park* wel, afgelopen weekeinde. Van alle kanten kwamen de dinosauriërs aangesloft. Hans Wiegel, Frits Bolkestein en Willem Aantjes staken hun hoofd om de hoek van de landelijke politiek, die zij jaren geleden hadden verlaten. Maar ook oud-premier Dries van Agt kwam stampvoetend langsgelopen.
Oneerbiedig, die terminologie naar de film? Ze is van een lid van het CDA-campagneteam, waar de opkomst van de oud-gedienden uit eigen kring ongetwijfeld met ergernis werd besproken. Dat Gerrit Zalm steun zoekt bij Wiegel en Bolkestein is tot daar aan toe, maar dat van Agt en Aantjes de populaire *jeune premier* Balkenende met hun eigenwijze mening gaan bestoken, daar zit het CDA niet op te wachten. [75]

beleidsbeïnvloeders / partnership

SCHILDPAD EN SCHORPIOEN

Ik denk dat de zin van dialoog is dat iedereen zijn kijk kan geven en luisteren naar die van de ander om samen verder te gaan. Van verkennen, via verdiepen naar actie.
Toch geloof ik dat er mensen zijn die hun behoefte aan controleren niet kunnen en willen intomen. Het is sterker dan henzelf. Ze blijven liever vechten tot ze met z'n allen verdrinken. Ze ontwikkelen nooit een echt partnership. Ze herinneren me telkens weer aan de parabel van de schorpioen en de schildpad, die ik hoorde van een Franse manager.
Aan de oever van een brede rivier ontmoeten een schildpad en een schorpioen elkaar. 'Ik wil zo graag naar de overkant,' zegt de schorpioen tegen de schildpad, 'maar ik kan zover niet zwemmen. Wil jij mij naar de overkant brengen? Jij kunt goed zwemmen en ik zou veilig boven water op je schild kunnen zitten.' 'Ik denk er niet aan,' antwoordt de schildpad. 'Ik vertrouw je niet. Want om te zwemmen, moet ik mijn nek uitsteken en dan ben ik heel kwetsbaar. Je prikt me vast dood.'
'Helemaal niet,' weerlegt de schorpioen, 'waarom zou ik je doden? Ik zou ook verdrinken. Nee, ik wil alleen aan de overkant komen. Alsjeblieft! Op mijn erewoord...'
Na veel gepraat laat de schildpad zich overhalen. Halfweg de overtocht voelt de schorpioen zich onweerstaanbaar aangetrokken om de schildpad toch te prikken. 'Sorry, vriend,' zegt hij tegen de schildpad. 'Ik kan het niet helpen. Je prikken is sterker dan mezelf, zelfs al ga ik samen met jou de diepte en de dood in.'
De Franse manager voegde daaraan toe: 'Kijk eens hoeveel schorpioenen van managers we hier in huis hebben. Op korte termijn worden ze zelfs beloond en als helden geprezen. Ze winnen immers steeds de eerste ronde... Maar na verloop van tijd verdwijnen ze...' [76]

beleidsbeïnvloeders / politiek

VAN RUPS NAAR VLINDER

Zoals de Brent Spar-affaire van Shell de P van Planet op de kaart zette, en de affaire eveneens van Shell in Nigeria met het Ogoni-volk duidelijk maakte dat het bedrijfsleven ook moest gaan rekenen met de P van People, zo heeft de ramp van 11 september de P van Politiek op de bedrijfsagenda gezet. Elkington was met zijn boek de actualiteit een slag voor.

De metafoor die hij introduceert is die van de pop of cocon. De rups, die blad na blad verorberde met zijn onverzadigbare honger, stopt met het verorberen van het een na het andere en weeft zich in om zijn eigen elementen om te zetten in een compleet ander wezen. Door enkel te kijken naar de nieuwe technologieën en de dotcoms missen we de omvang en de impact van de transformatie. Want die raakt veel dieper en wijder.

Onze gezamenlijke ervaringen nemen toe met de verbreiding van CNN en internet. Besluitvorming zal steeds meer klassieke grenzen overschrijden, zowel die tussen landen als tussen overheden en bedrijfsleven. [77]

beleidsbeïnvloeders / gokbeluste dictators

DE MUIS EN DE LEEUW

Het is de omgekeerde wereld. Op het moment dat de Verenigde Staten aansturen op een militair ingrijpen tegen Saddam Hoessein, dreigt Noord-Korea met een oorlog tegen de Amerikanen. Preventieve aanvallen zijn niet het alleenrecht van de VS, zo brult de muis uit Pyongyang tegen de leeuw uit Washington. Pas op voor badinerende grappen: daarvoor is de dreiging van een nucleair conflict te serieus.

De Noord-Koreaanse leider Kim Yong II zoekt de confrontatie.

Hij heeft de IAEA-inspecteurs het land uitgezet en de kernreactor van Yongbyon, die genoeg splijtstof kan produceren voor een of meer kernwapens, weer opgestart. Deze pressiepolitiek moet Amerikaanse consessies afdwingen.
Kim Yong II speelt hoog spel en schroomt niet de nucleaire kaart op tafel te leggen. Kernwapens als afschrikking zijn bekend, kernwapens in handen van een gokbeluste dictator zijn nieuw. Dit is een probleem voor de hele internationale gemeenschap. Dus niet alleen voor de Amerikanen, maar ook voor de Europeanen. [78]

beleidsbeïnvloeders / verbond

DE AS VAN DE ANGSTHAZEN

Volgens commentator David Brooks van het conservatieve weekblad *The Weekly Standard* beseffen Frankrijk en Duitsland wel degelijk welk gevaar Saddam Hoessein vormt, maar zien ze liever 'Amerikaanse mannen en vrouwen dan Franse en Duitse sterven voor het behoud van hun veiligheid'.
De *Axis of Weasels* – de As van de Angsthazen – noemen de conservatieve columnisten het Frans-Duitse vredesverbond.
Zoals de Europese critici van de VS betogen dat het Washington te doen is om de olie van Irak of om de alleenheerschappij in de wereld, zo hameren de Amerikaanse conservatieven erop dat het Frankrijk slechts gaat om het veilig stellen van zijn belangen in Irak. Voor anderen in het conservatieve kamp staat vast dat Frankrijk en Duitsland er niet zozeer om te doen is de Irakezen een oorlog te besparen, alswel om de macht van de Verenigde Staten aan banden te leggen. [79]

Metaforen over besluitvorming

ideologische strijd	VRIJENDE OLIFANTEN
overtuigen	DANSENDE OLIFANTEN
resultaten	BROEDENDE HANEN
macht overnemen	VISSEN EN MIEREN
botsen	AFGEHAKTE VLEUGELTJES
beïnvloeden	DE SLANG LATEN SCHRIKKEN
machtsgebruik	EEN OLIFANT ALS BUUR
overleg	EEN OLIFANT DOOR DE PORSELEINKAST
competitie	SCHAPEN IN DE PRAIRIE
de luwte zoeken	DE SPREEUW IN DE STRONT
conflicten	KOEKOEKSKLOKKENMANAGEMENT
schijnbesluiten	DE CAMEL-NOSE-STRATEGIE
onderhandelen	DE VOS BIJ DE KIPPEN
slijmen	DE GEIT EN DE SLAK
daadkracht	DE STIER BIJ DE HORENS PAKKEN
participeren	DE KAT STUREN
ondernemingsraad	EEN WAAKHOND AAN DE KETTING
oppositie	DE KOEIENMARS
bijsturen	DE HOND EN DE KUDDE
verkennen	HOE DE HAZEN LOPEN
adviseren	STAMPENDE OLIFANTEN
afstemmen	BIJTENDE JACHTHONDEN
beslissen	BESLISSINGEN NEMEN OP Z'N OLIFANTS
snelheid	OP EENDEN RICHTEN
maatregelen nemen	KOE OP ZWEMLES
opportunisme	EEN ROEDEL EZELS
wat achter de hand hebben	EEN VERSTANDIGE RAT
eigen belang vertegenwoordigen	SPRINGENDE KIKKERS
vasthouden aan keuzes	DE VOS, WOLF EN KAT

Vrijende olifanten

besluitvorming / ideologische strijd

VRIJENDE OLIFANTEN

Tijdens een gesprek in een zeer internationaal gezelschap over de verbeterde Oost-Westverhoudingen gaf de Tanzaniaanse boekenuitgever Bgoya een variant op eeen Afrikaans spreekwoord: waar twee olifanten vechten wordt het gras vertrapt.
'Dat mag zo zijn,' aldus Bgoya, 'maar wanneer ze aan het vrijen slaan, blijft er van het gras helemaal niets meer over.'

De twee olifanten stonden voor Oost en West, eens gezworen vijanden, die veel Derde-Wereldlanden (gras) in hun ideologische strijd meetrokken en geen kans gaven op een eigen ontwikkeling.
Maar nu Oost en West steeds verliefder op elkaar worden, lijkt er voor de Derde Wereld totaal geen aandacht meer te zijn.
De Derde Wereld is 'out', heet het zelfs, telt niet meer mee, zeker niet de arme Afrikaanse landen. [1]

besluitvorming / overtuigen

DANSENDE OLIFANTEN

Minister Wijers besteedt in zijn proefschrift uitvoerig aandacht aan macht en invloed. In dit verband plaatst hij de retorische vraag of de olifant die met de kippen danst al of niet de macht heeft over leven en dood, ook al heeft hij niet de bedoeling hen te vertrappen.
Invloed heb je als je het gedrag van anderen kunt veranderen, macht als je de keuzemogelijkheden van een ander bepaalt. Wijers geeft de sterke voorkeur aan het overtuigen van mensen. Dat lijkt ook de meest geschikte weg om zoveel mogelijk van je eigen opvattingen te realiseren. [2]

besluitvorming / resultaten

BROEDENDE HANEN

'Als CDA en PvdA het daarover al jarenlang eens zijn met elkaar, is het dan vreemd om te zeggen: laat het aan het college over om met plannen te komen. We laten de kippen een tijdje broeden.' Om zichzelf meteen ook te corrigeren: 'Eh, kippen gaat niet. Hanen dus in dit geval. Hoewel ik natuurlijk ook weet dat daar nooit een kuiken uit komt. Ach ja, zo zie je maar dat iedere vergelijking mank gaat.' [3]

besluitvorming / macht overnemen

VISSEN EN MIEREN

Menigeen meent dat een hernieuwde machtsovername door de clique van Pol Pot nog slechts een kwestie van tijd is. 'De klok tikt onherroepelijk in hun voordeel. De duimschroeven worden rustig, maar uiterst zorgvuldig aangedraaid,' verklaarde onlangs Khieu Kanharith, een journalist die nauw gelieerd is met het bewind in Phnom Penh. 'Als onze regering in elkaar stort, zijn zij de enigen die kunnen inspringen. Ik vrees dat dit binnen een à twee jaar zal gebeuren.'
Te vrezen valt dat hij weleens gelijk zou kunnen krijgen. Cambodja lijkt onheilszwanger. 'Als de waterspiegel stijgt, eten de vissen de mieren op. Als het water daalt, dan eten de mieren de vissen op,' luidt een uitspraak van Pol Pot; er is in de Cambodjaanse steden nauwelijks iemand te vinden die niet weet wat dat betekent. [4]

besluitvorming / botsen

AFGEHAKTE VLEUGELTJES

Partijbestuur en fractie hadden de laatste tien jaar een te grote vinger in de partijpap. Ongeduld werd afgestraft. De achterban moest vertrouwen hebben in de gekozenen. In 1985 was dan wel een partijreferendum ingevoerd, maar dat droeg niet bij tot wezenlijke discussies. Leden bleken vooral behoefte te hebben aan veelzijdigheid, en niet aan voorgekookte oplossingen. Dat dit wel eens problemen kon opleveren met de regeringspartners vonden de leden niet zo relevant. Zij wilden terug naar een Partij van de Arbeid met de verschillende vleugels, die flink met elkaar konden botsen, maar tegelijkertijd een levendige partij te zien gaven.

Een citaat van een niet onbelangrijke partijgenoot zei het zo: 'De partij is een beest zonder vleugeltjes geworden. Die zijn afgehakt. Het is een saai grijs beestje geworden, het kan alleen een beetje lopen kakelen, maar de vleugels uitslaan dat kan niet meer. Een angsthaas. Wel heel keurig en rustig, alsof de partijgenoten in één en dezelfde mal gevormd werden.' [5]

besluitvorming / beïnvloeden

DE SLANG LATEN SCHRIKKEN

Met de uitdrukking 'Dood met een geleend mes', en 'Sla op het gras om de slang te laten schrikken' toont Yuan aan hoe je een moeilijke situatie kunt uitbuiten, hoe je onderlinge verhoudingen tussen mensen kunt beïnvloeden en hoe je aanpassingsvermogen kunt vergelijken met stromend water. [6]

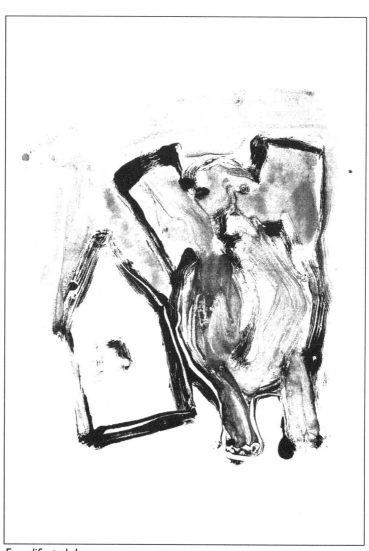
Een olifant als buur

besluitvorming / machtsgebruik

EEN OLIFANT ALS BUUR

De Verenigde Staten worden alom beschouwd als een industriële macht, als een olifant. Voor ons als Canadezen is het wel leuk om een olifant als buur te hebben, maar het wordt wel erg benauwd als de olifant gaat rollen. [7]

besluitvorming / overleg

EEN OLIFANT DOOR DE PORSELEINKAST

Een flexibiliteitsgoeroe die als een olifant door de porseleinkast van de arbeidsverhoudingen dendert en zich bovendien als een superminister profileert. Met deze en andere weinig flatteuze benamingen is minister Wijers van Economische Zaken gisteren door de vakbeweging en werkgevers in het midden- en kleinbedrijf in de hoek gezet. Zowel de vakcentrales FNV en CNV als de organisatie voor het midden- en kleinbedrijf MKB Nederland hekelden op hun respectieve nieuwjaarsbijeenkomsten Wijers' beleid van deregulering en flexibilisering. Het verruimen van de winkelsluiting is daar maar een van de vele voorbeelden van.
'De manier waarop Wijers als een olifant door de porseleinkast dendert, gaat ons te ver. Hij gaat voorbij aan zorgvuldig opgebouwde arbeidsverhoudingen en een maatschappij die geprezen wordt om zijn samenhang en stabiliteit.' De bewindsman zou er 'verstandig aan doen zich niet al te zeer op andermans terrein te begeven en een superminister te willen uithangen,' aldus FNV-voorzitter Stekelenburg. [8]

besluitvorming / competitie
SCHAPEN IN DE PRAIRIE

Het was zoals in een oude western waar de manager in het veld de schaapherder is en de jongens op het kantoor de veeboeren. Alles was pais en vree totdat het hoofdkantoor een afrastering wilde opzetten voor de koeien, terwijl de manager in het veld de hele prairie voor zijn schapen wilde hebben. Iemand moest wijken of er zouden doden vallen. [9]

besluitvorming / de luwte zoeken
DE SPREEUW IN DE STRONT

Opstandigheid is voor de jeugd, voor de sterken, voor diegenen die van het leven nog niets geleerd hebben. Vaak vergaat het ze echter als de spreeuw.
In de eikenboom achter een huis in Hulst hadden ze elk jaar spreeuwennesten. Normaal gingen die spreeuwen in de herfst in grote zwermen naar het zuiden, maar op een gegeven moment was er een dwarse spreeuw. Die geloofde al die verhalen over de verschrikkelijke kou niet zo erg. Hij wou dat zelf weleens meemaken en dus zat er die winter op de kale takken van de eik één rillerige schriele spreeuw. In december toen het ècht begon te vriezen, kon hij het echter toch niet meer volhouden en vertrok alsnog naar het zuiden. Goed en wel voorbij Gent kon de spreeuw niet meer en halfbevroren stortte hij neer op een boerenerf. Net op dat moment kwam er een koe voorbij die hem volledig onderpoepte. De spreeuw dacht eerst dat hij zou stikken maar hij kreeg het integendeel lekker warm. En zo lekker warm dat hij zich heel goed begon te voelen en vrolijk begon te kwetteren. Maar helaas, een kat die toevallig voorbijkwam, hoorde de spreeuw, pulkte hem te voorschijn en vrat hem op.

Er zijn uit dit verhaal drie lessen te leren. Ten eerste: iemand die je zwart maakt, is niet noodzakelijkerwijze je vijand; ten tweede: iemand die je uit de stront haalt, is niet noodzakelijk je vriend, en ten derde: als je lekker warm zit kan je maar beter je mond houden. [10]

besluitvorming / conflicten

KOEKOEKSKLOKKENMANAGEMENT

De deur gaat open. De directeur beveelt. Het bevel sterft weg in de lege gang of wordt bij het middenkader geblokkeerd omdat zij zelf partij zijn geworden met andere prioriteiten.
Het management isoleert zich. In de conflictsfeer tussen groepen zijn zij zelf de buitenstaander. [11]

besluitvorming / schijnbesluiten

DE CAMEL-NOSE-STRATEGIE

De idee van veel vernieuwingsprocessen is om bij de aanvang het financieel zo voor te stellen dat er in korte tijd een voorstel te verwachten is, dat vervolgens 'even' wordt ingevoerd. Het geheel krijgt een beetje de sfeer van de *camel-nose*-strategie: we laten in het begin alleen de neus van de kameel zien en tegen de tijd dat de kameel voor de dag komt, kan men niet meer terug. Dit is natuurlijk een schijnredenering, want een besluit dat niet in hoofdlijnen de personele en financiële consequenties laat zien en de budgetten daarvoor weet te reserveren, blijkt een schijnbesluit te zijn, waar men niet veel mee kan. [12]

De vos bij de kippen

besluitvorming / onderhandelen

DE VOS BIJ DE KIPPEN

Iacocca neemt Dough Fraser, van de onderhandelingscommissie, op in de directieraad.
De zakenwereld reageerde furieus.
'Dat kun je niet doen,' werd gezegd. 'Je zet de vos bij de kippen.' [13]

besluitvorming / slijmen

DE GEIT EN DE SLAK

Een geit en een slak kwamen elkaar in de hal tegen op weg naar de bovenste etage waar de directie zetelde. 'Hoe ga jij naar boven,' vroeg de geit. 'Ik neem de trap maar,' zei de slak. 'Lijkt me niet handig,' zei de geit, 'ik neem de lift.'
Boven aangekomen zag de geit de slak met de directeur uit de lift komen. 'Hoe heb je dat voor elkaar gekregen,' vroeg hij stomverbaasd. 'Wel,' zei de slak, 'soms helpt slijmen meer dan mekkeren.' [14]

besluitvorming / daadkracht

DE STIER BIJ DE HORENS PAKKEN

De Economische Top is een van de weinige instituties met werkelijk effect omdat het de gecombineerde krachten van de leiders van de belangrijkste economieën, niet alleen hun ministers en diplomaten, vertegenwoordigt.
Voor de leiders is het een uitstekende gelegenheid om de immense potentie van de nieuwe wereldeconomie van de jaren negentig in het gareel te krijgen.

Op de vooravond van de Houston-top heeft president Bush zijn collega's uitgenodigd om een rodeo bij te wonen.
Misschien kunnen zij zich laten leiden door de aanwijzingen van de cowboys: of de stier bij de horens pakken, of de rodeo verlaten om op weg naar huis na te denken waarom je naar zo'n bijeenkomst gaat. [15]

besluitvorming / participeren

DE KAT STUREN

Maar als het waar is dat het Vlaams Blok het goeddeels moet hebben van proteststemmen tegen de 'gevestigde politiek', is er wellicht een lichtpuntje. Dan kunnen Antwerpenaren bijvoorbeeld terecht bij Boris, de eerste hond die het tot lijsttrekker schopte. Of de kiezer 'stuurt zijn kat', zoals de Belgen zeggen wanneer iemand gewoon niet komt opdagen. [16]

besluitvorming / ondernemingsraad

EEN WAAKHOND AAN DE KETTING

Citaat van een medewerker van de Voortgezette Opleidingen van de Hogeschool Nijmegen met betrekking tot het functioneren van de Ondernemings-deelraad:
'Jullie zijn een waakhond aan een ketting. Frustrerend, want meer dan blaffen kun je niet. Maar ik moet er niet aan denken dat er niet meer geblaft wordt in dit instituut.' [17]

besluitvorming / oppositie

DE KOEIENMARS

Vier lange dagen en nachten wist de oppositie in het Japanse Hogerhuis de aanvaarding van een omstreden wet op te houden. Veel parlementsleden vielen om van de slaap in hun bankjes. Uiteindelijk raakten alle procedurele mogelijkheden uitgeput en werd het voorstel om Japanse soldaten in te zetten voor internationale vredesacties aanvaard. In de Japanse politiek heet de vertragingstactiek de 'koeienmars'. Zelfs de sloomste koeien lopen sneller dan de socialisten die het stemmen eindeloos ophielden doordat zij deden alsof zij hun stembriefjes kwijt waren of door tergend langzaam hun eigen vertragingsmoties in te dienen. Zo duurde de behandeling van de achtste en laatste motie dertien uur. De aanvaarding van de wet, die het Japanse soldaten voor het eerst toestaat buiten Japan op te treden, was onvermijdelijk. In het Lagerhuis zal het naar verwacht sneller gaan. De regeringspartij bewaarde hoffelijk zijn geduld. [18]

De hond en de kudde

besluitvorming / bijsturen

DE HOND EN DE KUDDE

In een cartoon uit *Punch* is een schaapskudde afgebeeld met erachter een hond. Twee schapen zeggen tegen elkaar: 'What I like about him is he never tells you to stay in line, he asks you to stay in line.'
De overheid als herdershond kan geen schaap doen lopen, laat staan een kudde. De kudde, de samenleving, beweegt uit zichzelf. De overheid kan slechts de richting aangeven, bijsturen. [19]

besluitvorming / verkennen

HOE DE HAZEN LOPEN

Van Velzen organiseerde naar Brits model *fringe meetings*. Met groepjes van pakweg vijftien partijgenoten opgesplitst in zaaltjes werd een thema uitgewerkt. Waar dat ooit toe heeft geleid, is nimmer bekend geworden, afgezien van forse zaalhuren.
Een standaarduitdrukking van Van Velzen is 'es kijken hoe de hazen lopen'. [20]

besluitvorming / adviseren

STAMPENDE OLIFANTEN

'Dus wat u voorstelt – als ik het zo mag noemen – is dat u bepaalde strategische industrieën die in moeilijkheden verkeren in handen neemt en dan pogingen in het werk stelt ze weer concurrerend te maken.'
Noda glimlachte alleen maar. 'Dai Nippon verwacht hier en daar in de geest van vriendschappelijke samenwerking enig advies te kunnen geven.'
Inderdaad, dacht ik. Ongeveer zoals een stampende olifant 'samenwerkt' met het gras onder zijn poten. [21]

besluitvorming / afstemmen

BIJTENDE JACHTHONDEN

Verstandig overleg met de ondernemingsraad met geven en nemen wordt er vaak als onzinnig beschouwd. Het gevolg is wel dat daardoor het dreiggedrag niet goed is ontwikkeld: het zijn geen waakhonden die vooral heel veel blaffen, maar jachthonden die direct toebijten. Een waakhond is pas effectief als hij vele soorten dreiggedrag heeft ontwikkeld. Vaak is dreigen al voldoende om de klus te klaren. Als dreiggedrag niet tot de mogelijkheden behoort, moet er direct gebeten worden en dat leidt tot veel meer schade, vertraging en wantrouwen. Dat zie je in sommige van de ons omringende landen ook voortdurend gebeuren: in Spanje of Italië vinden allerlei ongelukkige stakingen plaats die niemand eigenlijk wil. Desondanks gebeurt het, want ze kunnen alleen maar bijten, ze hebben niet leren blaffen. [22]

besluitvorming / beslissen

BESLISSINGEN NEMEN OP Z'N OLIFANTS

Een circus weerhoudt een babyolifant ervan weg te lopen door hem vast te leggen aan een korte paal. Wanneer het dier aan de ketting trekt, schuurt de ijzeren ring langs zijn poot en de babyolifant concludeert dat hij om pijn te vermijden, maar het best op zijn plaats kan blijven. Maar wanneer de olifant groter wordt, legt het circus hem nog steeds vast aan dezelfde korte paal. De volwassen olifant kan nu de paal als een tandenstoker uit de grond trekken, maar de olifant herinnert zich de pijn en hij is te dom om gebruik te maken van een nieuw stel feiten – hoe de omstandigheden zich hebben gewijzigd. De kleine paal houdt een olifant van twee ton even afdoende vast als het jonge beest.

Veel mensen op leidinggevende posten verlaten zich te veel op oude feiten, op achterhaalde gebruiken, of ze baseren hun beslissingen nog steeds op wat twintig jaar geleden goed was. Dit is beslissingen nemen op z'n olifants. [23]

besluitvorming / snelheid

OP EENDEN RICHTEN

Niets in deze wereld staat stil. Ik houd ervan op jacht te gaan waar alles voortdurend in beweging is. Je kunt op een eend richten en hem op de korrel krijgen, maar altijd is de eend in beweging. Om de eend te raken, moet je je geweer bewegen. Een commissie die voor een essentiële beslissing staat, kan echter niet altijd vlug reageren als de gebeurtenissen dat vragen. Tegen de tijd dat de commissie klaar is om te schieten, is de eend gevlogen. [24]

besluitvorming / maatregelen nemen

KOE OP ZWEMLES

Als het kalf verdronken is gaat de koe op zwemles, zo luidt het Surinaamse spreekwoord. Want nooit zal er in Paramaribo een regeerder opstaan, die een put kan dempen of een andere, echte maatregel kan nemen. De Haagse liftinstallateur Eric (47) hoorde de grap van zijn jongere broer, die in Suriname woont. 'Het doet je pijn als je de mensen zo hoort praten over hun land,' zegt hij, als de lachbui voorbij is. [25]

besluitvorming / opportunisme

EEN ROEDEL EZELS

De vergadering in de Bondsdag over het vertrouwen in bondskanselier Schröder is spectaculair, ruw, rancuneus, er wordt ouderwets op de man gespeeld. Wat is een woedende volksvertegenwoordiger toch een verfrissende aanblik.
Een gnädige Frau van de Groenen treedt naar voren. De rechterkant van de zaal begeleidt haar tijdens de wandeling naar het katheder al met hoongelach, foei en een hagel schimpscheuten: 'Glaubensabfall, Orakel, Wackler, Abweichler, geschminkt Roodkapje, intellectuele liftster, leeggedronken glas water vol gewauwel.'
Met een van minachting bijna ziek gezicht zegt zij: 'Ik ben de taal van de nakomelingen van bierwagenkoetsiers die zich hebben vermenigvuldigd met een roedel van ezels niet machtig. Schieten maar mannen, jullie die zijn aangeraakt door het dodelijke virus van het blanke opportunisme.' [26]

besluitvorming / wat achter de hand hebben

EEN VERSTANDIGE RAT

'Een verstandige rat heeft meer dan één uitgang in zijn hol.' Dit was een familiespreuk die generaties lang was doorgegeven. Je moest altijd wat achter de hand hebben voor onvoorziene gebeurtenissen. [27]

besluitvorming / eigen belang vertegenwoordigen

SPRINGENDE KIKKERS

'Jonkies als Wouters, Rijkaard en Koeman komen dingen tegen waarvan ze het bestaan nooit hebben geweten. Je moet beslissingen nemen waar je nog nooit over hebt nagedacht. Je stapt een kleedkamer binnen en daar zitten twintig springende kikkers die allemaal hun eigen ikke, ikke vertegenwoordigen,' aldus Beenhakker. [28]

besluitvorming / vasthouden aan keuzes

DE VOS, WOLF EN KAT

Chaos staat altijd aan het begin van creatieve invallen. Beslis en hou vast aan de keuze, of aan de koers die u ten slotte kiest. Stop met wikken en wegen. Want er is een fabel van Aesopus over de vos en de kat die hun ervaringen uitwisselen over de gezamenlijke vijand, de wolf.
De vos schept op dat hij wel honderd trucs kent om aan de wolf te ontkomen. De kat zegt dat hij maar één truc heeft: snel in

een boom klimmen. Opeens verschijnt de wolf. De kat springt snel in een boom. De vos probeert te beslissen welke truc hij zal gebruiken en wordt verslonden. [29]

Metaforen over autonomie

vrijheid	EEN KOE IN HET WEILAND
perspectieven	HAANTJES MET KAMMETJES
gunsten	KRIOELENDE WORMEN
erkenning	EEN KLEINE VIS IN EEN GROTE KOM
keuzevrijheid	OPGEDRONGEN OESTERSCHELPEN
calculeren	DE MENS IS GEEN PLATWORM
verlangens	DE LES VAN DE MOT
succes	INSECT IN HET VUUR
vriendschap	GOUDVISSEN EN PIRANHA'S
eigen belang	HET MES IN HET VARKEN
kwaliteiten	VRIENDELIJKE STINKDIEREN
hogerop komen	EEN GEDRESSEERDE AAP
carrière	DE LUIZENRACE
wedijver	RAT RACE
eigen visie	EEN OUDE VOS
eergevoel	IN JE EIGEN POOT SCHIETEN
eigen belang	BERGEN BAREN MUIZEN
solidariteit	DE TOPRAT
eigen mening	RATTEN EN BRUINE NEUZEN
kansen wagen	DE SUBTOPRAT
hebzucht	MOORDZUCHTIGE ROOFVISSEN
ambities	DE KOP VAN DE HOND
vrees	HET PROBLEEM VAN DE MAN OP DE TIJGER
durven	BEVROREN KONIJNEN
overleven	DE APENVAL
speelruimte	PAARDEN AFRICHTEN
levenslust	DE LEVENSLUST VAN EEN KOLIBRIE
zelf regelen	NIET ALS EEN BLIND PAARD
van positie veranderen	TREKVOGELS
meer willen	DE EZEL EN DE AAP
ambities	EEN MOT OP DE KAARS VAN ROEM
onschendbaarheid	VAN DE PRINS EEN AAP MAKEN
jezelf beschermen	HET TROUWE WERKPAARD

Een koe in het weiland

autonomie / vrijheid

EEN KOE IN HET WEILAND

Iedere koe wil in het midden van het weiland.
Als hij aan de rand moet staan,
is hij bang dat hij zijn bast aan de prikkeldraad beschadigt. [1]

autonomie / perspectieven

HAANTJES MET KAMMETJES

We zijn allemaal haantjes die hun kammetjes niet willen kwijtraken. Het idee dat die volgende haan beter is dan jezelf, is niet aantrekkelijk, maar moet wel je uitgangspunt zijn. [2]

Er is een mismatch ontstaan tussen het aantal beschikbare topfuncties en het aantal mensen dat gekwalificeerd is om dergelijke functies te vervullen. Het gevecht is daardoor veel harder geworden. In deze ratrace houden alleen de sterksten zich staande.
Maar er is meer aan de hand. Ter Haar spreekt over het bedrijfsleven als 'een waanzinnige, overleefde machocultuur', Grinwis over een 'hanenkamcultuur'. Ter Haar: 'Als je erkent dat je het niet langer kunt volhouden, ben je een *loser*. Het heeft alles te maken met concurrentie binnen het managementteam. Iedereen houdt de adem in, de koppen hangen beneden het maaiveld om niet te worden weggesneden. Men wordt door angst beheerst.' Het gevolg is dat menigeen vastdraait in de diepe groef van wikken en wegen, beslissingen voor zich uitschuiven en zichzelf opsluiten. Om uiteindelijk als een nachtkaars uit te gaan. [3]

autonomie / gunsten

KRIOELENDE WORMEN

Tot de winter van 1913-'14 had Henry Ford zijn werknemers niet laten meeprofiteren van de enorme kostenbesparing die de lopende banden hem hadden opgeleverd, en in plaats dat hij 'evenwicht' verwierf, kreeg hij 'iets anders' – een extreme toename van het personeelsverloop dat dreigde alle voordelen van zijn nieuwe produktietechnieken te niet te doen.

In dezelfde periode dat Henry met dit probleem worstelde – op zijn eigen manier even nieuw en geheimzinnig als de lopende band zelf, kwam hij in aanraking met Emerson, een Amerikaanse filosoof, die zowel een diagnose als een medicijn opperde:
'Betaal altijd; want vroeg of laat moet je al je schuld betalen... Hij die de meeste gunsten verleent is groot. Hij die gunsten ontvangt en er geen teruggeeft is laag – en dat is het laagste in het universum...
Laat niet te veel van het goede in je hand rusten. Het zal snel verrotten en krioelen van de wormen'. [4]

autonomie / erkenning

EEN KLEINE VIS IN EEN GROTE KOM

Bill van Dijk hoopt dat zijn debuut op Broadway leidt tot meer aanbiedingen. 'Ik mis Nederland, maar ik ben liever een kleine vis in een grote kom dan een grote vis in een kleine kom,' zegt hij in artiestencafé *Gallaghers*, waar Sammy Davis ooit stamgast was. [5]

autonomie / keuzevrijheid

OPGEDRONGEN OESTERSCHELPEN

De inrichters van het M & M-congres hadden een welhaast duivelse vondst gedaan: congresseren à la carte. Niet alleen een toevallige parel ontdekken in een dag gevuld met opgedrongen oesterschelpen, nee, een menu dat geheel uit 195 sprekers kon worden samengesteld. De interessantste inleiding, het op het eigen bedrijf meest toegesneden onderwerp konden en moesten zelf worden gekozen. Een vondst! [6]

autonomie / calculeren

DE MENS IS GEEN PLATWORM

Een bak vol wriemelende platwormen, waarvan het gedrag geheel gedicteerd lijkt te worden door de beste Skinneriaanse principes. Een beloning in de vorm van glucose vinden ze lekker. Daar reageren ze positief op. Elektrische schokken daarentegen vinden ze vervelend. Die proberen ze zoveel mogelijk te vermijden.
Na een dag zorgelijk confereren over de calculerende burger op een studiedag van de Nederlandse Vereniging voor Bestuurskunde, november vorig jaar, zag Arthur Docters van Leeuwen het ineens letterlijk voor zich: zo reageren fruitvliegjes ook en ratten en kennelijk dus ook op voordeeltjes beluste, plat calculerende burgers. Maar verdorie, dacht hij tegelijkertijd, dat kan toch niet waar zijn. Een mens is toch geen platworm! [7]

De les van de mot

autonomie / verlangens

DE LES VAN DE MOT

Gisteravond sprak ik een mot. Hij probeerde een gloeilamp binnen te dringen om zich op de gloeidraad te roosteren.
'Wat zien jullie motten in die truc?' vroeg ik.
'Omdat motten dat nu eenmaal doen? En waarom eigenlijk? Wanneer het geen lamp, maar een kaars was, dan was je nu een onzichtbaar klein vlokje as. Hebben jullie geen hersens?'
'Jawel hoor,' antwoordde hij, 'maar we worden soms een beetje moe wanneer we die gebruiken. De routine verveelt ons en wij verlangen naar schoonheid en opwinding. Vuur is mooi en we weten dat het ons zal doden wanneer we er te dichtbij komen. Maar wat geeft dat eigenlijk? Het is beter om een ogenblik gelukkig te zijn en door schoonheid verbrand te worden dan lang te leven en je steeds maar te vervelen. Dus maken we van ons leven een propje, en dat schieten we dan weg. Zo is het leven bedoeld.
Het is beter om heel even aan schoonheid deel te hebben en dan te verdwijnen, dan eeuwig te leven zonder schoonheid te kennen.
Onze levenshouding is: maak er geen punt van.
Wij zijn hetzelfde als de mensen, voordat zij te geciviliseerd werden om zich nog te kunnen vermaken.'
En voordat ik hem deze filosofie uit zijn hoofd kon praten, vloog hij weg en verbrandde zich op het theelichtje.
Ik ben het niet met hem eens. Persoonlijk zou ik liever half zo gelukkig zijn en tweemaal zo lang leven. Maar tevens zou ik willen dat ik net zo vurig naar iets verlangde als hij vurig wenste om zichzelf te roosteren. [8]

autonomie / succes

INSECT IN HET VUUR

Verblind door het succes is hij als een insect in het vuur gevlogen. Wie zoveel overschrijft uit in de wereld van de pleistertherapie niet-onbekende boeken, weet dat hij het onheil over zich afroept. [9]

autonomie / vriendschap

GOUDVISSEN EN PIRANHA'S

Ik heb van nabij meegemaakt hoe meedogenloos het op de toppen elders in de maatschappij kan zijn als het tegenzit, want verliezers hebben geen vrienden. Dan dacht ik vaak aan de eerder genoemde goudviskom. Iedereen kijkt van buiten naar binnen. De vissen zijn fraai van kleur en hebben mooie staarten. Zij zwemmen statig rond en laten zich bewonderen. Tot er eentje schade oploopt en zich bezeert. Dan blijkt de kom gevuld te zijn met piranha's en het slachtoffer wordt – terecht of onterecht – opgegeten.
De kijker geniet want enige sensatiezucht is niemand vreemd. In de politiek noemen ze dat 'aangeschoten wild'; de wetten van de natuur – ook de menselijke – zijn hard en zeker aan de top is er geen ruimte voor mededogen. [10]

autonomie / eigen belang

HET MES IN HET VARKEN

De 51-jarige Heerlense wethouder J. Zuidgeest (PvdA) is de afgelopen twee jaar aangebleven om tot aan zijn pensioenleeftijd recht te krijgen op een wachtgelduitkering. De nog steeds zittende Zuidgeest onthult dat in een soort brochure die hij gisteren verspreidde ter gelegenheid van zijn tienjarig wethouderschap.
'Ik had besloten vol te houden tot mei 1996 [...],' schrijft hij. Dat had te maken met zijn recht op wachtgeld: 'Mijn achterban in de persoonlijke sfeer mag minstens enige zekerheid over mijn inkomen verwachten.' Zuidgeest zag uiteindelijk af van zijn voornemen om er als wethouder mee te stoppen. Hij wilde het mes niet in het varken laten steken. [11]

autonomie / kwaliteiten

VRIENDELIJKE STINKDIEREN

Skunks (vriendelijke stinkdieren) zijn innoverende dwarsliggers; ze zijn noodzakelijk voor innovatie.
Verstandige managers laten deze lastpakken de vrijheid om *skunkworks* op te zetten: groepjes mensen die graag aan veelbelovende projecten willen werken. [12]

De luizenrace

autonomie / hogerop komen

EEN GEDRESSEERDE AAP

Simon de Bree, voorzitter raad van bestuur DSM, hoopt dat hij overkomt als een harde werker, veeleisend en stimulerend. Als je hogerop komt, weet je dat mensen je minder snel de waarheid vertellen. In deze functie word je snel een gedresseerde aap. Laatst moest hij een afspraak maken met zijn tennisleraar, maar de agenda zat vol. 'Belachelijk,' zei deze. 'In jouw positie moet je de baas zijn over je tijd.' Maar je hoort hem niet zeggen dat hij vijftien uur per dag werkt. Van maandagochtend zeven uur tot vrijdagnacht is hij beschikbaar voor DSM, hij heeft voldoende aan vijf tot zes uur slaap en het weekend is grotendeels vrij. En wat is zijn werk? De krant lezen achter in de auto? Hij heeft het trouwens nauwelijks drukker gekregen naarmate hij hogere functies kreeg. [13]

autonomie / carrière

DE LUIZENRACE

Een vrouw met een veelbelovende carrière voor zich wordt opgescheept met een enkele maanden oude baby.
Haar werkgever stelt haar voor de keuze haar carrière te vervolgen of het kind te gaan verzorgen.
Beide gaan niet samen. Zij heeft dit na enkele maanden proberen inmiddels ook ervaren.
Met het oog op het belang van het kind en de moorddadige concurrentieslag naar de top kiest ze voor het eerste.
Daarbij zegt ze : 'De luizenrace doet het maar met een luis minder' *(the rat race with one rat less)*. [14]

autonomie / wedijver

RAT RACE

Rat race: verschijnsel waarbij de onderlinge wedijver tussen functionarissen in lijnfunctie en staffuncties de samenwerking en gerichtheid op het bereiken van de organisatiedoelstellingen ernstig gaat bedreigen en verlammen. Er is geen sprake meer van een gezonde onderlinge competitie, integendeel, het arbeidsklimaat wordt ernstig verziekt. Symptomen kunnen zijn: toename verloop en ziekteverzuim, besluiteloosheid of verlaging van de kwaliteit van de genomen besluiten, ontstaan van fluistercampagnes en onlustgevoelens, en dergelijke. Kortom, het functioneren van het organisatielid is primair gericht op het behoud van eigen loopbaanperspectieven dan wel van de eigen functie. [15]

autonomie / eigen visie

EEN OUDE VOS

In het bedrijfsleven ziet men het vaak als een voordeel dat men een jonge en onervaren kandidaat nog kan 'boetseren' volgens de normen en opvattingen van de onderneming. Met een senior zal dit duidelijk minder goed lukken. Hij heeft een eigen visie op de organisatie, de aanpak van problemen en de strategieën, met het risico dat die botsen met de denkbeelden die in het bedrijf gelden.

Maar een dialoog hierover zou best heel verrijkend kunnen zijn voor beide partijen. Op die manier buigt de senior een nadeel om tot een voordeel. De senior wordt vaak geconfronteerd met een personeelsverantwoordelijke die niet bepaald een expert is op dat terrein. Vaak gaat het om de bedrijfsleider of om de boekhouder. De senior stelt zich het best op als een eventuele partner. Bij voorkeur schrikt hij hen niet af door autoritair gedrag.

Beter is het te laten merken dat hij nog open staat voor nieuwe ideeën en op die manier het enthousiasme van de jeugd koppelt aan de betrouwbare ervaring van de senior.
Een senior mag dan wel een oude vos zijn, hij is toch bereid om nieuwe streken te leren. [16]

autonomie / eergevoel

IN JE EIGEN POOT SCHIETEN

Op het departement wordt vanwege het afscheid van de uit zichzelf afgetreden staatssecretaris Linschoten het ene na het andere bloemstuk afgeleverd. Een volk herkent zijn helden. Er loopt ook een handgeschreven fax van Elske ter Veld binnen. Drie jaar geleden overkwam haar precies hetzelfde als Linschoten nu. Begaan met Linschotens lot schrijft ze: 'Je kunt beter in je eigen poot schieten dan als aangeschoten wild door het leven gaan.' [17]

autonomie / eigen belang

BERGEN BAREN MUIZEN

Er wordt geklaagd over de druk tot voortdurend communiceren en vergaderen terwijl aan de andere kant toch het gevoel blijft dat er te weinig gecommuniceerd wordt. Ambities zijn er genoeg, men is bedreven in het formuleren van urgente problemen en grensverleggende oplossingen, maar de meeste bergen baren muizen.

Op een gegeven moment ontstaat een algemene, diffuse vermoeidheid. Veel medewerkers minimaliseren hun bijdrage aan de gezamenlijke activiteiten en trekken zich terug in eigen projecten en eigen contacten. Een enkeling krijgt last van *burn out*-verschijnselen en anderen proberen het in de subgroep nog gezellig te houden. Het geloof in de gezamenlijkheid heeft schipbreuk geleden. [18]

autonomie / solidariteit

DE TOPRAT

Ondernemen is een vak dat velen tijdens de klim naar de top hebben afgeleerd. Liever conformeert men zich aan het verleden, behaagt men de superieur en doet men voornamelijk zijn best om niet negatief uit de toon te vallen. Dat is de mentaliteit van de toprat. Het proces van bloedvergieten dat carrière maken heet, is in een nieuwe fase gekomen. Men hokt samen met de andere topratten en spaart elkaar, maar houdt een eventuele binnendringer van beneden nauwlettend in de gaten. Managers vertonen soms een verregaande tolerantie inzake verspillingen, declaraties, fraude, malversaties, fouten. Ze zijn merkwaardig solidair. Als geen ander in het bedrijf kennen ze de wet: heden ik, morgen gij. Als ik jou vandaag bescherm, dek jij me morgen in. Dat verschijnsel is universeel. We zien het in de politiek, in de militaire top, bij justitie en politie. [19]

autonomie / eigen mening

RATTEN EN BRUINE NEUZEN

Een voormalig schaatscoach noemt de KNSB een wereldje vol ratten en 'bruine neuzen'. De toelichtende tekst: 'Ratten zijn kannibalen. Ze vreten elkaar op. En ik weiger konten te likken' [...] 'Ik heb schijt aan ze. Ik geef ze een hand. Een hand met gif. En voor ze onder de zoden liggen, krijgen ze mijn mening te horen.' [20]

autonomie / kansen wagen

DE SUBTOPRAT

Als twee dominante ratten in een hokje bij elkaar worden gezet, slaan ze aan het vechten totdat een van beiden overduidelijk als baas uit de strijd komt. Dan is de hiërarchie voor beide partijen duidelijk. Observatie leert ons dat de overwinnaar ook zeker is van het feit dat hij de baas blijft. Daardoor heeft hij rust.
De verliezer – de subtoprat – echter blijft altijd het gevoel houden dat hij nog een kans moet wagen om het leiderschap over te nemen. Die zie je steeds reageren met een bloeddrukverhoging en stressreacties als hij in contact komt met de dominante heerser.
De grotere openheid in de bedrijven, het steeds vaker moeten beslissen omdat de markt voortdurend verandert en 'de jonge honden die het op de kluif van de baas hebben voorzien' dragen er allemaal toe bij dat ook de directeur zelf steeds vaker ziek wordt. [21]

De kop van de hond

autonomie / hebzucht

MOORDZUCHTIGE ROOFVISSEN

Slechts vijf van de dertig miljardairs schenen de macht op sociale wijze te gebruiken.
Packard concludeert dat de wanstaltig rijke mensen hun geld niet zozeer zagen als bron van macht maar als bewijs van macht. 'En vrij veel genoten daarvan zoals een paar moordlustige roofvissen in een zee vol kleinere vissen blijven moorden en eten tot hun maag is opgeblazen. Redelijke behoefte heeft er niets mee te maken.'

Het opeenhopen van geld bij een kleine groep superrijken maakt de economie zelfs ondoelmatig. De serie bedrijfsovernames van de jaren tachtig is daarvoor het bewijs.

Packard citeert de bekende econoom Lester Thurow. 'Zouden de wolven alle kariboes opeten, dan zouden zij zelf ook sterven.' [22]

autonomie / ambities

DE KOP VAN DE HOND

Koenders heeft tijdens het gesprek geen plaats in de directie van Bührman-Tetterode aangeboden gekregen.
Hij heeft er ook niet om gevraagd. 'Ik pieker er niet over.
Liever *the head of the dog* dan *the tail of the tiger*.
Liever burgemeester van een klein dorp dan wethouder van de stad.' [23]

autonomie / vrees

HET PROBLEEM VAN DE MAN OP DE TIJGER

De vervanging van de ene president door de andere is het probleem niet. Wij hebben hier het probleem van de man op de tijger. Soeharto is de man op de tijger, een uitdrukking die de Chinezen gebruiken ten aanzien van een keizer die bang was op te stappen. Heinrich Heine heeft over de jonge vrouw van Riga geschreven. Ze zat op de tijger en glimlachte altijd. Toen ze afstapte, glimlachte ze niet meer. Zo is het met Soeharto ook. Als hij van de tijger afstapt, dan zal de tijger hem opeten.
Dat is zijn grote vrees. Je kunt dat deze eenvoudige man ook niet kwalijk nemen. Als je ziet wat bijvoorbeeld met Marcos is gebeurd in de Filippijnen, met Zia-ul-Haq in Pakistan, dan kun je je voorstellen dat hij zegt, mijn God, overkomt mij dat nog?

Het probleem is, die man is bang om van de tijger af te stappen. Doe dan iets om die vrees van hem even te verhelpen, anders kom je d'r niet. [24]

autonomie / durven

BEVROREN KONIJNEN

Als een vrouw in de politiek terechtkomt, kan ze drie reacties vertonen:
- Ze kan zich radicaal opstellen.
- Ze kan zich aanpassen; dit is het Thatcher-effect. De vrouwen gedragen zich dan mannelijker dan mannelijk.
- Een derde reactie op het verblindende licht van de schijnwerpers waarin ze komt te staan, is die van de *frozen rabbit*, de persoon in kwestie durft niets meer te doen. Vrouwen in deze positie worden maar al te vaak bevroren konijnen. [25]

autonomie / overleven

DE APENVAL

Een van de leerzaamste verhalen van nonkel Door was het verhaal over een apenval die al eeuwen lang in India gebruikt wordt. De val bestaat uit een uitgeholde kokosnoot waarin een gat gemaakt is waar een aapje net zijn pootje door kan steken. In de kokosnoot wordt wat rijst gegooid en het geheel wordt aan een boom gebonden.
Al gauw komt er een aap langs, hij kijkt, aarzelt even, steekt voorzichtig zijn poot door het gat, neemt een handje rijst... en kan dan zijn vuist niet meer door het gat terughalen. En gevangen is hij.
Voor iemand die het mechanisme doorziet is het volstrekt duidelijk wat die aap moet doen om aan zijn belagers te ontsnappen. Maar de val werkt al duizenden jaren en nog maar zelden is een aap slim genoeg geweest om de rijst los te laten en zo zijn leven te redden. Het idee om de winst op korte termijn te laten schieten voor zijn behoud op langere termijn, dat idee, dat komt eenvoudig niet in de aap zijn kop op.
Daar staat die aap overigens niet alleen in: kijk maar om u heen en u zult de apen met hun hand muurvast in een kokosnoot bij bossen zien rondspringen.
En waarom ze niet loslaten? Dat komt gewoon niet in hun kop op! [26]

autonomie / speelruimte

PAARDEN AFRICHTEN

Managers hebben graag dat werknemers, klanten en leveranciers op een voorspelbare manier reageren. Als goed geoliede machines.

Maar mensen hebben een eigen wil. De oorsprong van de term management is te herleiden naar het Italiaanse woord *maneggiare*, dat 'africhten van paarden' betekent. Het betekent ook volledige controle over de paarden. En voor managers over mensen.

Managers zijn bang om hun mensen enige speelruimte te geven. Dat ze de 'vrijheid' gaan gebruiken voor eigen belangen.

De *maneggiare*-metafoor impliceert dat managers tot een elitegroep in de organisatie behoren. Zij hebben het privilege om de werknemers (paarden) te sturen en af te richten. [27]

autonomie / levenslust

DE LEVENSLUST VAN EEN KOLIBRIE

'Hij die bang is voor corruptie is bang voor het leven.' Daarmee toonde Saul Alinsky, politiek organisator in de jaren vijftig en zestig, zich geen voorstander van cynisme, egoïsme en minachting voor collega's. Hij spoorde ons aan om de grenzen te verkennen. En als je de strijd begint met een flinke hoeveelheid enthousiasme, schend je waarschijnlijk de regels van de altijd lichtgeraakte gevestigde orde en riskeer je woedende reacties. (Noem eens één hervormer die nog nooit is gearresteerd? Ik ken er niet één.)

Grafschrift voor hen met een levenslust als die van een kolibrie: 'Hoe is het toch afgelopen met, eh... hoe-heet-ze-ook-alweer?' [28]

autonomie / zelf regelen

NIET ALS EEN BLIND PAARD

'We zijn erop vooruitgegaan,' en 'Het is of ik vanuit de prehistorie in de moderne tijd ben gestapt,' zo waren enkele reacties van medewerkers over het werken in schakelteams. Het rouleren van werkzaamheden, zelf het werk indelen en oplossingen zoeken voor bijvoorbeeld een beschadigd pakje, spreekt de medewerkers aan. Ook het ontbreken van een groepsleider wordt als positief ervaren: 'Prettig om niet meer als een marionet aan de touwtjes van een ander te hangen.' Een ander zegt het zo: 'Je moet meer zelf regelen en niet als een blind paard doen wat de groepsleider zegt.' [29]

autonomie / van positie veranderen

TREKVOGELS

Welke karaktereigenschappen helpen je vooruit in het flexibele kapitalisme en welke helpen je de vernieling in? Belangrijk is ten eerste dat wie overeind wil blijven in een voortdurend veranderende omgeving, moet zorgen ook zelf voortdurend van positie te veranderen. Stilzitten is fataal, wie passief is verschrompelt. De succesvolle mens verhuist daarom net zo makkelijk als een trekvogel, hecht zich aan niets of niemand en lijkt volstrekt autonoom, alsof het voortdurende verlies van vrienden en van werk- en woonomgeving hem niet deren. [30]

autonomie / meer willen

DE EZEL EN DE AAP

Twintig jaar had Allah de mens op aarde toebedacht, maar de mens zette een keel op en vroeg om meer. Toen pakte Allah twintig jaar van de ezel en twintig jaar van de aap en gaf die aan de mens. Sindsdien geniet de mens tot zijn twintigste, daarna werkt hij als een ezel. [31]

autonomie / ambities

EEN MOT OP DE KAARS VAN ROEM

Na 11 september rees de ster van imam Haselhoef, maar na een uitglijder viel hij in ongenade. De media wekten de indruk dat hij sprak namens de moslims.
Wie is in godsnaam imam Abdul Haselhoef? Een oplichter die zich ten onrechte uitgeeft voor imam? Een eenoog in het land der blinden, die de publiciteit niet schuwt en uiteindelijk struikelt over zijn gebrekkige kennis van de koran?
'Haselhoef is een autodidact, die als een mot op de kaars van roem is gevlogen en zijn vleugels heeft verbrand,' reageert Y. Hartog, coördinator van de invloedrijke organisatie Islam en Burgerschap. Hij is slachtoffer geworden van zijn ambities en van de hardnekkige, maar verkeerde, neiging van de media om imams tot spreekbuis van de islamgemeenschap te bombarderen. [32]

autonomie / onschendbaarheid

VAN DE PRINS EEN AAP MAKEN

Niet uit nieuwsgierigheid, maar omdat ik verzekerd wil zijn dat Nederland inderdaad zijn uiterste best heeft gedaan om iets van de Olympische idealen overeind te houden. Zolang dat niet het geval is, ons dit inkijkje zelfs wordt verboden vanwege de genoemde onschendbaarheid, stuiten we op de paradox dat we van de prins wel een aap moeten maken. Als Kok of Goslinga het anders willen zullen ze toch iets van des prinsens onschendbaarheid moeten prijsgeven. [33]

autonomie / jezelf beschermen

HET TROUWE WERKPAARD

Het trouwe werkpaard Boxer uit Orwells *Animal farm* reageerde bij alle veranderingen die de varkens wilden met een vaste uitspraak: 'Ik zal harder werken.' Bij iedere verandering kromde hij zijn schouders en zette zich nog meer in. Het ging immers om het hogere doel. Wat hij niet kon weten was dat hij uiteindelijk voor zijn loyaliteit beloond werd met een enkele reis slachterij.
In een onzekere toekomst met onzekere doelen en een onduidelijke aansturing zijn de unieke talenten, de motivatie en de energie die medewerkers hebben zo langzamerhand de enige zekerheid. Een ieder moet er dan ook alles aan doen om dat talent te beschermen, te ontwikkelen en inzetbaar te houden. Dat kan een ander niet voor u doen. Daar hebt u een zekere mate van autonomie voor nodig. [34]

Metaforen over bedrijfsklimaat

afhankelijkheid	EEN TROEP WOLVEN
normen	APEN WASSEN HUN ZOETE AARDAPPELS IN ZEE
eensgezindheid	KIKKERKOOR
vertrouwen	DE CALABRISCHE KIP
imago	BULLSHIT CASTLE
beroepscode	EERGEVOEL ONDER DE HAAIEN
collectiviteit	NUTTIG VOOR DE ZWERM
patronen	DE AAP EN DE BANAAN
jachtverhalen	DE HISTORICI VAN DE LEEUWEN
taal	HET VEE VERZORGEN
symbolen	DOLFIJNEN MET PLEZIER
uitstraling	OPGEBLAZEN GARNALEN
gewenning	DE GEKOOKTE KIKKER
presenteren	ANGORA'S
uniformering	DE PAPEGAAIENCULTUUR
historie	HET DINO-SYNDROOM
tempo	EEN SCHILDPAD ONDERWEG
legitimatie	SCHAAP EN SLACHTER
vernieuwing	HET GEROOSTERDE SPEENVARKEN
tempo	DE RUPSENPLAAG
kwaliteitsbesef	DE ZANDKORREL IN DE OESTER
verdeeldheid	EEN TANDELOZE TIJGER
huisstijl	DE POSTBANKLEEUW
wijsheid	MIEREN, KLIPDASSEN, SPRINKHANEN EN HAGEDISSEN
normen	EEN LAND MET ÉÉN VLEUGEL
gewoonten	HET KONIJNENHOK VERBOUWEN
beelden	SOLVAY DUPHARS DIERENVERZAMELING
manieren	EEN OLIFANT MET MANIEREN
conventies	EEN VARKEN EN EEN BOEDDHA
gedeelde waarden	EEN ZWERM VOGELS
gewoonten veranderen	EEN WALVIS OP HET STRAND
ergens bij willen horen	EEN SCHAAP UIT DE KUDDE GOOIEN

bedrijfsklimaat

adagia	TANDENLOOS KEFFERTJE
low-profile imago	ZONDER KIPPENDRIFT
cultuurpolitiek	ALS KIP IN DE KOOLSOEP
niet alleen staan	DE BOZE WOLVEN
onprettige omgangsvormen	APENROTSSAMENLEVING
bestaansredenen	IDEOLOGISCHE VEREN AFSCHUDDEN
lokale gewoonten	APEN EN NEANDERTHALERS
eenheid uitbeelden	EEN PLATGESLAGEN INSECT
uitstraling	MUGGEN LEVEN IN EEN MOERAS
rust	AANGESCHOTEN KRAAIEN
je bedrijf aanprijzen	ROZE KIKKER TEGEN DINOSAURUSFAMILIE
dierenwelzijn	STAPELBARE KOEIEN
angstig conservatisme	KUDDEGEDRAG
draagvlak	EEN POND MET VEREN

bedrijfsklimaat / afhankelijkheid

EEN TROEP WOLVEN

Ze lopen rond, maar hebben geen duidelijk besef van waar ze mee bezig zijn. Wat een bedrijf nodig heeft, wordt vaak gezegd, zijn wilde eenden. Maar een eend die zich te ver van de formatie verwijdert en niet langer het voordeel heeft van de verminderde luchtweerstand die het gevolg is van in formatie vliegen, zal al spoedig achterblijven. Wij geven de voorkeur aan de analogie met een troep wolven. In een troep wolven is het altijd duidelijk wie de leider is, maar zijn positie wordt regelmatig aangevochten en capaciteiten en kracht bepalen uiteindelijk wie de leider wordt. De wolven zijn niet allemaal hetzelfde en ook niet allemaal even capabel. Ze behouden hun individualiteit maar behoren wel allemaal tot dezelfde groep, en jagen gemeenschappelijk hun prooi na. De realiteit van wederzijdse afhankelijkheid wordt door alle leden van de groep aanvaard. Michael Jordan, de beroemde centerspeler van het Chicago Bulls basketbalteam, was bepaald meer dan een wilde eend; hij was er sterk van doordrongen dat hij lid was van een team en wist wanneer hij zijn persoonlijke glorie ondergeschikt moest maken aan het gemeenschappelijke doel van het team. Hij was de leider van een troep wolven. Alle winnende organisaties lijken eigenlijk meer op een troep wolven dan op een kudde schapen of een vlucht wilde eenden. [1]

Apen wassen hun zoete aardappels in zee

bedrijfsklimaat / normen

APEN WASSEN HUN ZOETE AARDAPPELS IN ZEE

De bioloog Lyall Watson beschrijft in *Lifetide* hoe een groep onderzoekers het voedingsgedrag van een apenkolonie op een Japans eiland bestudeert. Zij voeden bij wijze van experiment de apen met zoete aardappels. De apen vinden de aardappels echter weing appetijtelijk omdat er veel aarde aan kleeft. Na een tijdje ontdekt een jonge vrouwtjesaap dat de aardappels veel genietbaarder zijn als ze in zee zijn ondergedompeld. Aanvankelijk is zij de enige die dit doet, maar langzamerhand krijgt zij volgelingen. Dit gaat zo enige tijd door, steeds meer apen proberen het nieuwtje, en dan is het plotseling een algemene gewoonte geworden. Alle apen op het eiland wassen hun zoete aardappels in de zee.

Op het moment dat van de ene op de andere dag al de apen op het eiland hun aardappels in de zee schoonmaakten, deden ook hun soortgenoten op de aangrenzende eilanden dit alsof het de gewoonste zaak van de wereld was. Zelfs op het vasteland van Japan was er een apenkolonie die haar aardappels waste. [2]

bedrijfsklimaat / eensgezindheid

KIKKERKOOR

Concepten, modellen, voorbeelden en praktische tips kunnen managers helpen op krachtige wijze een gezamenlijk beeld te vormen. Dit beeld kunnen ze uitdragen met de eensgezindheid die een kikkerkoor aan de dag legt. [3]

bedrijfsklimaat / vertrouwen

DE CALABRISCHE KIP

Er wandelt een Calabrische kip door de begroting 1991 van het ministerie van Justitie. De kip illustreert hoezeer de criminaliteit soms zo verweven is met de samenleving, dat het moeilijk is die effectief te bestrijden.

Het verhaal gaat over een bedachtzame maffiakip en is afkomstig van de Italiaanse schrijver Luigi Malerba: 'Een Calabrische kip besloot lid te worden van de maffia. Ze ging naar een maffia-minister om een schrijven van aanbeveling te krijgen, maar deze zei haar dat de maffia niet bestaat. Ze ging vervolgens naar een maffia-rechter, maar ook deze zei haar dat de maffia niet bestaat. Ten slotte ging ze naar een maffia-burgemeester, en ook deze zei haar dat de maffia niet bestaat.

Daarom ging de kip terug naar het kippenhok, en in antwoord op de vragen van de medekippen antwoordde zij dat de maffia niet bestaat.
Toen dachten alle kippen dat ze lid van de maffia was geworden en waren bang voor haar.' [4]

bedrijfsklimaat / imago

BULLSHIT CASTLE

Jürgen Schrempp, president van Daimler-Benz, was die dinsdag nog zo aardig geweest voor zijn grote voorganger, voor wie hij een 'vriendschap koesterde die ook moeilijke tijden kan doorstaan'. Een beetje vals waren die woorden wel, want Schrempp had al jaren tegen de stoel van Reuter zitten trappen. Die oude 'strateeg' in *bullshit castle*, zoals Schrempp het hoofdkwartier in Stuttgart met een voor hem typerend gebrek aan eerbied betitelde, moest zachtjesaan worden vervangen door een harde 'uitvoerder', een *Macher*, zei hij in 1993 al. [5]

bedrijfsklimaat / beroepscode

EERGEVOEL ONDER DE HAAIEN

Een oude mop illustreert aardig hoe juristen met elkaar omgaan.

Na een schipbreuk dobberen twee advocaten en een priester in een klein reddingsbootje rond op de oceaan.
Dag en nacht zwerven ze zo maar in het rond op een eindeloze zee. Hun drinkwater raakt op. Ze hebben geen eten. De zon brandt meedogenloos op hen neer.
Eindelijk drijven ze op de derde dag naar een atol. Maar ze hebben de pech dat ze stroom tegen hebben en ze kunnen maar op zo'n driehonderd meter afstand komen. Om de zaken nog ingewikkelder te maken, zwemt er een hele school haaien heen en weer tussen de boot en het atol.
Maar een van de advocaten, die halfgek is van de dorst, stoot hijgend uit dat hij het niet meer kan verdragen en hij springt uit de boot. Hij begint naar de kust te zwemmen terwijl zijn lotgenoten vol afgrijzen toekijken, in afwachting tot hij door de haaien aan stukken gereten zal worden.
Maar vreemd genoeg gaan de haaien opzij en laten hem gewoon verder zwemmen.
'Dat is een wonder,' zegt de priester.
'Nee,' antwoordt de andere advocaat, 'gewoon beroepsbeleefdheid.' [6]

Beroepsbeleefdheid – dat is geen onderwerp dat u bij veel rechtenfaculteiten op het studieprogramma zult vinden, maar in het leven van juristen is het hoogst belangrijk.

De aap en de banaan

bedrijfsklimaat / collectiviteit

NUTTIG VOOR DE ZWERM

Wat niet nuttig is voor de zwerm, is ook niet nuttig voor de bij. [7]

bedrijfsklimaat / patronen

DE AAP EN DE BANAAN

Men neme een kooi met apen. In de kooi wordt een banaan opgehangen, daaronder staat een trapleer. Het duurt niet lang of er gaat een aap naar de trap, maar zodra hij er een voet op zet worden alle apen natgespoten. Een poosje later probeert dezelfde aap of een andere aap het nog eens, met hetzelfde gevolg: weer alle apen nat. Als er daarna nog een aap is die de trap op wil, zullen de andere hem dat beletten.
Nu halen we één aap uit de kooi en brengen een nieuwe binnen. De nieuwe aap ziet de banaan en wil de trap op. Tot zijn grote schrik springen alle apen hem op zijn nek. Na nog een poging weet hij: als hij de trap op wil wordt hij in elkaar geslagen. Dan halen we een tweede aap uit de kooi en brengen een nieuwe binnen. Nieuweling gaat naar de trap en krijgt een pak slaag. De vorige nieuwe neemt enthousiast deel aan de afstraffing.
Een derde oude aap gaat eruit en een derde nieuwe komt binnen. Hij gaat naar de trap en krijgt slaag. Twee van de apen die op hem inbeuken weten niet waarom je de trap niet op mag.
Oude aap vier eruit en nieuwe aap vier erin, enzovoort, tot alle apen die ooit het natspuiten hebben meegemaakt vervangen zijn. Niettemin gaat nooit een aap de trap op. [8]

'Waarom niet, meneer?'
'Dat doen wij hier gewoon niet, jongeman.'

bedrijfsklimaat / jachtverhalen

DE HISTORICI VAN DE LEEUWEN

Zolang de leeuwen niet hun eigen historici hebben, zolang zullen de jachtverhalen de glorie van de jagers vertellen. [9]

bedrijfsklimaat / taal

HET VEE VERZORGEN

In het klassieke Latijn had de term 'cultura' oorspronkelijk de betekenis van de bewerking van land en de verzorging van vee. Het gebruik van de term 'cultuur' berust aldus op een metafoor die werd ontleend aan de agricultuur, met als grondidee 'cultivatie'.
In figuurlijke zin betekende dit aanvankelijk de verzorging en bewerking van de geest en gemoed (*cultura animi*).
In de achttiende eeuw krijgt dit begrip meer de betekenis van 'civilisatie' (de betekenis die zowel Van Dale als Webster er nog steeds aan toekennen), of de verrijking van de mens in boek, wetenschap, kunst, religie en filosofie (*Bildung*).
Zodra de gedragswetenschappen zich met dit begrip gingen bemoeien, was het hek van de dam. De Amerikaanse antropologen Kroeber en Kluckhome inventariseerden een kwart eeuw geleden reeds een 200-tal definities van cultuur. [10]

bedrijfsklimaat / symbolen

DOLFIJNEN MET PLEZIER

De dolfijn als symbool voor de farma-divisie van een chemisch concern. Volgens president-directeur van Ciba-Geigy Nederland, M. F. Bareis, typeren dolfijnen precies hoe de Zwitserse multinational zichzelf ziet. 'Ze zijn alert, snel en leergierig. Dolfijnen springen hoog en hebben veel plezier. Dat willen wij ook.'
Het Zwitserse concern Ciba-Geigy is, aldus Bareis, gedompeld in een diepgaand veranderingsproces. De multinationale moloch uit Bazel wil af van zijn stoffige imago, de sterk hiërarchische organisatie en de daaraan gekoppelde verouderde bedrijfscultuur. [11]

bedrijfsklimaat / uitstraling

OPGEBLAZEN GARNALEN

Cobb zei: 'New York is een smerige, ongeorganiseerde stad. De atmosfeer is vreselijk vijandig. Niemand lacht er. Waar je ook komt in New York, je hebt nooit het gevoel dat je iemand kunt vertrouwen. Wie wil nou in zo'n stad wonen?'
Hij stond op, nam de rekening en gooide achteloos een bankbiljet op tafel. Hij zei: 'Gelukkig is Texas zo groot dat we ons geen donder hoeven aan te trekken van wat die *jumbo shrimps* uit het noorden denken...'

'Wat is een *jumbo shrimp*?' vroeg Verstuyft.
'Een garnaal die zichzelf opblaast tot een olifant,' antwoordde Stover. [12]

De gekookte kikker

bedrijfsklimaat / gewenning

DE GEKOOKTE KIKKER

Veranderingsprocessen die onder druk plaatsvinden hebben alleen resultaat als de mensen de risico's ervan inzien en daarop gaan anticiperen. Als dit niet het geval is ontstaan er gewenningsprocessen die door professor Karl Weick vergeleken worden met die van de *boiled frog*.

Een kikker in een pannetje met water zal daar niet uitspringen als men de temperatuur langzaam verhoogt. Het resultaat is, ondanks het feit dat hij eruit kon, toch een gekookte kikker.
Gooi je de kikker echter in een pannetje met kokend water, dan springt hij er wel uit. Het resultaat is dan een levende kikker. [13]

bedrijfsklimaat / presenteren

ANGORA'S

Hoogovens, Philips, de KLM, al die halfverdronken angorakatten van twee jaar geleden presenteerden zich vorige week als angora's. De een na de ander kwam naar buiten met schitterende kwartaalcijfers. De KLM maakte over de maanden juli, augustus en september van dit jaar 354 miljoen gulden winst. En KLM's partnerkeuze Northwest Airlines blijkt opeens helemaal niet de miskleun te zijn die sceptici tot voor kort vermoedden, maar een goudmijn.
Als het goed gaat met de economie, gaat het goed met de luchtvaartmaatschappijen. En als ze dan nog even geduld hebben, volgen de vliegtuigbouwers. Bij vliegtuigbouwers begint de *upswing* altijd wat later. [14]

bedrijfsklimaat / uniformering

DE PAPEGAAIENCULTUUR

Voor zover de onderhavige praktijkgevallen iets duidelijk maakten, was het manipulatieve vermogen van de leidinggevenden van groot belang geweest; de 'neuzen moeten in dezelfde richting', al moet men tegelijkertijd 'openstaan' voor de individuele kwaliteiten van de ondergeschikten.
Dit is wel allemaal erg *top down*, merkte een oplettende deelnemer op, waarna de antropoloog Koot zijn theorie over de 'papegaaiencultuur' ontvouwde: het gevaar dat iedereen elkaar gaat napraten zonder dat duidelijk wordt wat het nu eigenlijk waard is. [15]

bedrijfsklimaat / historie

HET DINO-SYNDROOM

Organisaties moeten veranderen. Hoe gaat dat veranderen in zijn werk? Vooreerst, afstand doen van het verleden. Het probleem is namelijk dat organisaties zijn geworden tot logge gevaarten met geconditioneerde gewoonten, die zoals de olifant, worden gehinderd door hun eigen onwendbaarheid. Wanneer het noodzakelijke veranderingsproces niet op gang komt, kan de olifant verworden tot een dinosaurus, bedreigd met verstening en uitsterving. Echter, de mogelijkheid kan worden aangegrepen dat de olifant zijn ketenen met het verleden doorbreekt. Door een aantal nieuwe managementprincipes te benutten kan verandering 'een prettige reis worden, die de moeite waard is'. [16]

bedrijfsklimaat / tempo

EEN SCHILDPAD ONDERWEG

Chinezen houden niet van vlug.
Zij vinden dat een schildpad onderweg meer ziet dan een haas.
[17]

bedrijfsklimaat / legitimatie

SCHAAP EN SLACHTER

Er is een indianenstam die hoog in de Andes woont en die bestaat bij de gratie van de schapen die ze houden. Als in de stam wol nodig is, dan wordt er een schaap geschoren. Niet zoals hier als publiek vermaak op een folkloristische markt, maar met een uitgeproken reverentie, om dat oude woord maar eens te gebruiken.
De man die het schaap gaat scheren, legt het schaap eerst uit dat de stam wol nodig heeft en vertelt het vervolgens dat de stam in ruil voor de wol extra goed voor het schaap zal zorgen.
Als een schaap geslacht moet worden, wat natuurlijk ook voorkomt, dan komt de hele stam samen met de kudde en neemt afscheid van het te slachten schaap. Aan het schaap en aan de kudde wordt uitgelegd dat het voor het voortbestaan van de stam, en dus ook voor het voortbestaan van de kudde die van de stam afhankelijk is, noodzakelijk is dat een van hen geslacht wordt. De stamoudste vertelt dat het slachten met de grootste zorgvuldigheid zal gebeuren en dat ook met het vlees zorgvuldig zal worden omgegaan zodat dit soort droeve gebeurtenissen niet dan uit uiterste noodzaak plaats zullen vinden. En vervolgens wordt het beest dan toch geslacht.
Nu zult u zeggen, wat maakt dat nou voor verschil met de manier waarop wij beesten slachten, behalve dan dat het er een

Het geroosterde speenvarken

min of meer romantische folklore aan toevoegt. Wel, achtbare lezer, voor het schaap maakt het misschien niet veel uit, maar het maakt wel veel uit voor de slachter en zijn kornuiten. Het maakt hen van robotten tot mensen. [18]

bedrijfsklimaat / vernieuwing

HET GEROOSTERDE SPEENVARKEN

Ik noem dit het probleem van 'het geroosterde varken', naar analogie van het klassieke essay van Charles Lamb uit 1822 'A Dissertation on Roast Pig', een satire over hoe het roosteren ontdekt is in een Chinees dorp waarin men het vlees niet braadde.

Een ondeugend kind stak per ongeluk een huis aan waar een speenvarken in zat. Toen de bewoners tussen de resten snuffelden, ontdekten ze de nieuwe delicatesse. Dit leidde meteen tot een reeks van branden.

De moraal van het verhaal is: als je niet weet hoe speenvarkens gebraden moeten worden, moet je iedere keer een huis afbranden om een diner met een geroosterd speenvarken te krijgen. [19]

bedrijfsklimaat / tempo

DE RUPSENPLAAG

Voor de derde achtereenvolgende keer blameerden 's werelds beste renners zich door zich tergend langzaam richting finishplaats te bewegen. De rupsenplaag in Noord-Brabant die aanvankelijk de Tourstart in Nederland leek te verzieken, is kennelijk overgeslagen naar het peloton. De koks uit de rennershotels hebben in allerijl de menu's veranderd. Er worden nu light-pasta's met wijngaardslakken in plaats van de normaal hoogst noodzakelijke caloriebommen geserveerd. [20]

bedrijfsklimaat / kwaliteitsbesef

DE ZANDKORREL IN DE OESTER

Mensen raken high van kwaliteit en overtreffen zichzelf om haar te beschermen.
Het kwaliteitsbesef is wat Kenn Orr noemt 'de zandkorrel in de oester'.
Het is het brandpunt waaromheen het team zich kan vormen. [21]

bedrijfsklimaat / verdeeldheid

EEN TANDELOZE TIJGER

Argeloos lezend werd een van de leden onverwacht verrast door de tandeloze tijger van de Nederlandse Vereniging van Personeelsfunctionarissen. Een tragisch gevolg kennelijk van het jarenlang eten van lammetjespap bij gebrek aan èchte lammetjes. Zo'n vijftien jaar geleden begon deze tijger, goedmoedig grommend, zij het meer goed dan moedig, aan een sollicitatiecode.
Kortzichtige NVP'ers – een kleine minderheid met meer hoop dan geloof – willen geen code en helemaal geen sancties.
Helaas blijkt uitgerekend die kleine minderheid deel uit te maken van de commissie voor vaststelling van sollicitatieprocedures. Daarom zijn de regels met betrekking tot het ontstaan van de vacature en de werving uit de code verdwenen. En zijn eventueel sancties niet-bindend. Daarmee heeft de NVP niet alleen een tandeloze tijger gecreëerd, maar zelfs een volslagen aftandse. Qua leeftijd, een echte Kiplingtijger! Authentiek 19de-eeuws. [22]

bedrijfsklimaat / huisstijl

DE POSTBANKLEEUW

De leeuw is een lekker dier geworden met een grote aaibaarheidsfactor.

De nieuwe leeuw moet nu alleen optreden als exponent van de Postbank: veilig, groot, betrouwbaar, vertrouwenwekkend, maar vooral ook: voor iedereen.
De leeuw is getemd, maar hij is levendiger dan ooit. [23]

bedrijfsklimaat / wijsheid

MIEREN, KLIPDASSEN, SPRINKHANEN EN HAGEDISSEN

Dikwijls pretendeert de organisatie de wijsheid in pacht te hebben. Naïef management stelt dat wijsheid, evenals succes, in externe factoren ligt. Hiertoe spiegelt ze zich aan Agur, een bijbels persoon. Agur spreekt over zichzelf als 'onvernuftiger dan enig mens en mensenverstand heb ik niet; ook heb ik geen wijsheid geleerd...'. Toch spreekt hij in zijn rede bovenmate wijs: de wijsheid ligt in het kleinste op aarde. Hij wijst op de mieren, die ondanks hun krachteloosheid 's zomers hun spijs bereiden. Hij noemt de klipdassen, die ondanks hun machteloosheid hun woning in de rots maken. Agur spreekt over de sprinkhanen die, koningsloos als ze zijn, gezamenlijk in goede orde optrekken. En over de hagedissen, die ondanks het feit dat ze met de hand te grijpen zijn, zelfs in het paleis van de koning het ongedierte bestrijden. [24]

bedrijfsklimaat / normen

EEN LAND MET ÉÉN VLEUGEL

'Een land waar de vrouwen niet naar school gaan, is als een land met één vleugel,' zegt Mantha. Een spreuk die ze van de Arabieren in Mombasa leende. [25]

bedrijfsklimaat / gewoonten

HET KONIJNENHOK VERBOUWEN

Toen Neervens bij het ABP aantrad, twee jaar geleden, moest de cultuur van het ABP worden aangepakt. En hoe doe je dat? De bedrijfssocioloog uit Helmond, opgeleid te Nijmegen, wist het wel: als je niet aan de top begint, kom je met zo'n grote organisatie nergens.
Neervens' metaforen zijn ontleend aan het dierenrijk. 'Ik ben het konijnenhok aan het verbouwen', zei hij eens, niet tot ieders genoegen overigens, 'maar met een nieuw hok heb ik nog niet het gedrag van de konijnen aangepakt.' En: 'Wat kun je verwachten van een kudde circusolifanten die altijd alleen maar rondjes heeft gelopen in de piste en pas een kunstje mocht laten zien als Den Haag in zijn handen klapte?' [26]

bedrijfsklimaat / beelden

SOLVAY DUPHARS DIERENVERZAMELING

Tijdens hun discussies over core mission van Solvay-Duphar vroeg men het managementteam om aan te geven met welke dieren Solvay Duphar in de meest ideale vorm was te vergelijken. Dit waren de antwoorden:

- een paard (een edel dier dat nuttige taken verricht, efficiënt en betrouwbaar is);
- een greyhound of een gazelle (dynamisch en efficiënt, en volhardend);
- een panter (dynamisch en attractief);
- een dolfijn (sociaal, zoekt harmonie met zijn omgeving, is intelligent, snel en sierlijk);
- een tijger (heeft teamspirit, tijgers beschermen elkaar, wer-

ken op een positieve manier samen en zijn actief);
- een arend (heeft scherpe ogen, is efficiënt en besluitvol);
- een kameleon (kan zich snel aanpassen, terwijl het zijn eigen karakter en identiteit behoudt);
- een olifant (complex en intelligent);
- een poema (snel, soepel, perfecte jager, heeft grote reikwijdte, kan zich snel aanpassen, is een van de kleinste katten, maar toch de grootste). [27]

bedrijfsklimaat / manieren

EEN OLIFANT MET MANIEREN

Voor de aanleg van nieuwe of bredere wegen en grote verkeerspleinen zijn miljarden guldens uitgetrokken. De porseleinkast van de infrastructuur wordt zo gemaakt dat de olifant er geen kwaad kan doen. Maar het kan geen kwaad om te proberen de olifant wat manieren bij te brengen. De weggebruiker is geen uitzondering op de algemene verruwing in de samenleving. [28]

bedrijfsklimaat / conventies

EEN VARKEN EN EEN BOEDDHA

Nadat hij verlichting had bereikt, mediteerde hij negen jaar lang in een berggrot. Zijn kleding bestond uit gevlochten gras en een hennepkleed. Hij leefde van boomvruchten, graswortels, de zaden en de schors van dennen en van water uit een bergbeek. Ondanks zijn uiterlijke armoede werd hij door koning T'aejo uitgenodigd om les te komen geven aan zijn hof. Op een dag stuurde de vorst zijn bedienden weg om alleen met

Muhak te kunnen spreken. 'Doordat ik volledig in beslag word genomen door nationale aangelegenheden,' sprak hij, 'ben ik niet meer in staat om te lachen zoals ik wil. Vandaag zullen we alle formaliteiten laten varen en vertrouwelijk en vrij met elkaar spreken.'
Muhak antwoordde: 'U kunt beter gelijk het ijs breken door een paar moppen te vertellen, Uwe Hoogheid.'
De koning reageerde onmiddellijk: 'Je ziet eruit als een hongerig varken dat op zoek is naar drek.'
Muhak boog en zei: 'Uwe Hoogheid ziet eruit als de Boeddha Shakyamoeni op de berg Grdhrakuta.'
De koning vertrouwde zijn antwoord niet: 'Ik vergeleek je met een varken; waarom vergelijk je mij met Boeddha?'
'Ach Sire,' zei Muhak, 'een varken kan alleen maar een varken zien, en een Boeddha alleen maar een Boeddha.' [29]

bedrijfsklimaat / gedeelde waarden

EEN ZWERM VOGELS

'Een organisatie heeft geen regels nodig, maar waarden. Hoe minder gedeelde waarden er zijn, hoe meer regels je nodig hebt. En andersom. We kunnen veel leren van een zwerm vogels. Die patronen zien er heel ingewikkeld uit. Het zou ondoenlijk zijn om voor elk vogeltje een individueel patroon te beschrijven, dat gecombineerd met duizend andere vogels precies het zwermeffect oplevert. Wetenschappers die hebben geprobeerd het zwermen te simuleren op de computer, hebben ontdekt dat je maar drie parameters hoeft te geven waaraan alle stipjes zich moeten houden om een zwerm te creëren: vlieg met gelijke snelheid als je buurman, bewaar steeds dezelfde afstand tot je buurman en probeer naar het midden van de groep te komen.'
De rol van de leider is om – zoals een vader of een moeder – de waarden over te brengen op de mensen onder zijn hoede. 'Als

mensen doordrongen zijn van een duidelijk doel en duidelijke waarden, dan zijn ze toegerust om met ongebruikelijke situaties om te gaan. Het geeft de organisatie zowel samenhang als diversiteit.' [30]

bedrijfsklimaat / gewoonten veranderen

EEN WALVIS OP HET STRAND

Weer oester, weer foie gras en uiteraard weer champagne. De Franse menukaart met Kerstmis en oudjaar verandert nooit.
Zo moet de God van Frankrijk het gewild hebben, want zo lijkt het altijd geweest. Afgezien van de haute cuisine, zijn Franse culinaire gewoonten even beweeglijk als een walvis op het strand. Dit leert een aanstekelijke tentoonstelling in het Museé d'Orsay in Parijs, aan tafel in de negentiende eeuw. [31]

bedrijfsklimaat / ergens bij willen horen

EEN SCHAAP UIT DE KUDDE GOOIEN

De Franse wielrenner Richard Virenque heeft bekend tijdens de Ronde van Frankrijk in 1998 verboden middelen te hebben gebruikt. Daarmee lijkt een vroegtijdig eind te komen aan zijn carrière. Virenque hangt nu een gevangenisstraf boven het hoofd en bovendien heeft hij nog geen nieuw contract voor het volgend seizoen op zak.
Tijdens de tweede dag van het Festina-proces gaf ook zijn landgenoot Luc Leblanc dopinggebruik toe. 'Ik had geen keus,' verklaarde Virenque. 'Ik voelde me een schaap dat uit de kudde dreigde te worden gegooid.' [32]

bedrijfsklimaat / adagia

TANDENLOOS KEFFERTJE

Het zakenblad *Quote* heiligt het adagium van hoofdredacteur Jort Kelder dat journalistiek geen geld oplevert, entertainment des te meer. Het blad vult de kolommen tussen de vele advertentiepagina's met luchtig geanalyseer, tips met een vette knipoog en smeuïge, rellerige roddelportretjes van entrepeneurs en nouveau riche. Het 'bijtertje' gromt journalistiek nog zelden en is verworden tot een tandenloos keffertje. [33]

bedrijfsklimaat / low-profile imago

ZONDER KIPPENDRIFT

De Luxemburgse groothertog Jan doet op 28 september afstand van de troon. Zijn oudste zoon Henri (45) volgt hem op. Hij is de eerste van zijn generatie kroonpretendenten die de fakkel overneemt. De groothertog en zijn familie beantwoorden perfect aan het imago van Luxemburg: degelijk, maar saai. 'Ze zijn onberispelijk en stijlvol,' zegt een insider. 'Het wordt allemaal bewust low-profile gehouden. Dit is een macht zonder kippendrift.' [34]

bedrijfsklimaat / cultuurpolitiek

ALS KIP IN DE KOOLSOEP

Volgens musicologe Saskia Törnqvist, die de ontvangst van de muziek van Sjostakovitsj in de Nederlandse pers onderzocht, waren de ondoorgrondelijke beoordelingscriteria het meest angstaanjagende van Stalins cultuurpolitiek: 'Je kon de ene dag verguisd worden en de volgende dag weer een eervolle vermelding krijgen. Het was een sadistisch kat-en-muis-spel'.
Maar in de nog altijd omstreden *Getuigenis* van Sjostakovitsj heet het dat Prokofjev uit pure berekening terugkeerde naar het moederland: kunst uit de Sovjet-Unie raakte in de mode in het Westen, terwijl aan de andere kant de Russische autoriteiten hem iets afstandelijk begonnen te bejegenen.
Maar hij gokte mis en kwam, in de woorden van Sjostakovitsj, 'als een kip in de koolsoep' terecht. Uiteindelijk werd hij in een resolutie van de communistische partij beschuldigd van 'formalistische perversies en anti-democratische tendensen.' [35]

bedrijfsklimaat / niet alleen staan

DE BOZE WOLVEN

Zoals bij zoveel topsporters kan een combinatie van perfectionisme en gevoeligheid dodelijk werken. Zeker in een wereld waarin de invloeden van buitenaf almaar sterker worden. Dit seizoen telt Nederland liefst negen schaatsploegen, waarvan vijf commerciële. Timmer vreest de boze wolven niet. Niet meer tenminste. 'Als de basis goed is, kan ik veel hebben. Dan ben ik veilig. Wie kan mij nog raken nu ik bij een ploeg hoor? Zodra je alleen komt te staan ben je kwetsbaar.' [36]

bedrijfsklimaat / onprettige omgangsvormen

APENROTSSAMENLEVING

Volgens directeur P. Schnabel van het Sociaal Cultureel Planbureau (SCP) betekent respect in de Europese traditie: fatsoen, hoffelijkheid, ingetogenheid, niet op je strepen staan. Deze vorm van respect leidt tot prettige omgangsvormen. Het Amerikaanse respect heeft te maken met macht. 'Wie de macht heeft, wenst dat de ander respect betoont.'
Als respect steeds minder te maken heeft met leeftijd, maatschappelijke positie en erkentelijkheid voor ouderen en ervaring, maar in toenemende mate met het recht van de sterkste, dan ga je, zegt Schnabel, in de richting van de 'apenrotssamenleving.' 'Op de apenrots wordt gevochten om wie de sterkste is. Dat is niet leuk, want dat eindigt in drama, bloed en vernedering.' [37]

bedrijfsklimaat / bestaansredenen

IDEOLOGISCHE VEREN AFSCHUDDEN

Kan een partij haar 'ideologische veren' wel van zich afschudden zonder zichzelf op den duur schade te berokkenen? Wat is een partij zonder ideologische redenen van bestaan? Zij kan nog zulke goede bestuurders leveren – de mens leeft niet van brood alleen. Vele PvdA'ers moeten dat onder het regime-Kok ook gevoeld hebben, maar tja, Kok was in den lande hoogst populair. De partij kon hem dus als stemmentrekker niet missen.
Dat neemt niet weg dat hij, met zijn afkeer van ideologie, zijn partij haar ziel heeft ontnomen. En toen zij met de VVD, haar natuurlijke tegenstander, ging regeren, kwam de ideologie helemaal onder de korenmaat te staan. Zo is de PvdA een be-

stuurderspartij geworden, met alle, in *Socialisme & Democratie* zo kleurrijk beschreven kenmerken daarvan. Met andere woorden: wat Kok zo populair maakte in het land, heeft bijgedragen tot de neergang van zijn partij. [38]

bedrijfsklimaat / lokale gewoonten

APEN EN NEANDERTHALERS

Emmen, zei Fritz Korbach, voetbaltrainer, dat vind ik zo'n afschuwelijke club. Daar hebben de apen de pest in dat ze in een kooi zitten, want buiten de hekken lopen allemaal Neanderthalers.
'Waarom dan? Nou, dat ze in het stadion de vreselijkste dingen naar mij roepen is nog niet zo erg, want je kunt ze toch niet verstaan. Maar dat ze met ballen gehakt gooien, zodat je hele kostuum onder het vet en de mayonaise zit, dat bevalt me niet. Nou, dat gaf me daar een commotie.' [39]

bedrijfsklimaat / eenheid uitbeelden

EEN PLATGESLAGEN INSECT

In alle vroegte haalde ik vorige week zaterdag mijn pakketje Euromunten. Thuis uitgepakt, met een kopje koffie, om ze eens goed te bekijken. Wat een deceptie!
De munten zien eruit alsof ze een paar dagen op straat hebben gelegen. Ze zijn dof; er zitten krassen op; het merendeel heeft op de zijkant ribbels die tot in de bovenkant/onderkant doorlopen; een van de munten heeft zelfs zeven extra ribbels, die nog sterker de illusie wekken dat de munt beschadigd is; op een aantal is Europa zodanig afgebeeld dat het net een platgeslagen

insect lijkt, de achterkant van zes van de acht munten zit vol met spikkels (en dat is nota bene de bedoeling).

En dan is er nog een munt (de duurste) waarvan de stempel excentrisch in de munt geslagen is; een slordige koffiemunt zou ik zeggen. Ze zijn gewoon lelijk. [40]

bedrijfsklimaat / uitstraling

MUGGEN LEVEN IN EEN MOERAS

De verontwaardiging over de vrijlating Hakan K., moordenaar en verkrachter van een Nederlandse toeriste, is groot en niet alleen in Nederland. Alanya spuugt hem uit. De naam van K. hoeft nog niet half uitgesproken, of de woorden 'beest' en 'monster' vallen. 'Muggen als K.,' zegt burgemeester en hoteleigenaar Hasan Sipahioglu, 'leven in een moeras en dat is Alanya niet meer. Wij zijn een vakantiestad en daarin is voor muggen geen plaats.' [41]

bedrijfsklimaat / rust

AANGESCHOTEN KRAAIEN

Sinds het vertrek van Van Gaal in 1997 werd Ajax nog één keer kampioen – onder leiding van Morton Olsen – maar na het vertrek van de gebroeders De Boer (naar Barcelona) keerde de rust nooit meer terug in Ajax' spelersgroep. Het kostte Olsen en later ook zijn opvolger Jan Wouters de kop. Spelers fladderden als paradijsvogels naar binnen en verdwenen als aangeschoten kraaien. [42]

bedrijfsklimaat / je bedrijf aanprijzen

ROZE KIKKER TEGEN DINOSAURUSFAMILIE

Wie prijst zijn bedrijf nou aan via een sprookje? Waarin monsters figureren zoals de *burocratosaurus* (dól op vergaderen), de *egosaurus* (dól op zijn eigen ideeën) en de *netwerksaurus* (dól op visitekaartjes)? En wie laat zijn bedrijf als wendbaar kikkertje strijden tegen – en uiteraard winnen van – de dinosaurusfamilie?
Een roze kikker nota bene, de belichaming van een bedrijf dat – houd je vast – op Valentijnsdag is opgericht. Met als *mission statement*: glimlach. Dat moet een vrouw zijn.
Mis. Reclamebedrijf Strawberry Frog uit Amsterdam is een geesteskind van twee mannen, Scott Goodson en Brian Elliott, en één vrouw, Karin Drakenberg als *chief officer* en drijvende kracht. [43]

bedrijfsklimaat / dierenwelzijn

STAPELBARE KOEIEN

Maar het kan zeker geen kwaad als we ons meer om het dierenwelzijn zouden bekommeren. Hoe normaal is het om een koe 24 uur per dag topsport te laten beoefenen, liefst als een vierkant exemplaar, omdat ie dan wel zo makkelijk stapelbaar is, zoals de schrijver Koos van Zomeren eens opmerkte? Het betekent dat het biefstukje duurder wordt. Maar de winst is niet alleen het welzijn van het dier, maar ook een ontspannener productiemethode die bovendien meer ruimte biedt aan al die landbouwstaten (zoals Polen) die straks de EU komen versterken. [44]

bedrijfsklimaat / angstig conservatisme

KUDDEGEDRAG

Een golf van angst en conservatisme lijkt door de wereld te gaan, nu de bomen niet meer tot in de hemel groeien. Ook het bedrijfsleven kiest uit angst weer meer conservatief voor een topman uit de eigen kudde. Moest de van Sara Lee afkomstige Cor Boonstra Philips opstoten in de vaart der volkeren, zijn opvolger Gerard Kleisterlee stamt uit de conservatieve Philipshap.
Het geloof in de nieuwe economie was ook ouderwets kuddegedrag. Men leek zich geen buil te kunnen vallen aan zware investeringen in deze economie. Niemand keek er vreemd van op dat op het hoogtepunt pensioenfondsen uitgebreid in nieuwe aandelen gingen, KPN zwaar investeerde in UMTS, en Roel Pieper het suffe Philips verliet voor een investeringsmaatschappij in internetbedrijfjes. En al was het te laat, je was in iedere geval niet de enige sukkel die de mist in ging. Want uiteraard gaat dit kuddegedrag de fout in. Achter een hype aan lopen geeft geen concurrentievoordeel.
Uit angstig conservatisme kiest men liever voor de zekerheid een van de vele sukkels te zijn, dan voor het risico van de eigenwijze durfal. [45]

bedrijfsklimaat / draagvlak

EEN POND MET VEREN

Wat heb je aan een pond met veren als er geen vogel in zit.
Wat heb je aan een kwaliteitsproject als er geen mensen zijn die het dragen. [46]

Metaforen over samenwerking

teamwork	EEN KRUIWAGEN MET KIKKERS
rivaliteit	RENPAARDEN
verhoudingen	DE KRABBENMAND EN DE PIKLIJN
elkaar beschermen	DE HEN DIE OP HET KUIKENTJE TRAPT
helpen	TECHNIEKEN VOOR KALKOENEN
tegenspreken	EEN KLOEK IN PLAATS VAN EEN COACH
meegaan	DE KLEINE JONGEN MET DE GROTE HOND
ondermijnen	HET CHAUVINISTISCHE VARKEN
activering	OPGESCHRIKTE KIPPEN
bijdragen	DE STAART KWISPELT MET DE HOND
waardering	EEN VERMOEIDE KIKKER
verdeeldheid	DE PIRANHA-METHODE
probleemoplossing	CHINESE DIERENORDENING
resultaat boeken	PARENDE OLIFANTEN
grenzen verleggen	EEN KEGELENDE HOND
elkaar helpen	DE SCHILDPAD OP HET HEK
realisme	EEN LEVENDE TIJGER
elkaar kennen	EEN LEEUW AANVALLEN
consensus building	ZES BLINDE MANNEN EN EEN OLIFANT
uitwerken	RATELSLANGEN EN PYTHONS
vergadertechnieken	DE VISKOMTECHNIEK
zoeken	ZOEKEN NAAR DE STIER
afstemmen	DE HERSENLOZE KWAL
iets terug zeggen	GORILLA'S LIJKEN OP MENSEN
elkaar echt verstaan	VAN GARNAAL TOT GARNAAL
rolverdeling	POEDEL OF BLINDENGELEIDEHOND
bijdragen	DE BLUSSENDE KOLIBRIE

Een kruiwagen met kikkers

samenwerking / teamwork

EEN KRUIWAGEN MET KIKKERS

Het hoofdkantoor betrekken bij het proces is als het rijden met een kruiwagen vol met kikkers.
De betreffende medewerkers kunnen nooit deelnemen aan een bijeenkomst van het kwaliteitsteam door andere afspraken, kwesties die ertussendoor komen, enzovoort. [1]

samenwerking / rivaliteit

RENPAARDEN

Tegen een van de muren van zijn kamer hing achter een gordijn een kaart. Hierop waren een aantal renpaarden afgebeeld, die allemaal klaar stonden voor de start. Het hoofd van elk paard was vervangen door het hoofd van een van zijn managers. Aan het eind van de renbaan was een prachtige foto van Bermuda geplakt.
Eén keer per week liet de man iedereen naar zijn kantoor komen en dan hield hij een praatje over samenwerking. 'Laten we allemaal samenwerken. Dat is goed voor de omzet.' Vervolgens trok hij het gordijn opzij en liet hij hun de kaart zien. 'Nou, wie van jullie gaat de reis naar Bermuda winnen?'
Het is alsof je tegen de ene bloem zegt dat hij moet groeien terwijl je de andere water geeft. Hij wilde samenwerking. Hij wilde dat zijn mensen hun ideeën met elkaar deelden, zodat ze er allemaal van konden profiteren. Maar in feite wakkerde hij onderlinge rivaliteit aan. Succes voor de een betekende falen voor de rest. [2]

samenwerking / verhoudingen

DE KRABBENMAND EN DE PIKLIJN

Kijkend naar het gedrag van vrouwen en mannen blijkt, dat je kunt spreken van typisch gedrag van 'vrouwen onder elkaar' en typisch gedrag van 'mannen onder elkaar'. Anders gezegd, zowel vrouwen als mannen hebben kennelijk een behoorlijk dominante gedragswijze in hun repertoire en als seksegenoten met elkaar gemeen.

Groepsgedrag van vrouwen: 'De krabbenmand'. Iedereen doet mee. Er is aandacht voor het waarom als iemand niet deelneemt aan de groep. Ieder mag daarbinnen zijn persoonlijke stijl ontwikkelen. Echter zodra iemand daarmee de groep gaat domineren, zich afzet tegen de groep of de groep gaat verlaten, dan roept de groep deze uitbijter tot de orde. Ook ergens héél goed in zijn, krijgt gemakkelijk een negatieve waardering in de omgeving van de groep. Hiermee is de analogie aangegeven met een krabbenmand; je kunt een verzameling levende krabben namelijk rustig in een open mand bijeenhouden, aangezien iedere krab die zich probeert te verheffen boven het gezamenlijke gewoel door de achterblijvers wordt teruggetrokken in de mand.

Groepsgedrag van mannen: 'De piklijn'. Het wordt als belangrijk gezien dat de rangorde ten opzichte van elkaar duidelijk is. Alle inbreng van deelnemers, inhoudelijke voorstellen, procedures en werkwijzen, grappen et cetera hebben in eerste instantie tot doel invloed uit te oefenen in de rangordediscussie. Pas nadat er rust is op het rangordevlak, is er aandacht voor de voortgang met inhoudelijke zaken en met name voor het nemen van beslissingen op een zakelijke en doelgerichte manier. De hier gebruikte analogie van de piklijn verwijst naar het kippenhok (hier beter het hanenhok) waar ook met de snavel, pikkend in de nek van rivalen, zo'n piklijn tot stand wordt gebracht. [3]

samenwerking / elkaar beschermen

DE HEN DIE OP HET KUIKENTJE TRAPT

Als de hen op haar kuikentje trapt, sterft het niet. Kenmerkend voor de hen is haar zuiverheid, haar wens om te beschermen en haar geduld. [4]

samenwerking / helpen

TECHNIEKEN VOOR KALKOENEN

Ondergeschikten moeten dezelfde managementtechnieken hanteren die wij hierboven voor managers beschreven hebben. Zo kunnen Jans ondergeschikten bijvoorbeeld vinden dat hij zich vandaag gedraagt als een kalkoen. Hij ziet kennelijk op tegen de bespreking, hij stottert en komt niet tot het onderwerp. Ze zien al aankomen dat het een moeilijke bespreking wordt. Ze kunnen dus gebruik maken van de technieken die wij voor kalkoenen gesuggereerd hebben:

1 Bereid zijn met hem het proces van besluitvorming door te nemen;
2 Erachter komen waarom Jan zo'n moeite met de situatie heeft;
3 Aandachtig naar hem luisteren;
4 Hem het gevoel geven dat zijn ideeën best de moeite waard zijn;
5 Proberen hem te helpen tot een zinnige oplossing te komen. [5]

De kleine jongen met de grote hond

samenwerking / tegenspreken

EEN KLOEK IN PLAATS VAN EEN COACH

Nadat de ISO-bakker zijn werk had voltooid, haalde Hendrix, directeur van Herumetal, toch maar eens een paar nieuwe adviseurs in huis. Ze vroegen alle medewerkers wat ze van hun werk en hun verantwoordelijkheden vonden. En van hun dierbare baas Hendrix. Dat heeft hij geweten. Unaniem noemden ze hem een toffe peer, maar bovenal dominant en autoritair. 'Ik kon geen verantwoordelijkheden delegeren. Ik bleek een kloek, in plaats van een coach.' Tierend reed hij naar huis, waar zijn vrouw hem zei: 'Dat had ik je ook wel kunnen vertellen.' Zij was dan ook de enige die hem ooit tegensprak. [6]

samenwerking / meegaan

DE KLEINE JONGEN MET DE GROTE HOND

Ik nam het besluit nooit onbesuisd te handelen. In de pers word ik wel eens afgeschilderd als een temperamentvol leider, iemand die 'uit de heup schiet' en in een opwelling reageert.
Zo nu en dan mag ik die indruk wekken, doch als dat beeld werkelijk juist zou zijn, had ik in zaken nooit succes geboekt.
Op een zeker moment moet je in vertrouwen de sprong echter wagen. Ten eerste omdat zelfs een juiste beslissing fout is als hij te laat wordt genomen. Ten tweede omdat in de meeste gevallen niet zoiets als zekerheid bestaat.
Er zijn tijden waarin zelfs de beste manager lijkt op de kleine jongen met de grote hond die wacht om te zien waar de hond heen wil zodat hij hem ernaar toe kan brengen. [7]

samenwerking / ondermijnen

HET CHAUVINISTISCHE VARKEN

Vaak gebruiken mannen allerlei 'degradatie'-rituelen om de status en bijdragen van vrouwen te ondermijnen. Vooral mannen die zich door de aanwezigheid van vrouwen bedreigd voelen, maken hier gebruik van. Ze gedragen zich dan als 'chauvinistische pigs'. [8]

samenwerking / activering

OPGESCHRIKTE KIPPEN

Ondanks het warme hart dat Evers (directeur-generaal van de Rijksgebouwendienst) de gemiddelde ambtenaar toedraagt, zullen velen hem niet bepaald omhelzen. Als ze hem als baas krijgen zullen ze voortdurend in beweging zijn en zijn ze zelfs hun plaats niet langer zeker. Onlangs lanceerde hij het idee om zogenaamde verbeterteams in te stellen, die per departement gaan bekijken hoe de organisatie verbeterd kan worden. In de teams moeten, onder leiding van de minister en de secretaris-generaal, mensen zitting nemen die niet beslist de hoogste in rang zijn. 'Het gaat erom dat het mensen zijn die het kunnen. De een is manager, de ander niet.' Aldus de directeur-generaal, die in één moeite door ook nog het gedifferentieerd belonen van ambtenaren propageert.

Zijn deze knuppels in het hoenderhok nu nodig?
Evers: 'Doe ik dat dan? Ik wil de mensen vooral het vertrouwen geven dat het ook anders kan. Ik wil helemaal geen knuppel in het hoenderhok gooien. Ik werp er wat in in de hoop dat ze meer eieren gaan leggen. Aan opgeschrikte kippen hebben we niets, die zijn er al genoeg.' [9]

samenwerking / bijdragen

DE STAART KWISPELT MET DE HOND

Management beschouwt samenwerking als een van de technische instrumenten die kunnen bijdragen aan de verwezenlijking van doelstellingen en het oppoetsen van iemands professionele imago. De staart is met de hond gaan kwispelen. In de gerichtheid op teamwork is men collectief vergeten dat individuen de enige bronnen van ideeën en energie zijn. [10]

samenwerking / waardering

EEN VERMOEIDE KIKKER

Er was eens een boerin die twee emmers verse, romige melk had. Een tweetal kikkers viel tijdens hun kringspelletje in de emmers. Ze begonnen wanhopig te zwemmen. De ene kikker zag de nutteloosheid van het zwemmen in en verdronk. De andere zag ook geen oplossing, maar wilde van geen opgeven weten. De volgende dag zag de boerin in de ene emmer een dode kikker drijven; in de andere zag ze een vermoeide kikker. De boerin zei: 'Dank je wel voor die mooie roomboter, maar klim er nu maar uit.' [11]

Chinese dierenordening

samenwerking / verdeeldheid

DE PIRANHA-METHODE

Aan wijlen Dick Hendrikse, destijds directeur van de tijdschriftendivisie van VNU, wordt de zogeheten piranha-methode toegedicht. Het recept is eigenlijk heel eenvoudig: u bedenkt een project, u richt een niet al te royale werkplek in voor drie medewerkers die u een enigszins vage opdracht meegeeft en u wacht.
Verbazingwekkend welke krachten er los kunnen komen in een kantoortje van vijf bij drie meter! Vooral als daar drie van uw ondergeschikten dag in dag uit slag leveren om de enige hoofdprijs die er te verdelen is. De Leiding van Het Project. [12]

samenwerking / probleemoplossing

CHINESE DIERENORDENING

Dieren kunnen volgens de oude Chinezen worden onderverdeeld in:

dieren die de keizer toebehoren,
gebalsemde dieren,
tamme dieren,
speenvarkens,
fabeldieren,
loslopende honden,
dieren die met een fijn, kameelharig penseeltje geschilderd kunnen worden,
dieren die juist een kruik gebroken hebben,
dieren die vanuit de verte op vliegen lijken. [13]

samenwerking / resultaat boeken

PARENDE OLIFANTEN

Getting anything done around here
is like mating elephants:
it is done at high level
it is accomplished with a great deal
of roaring and screaming
it takes two years to produce results. [14]

samenwerking / grenzen verleggen

EEN KEGELENDE HOND

Velen verdienen hun brood door alles altijd op dezelfde manier te doen en die zouden zelfs hun broodje kwijt kunnen raken als ze het anders gingen doen.
In bedrijven met veel van zulke mensen werkt de creatieveling als een hond in een kegelspel.
Je kunt meestal hoogstens creatief zijn zolang je binnen de grenzen van je baas blijft. [15]

samenwerking / elkaar helpen

DE SCHILDPAD OP HET HEK

Hoewel schrijven een eenzame bezigheid is, komt een boek niet tot stand zonder hulp van anderen. In zeker opzicht is een boek het werk van velen, zoals een oude leermeester van mij eens zei. 'Als je een schildpad ziet zitten boven op een hek, dan weet je dat hij daar niet op eigen kracht is gekomen. Velen hebben de stimulans geleverd voor het schrijven van deze essays, en zoals ik al zei, de belangrijkste waren mijn patiënten en studenten.' [16]

samenwerking / realisme

EEN LEVENDE TIJGER

Drie jonge tovenaars waren eens in het gezelschap van een eenvoudige herdersjongen, die zij uit hun jeugd kenden. Zij waren op reis gegaan om de wereld hun kunsten te vertonen en zij hadden hun vriend, zij het met wat tegenzin, meegenomen. Eer zij een uur onderweg waren, stuitten zij op een stapel beenderen onder een boom. Met grote gretigheid wierpen zij zich op de kans om hun tovenaarskunsten te kunnen botvieren en eens wat indruk op elkaar te maken. 'Ik kan,' zei de eerste, 'ervoor zorgen, dat deze dode beenderen zichzelf tot een sterk geraamte vormen.' En op zijn bevel gebeurde dat ook.
'En ik,' sprak de tweede, 'kan dit geraamte met vlees en bloed aankleden.' En ook dit wonder geschiedde. Toen sprak de derde. 'En ik zal dit wezen met leven bezielen.'
Op dat moment onderbrak hen de herdersjongen. 'Zie je niet dat dit een tijger is?' Maar de tovenaars lachten hem uit. Hun wetenschap is zuiver en bekommert zich niet om alledaagse feiten. 'Welnu dan,' sprak de jongen, 'een momentje graag.' En hij klimt in de boom. Enige ogenblikken later staat daar een levende tijger. Hij verslindt de drie genieën en vertrekt. Vervolgens klimt de herdersjongen uit de boom en gaat naar huis. [17]

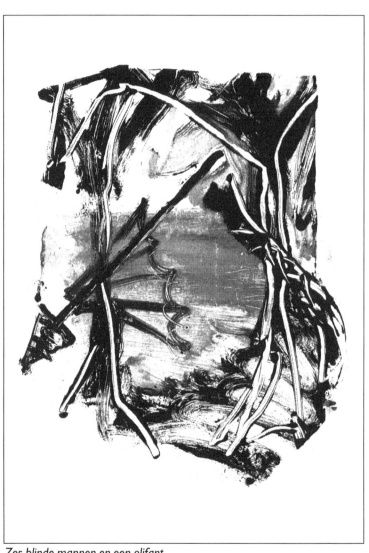
Zes blinde mannen en een olifant

samenwerking / elkaar kennen

EEN LEEUW AANVALLEN

Vier moedige mannen die elkaar niet kennen, zullen aarzelen een leeuw aan te vallen. Vier minder moedige mannen echter die elkaar goed kennen en vertrouwen in elkaar hebben, zullen dat onverwijld doen. [18]

samenwerking / consensus building

ZES BLINDE MANNEN EN EEN OLIFANT

Zes blinde mannen en een olifant: de eerste voelt de hoektand en denkt dat het een speer is, de tweede betast de zijkant en vindt het een muur, de derde beschrijft de poot als een boom, de vierde denkt dat hij met een slang te maken heeft als hij aan de slurf komt, de vijfde ziet het oor aan voor een waaier en de zesde de staart voor een touw. Alle zes zien ze de gebruiksmogelijkheden van de respectievelijke onderdelen. Tot de olifant beweegt. Hij verstoort het proces op een gruwelijke wijze waardoor het nog moeilijker wordt om consensus te verkrijgen. [19]

samenwerking / uitwerken

RATELSLANGEN EN PYTHONS

Veel work-out-bijeenkomsten verdelen de problemen in twee catagorieën: ratelslangen en pythons. De ratelslangen kunnen ter plekke afgeschoten worden en dus opgelost.
De pythons zijn moeilijk op te lossen en vragen dus tijd. [20]

samenwerking / vergadertechnieken

DE VISKOMTECHNIEK

Het woord 'fishbowling' verwijst naar een techniek waarbij de groep die het besluit moet nemen in een cirkel zit.
In het midden staat een stoel. Alleen de persoon die daarop gaat zitten mag het woord voeren.
De attentie van de groep wordt dus gericht op de persoon in het midden. Deze kan zonder oppositie zijn opvattingen, oplossingen en suggesties kenbaar maken bij een bepaald probleem.
Deze procedure voorkomt door elkaar heen praten. [21]

samenwerking / zoeken

ZOEKEN NAAR DE STIER

'Weet je, Aaron,' zei ik, 'er is een oude Taoïstische paradox die het proces naar het zoeken van verlichting beschrijft als het zoeken naar de stier op welks rug je zit.
Soms bevindt datgene wat we zoeken zich op de meest onvoorstelbare plaatsen, vlak onder onze neus.' [22]

samenwerking / afstemmen

DE HERSENLOZE KWAL

Op een dag kwamen de dieren uit het bos bijeen en zeiden: 'Wij moeten een school stichten. Een school voor dieren om echt Dier te kunnen worden.' En zij vroegen een klein groepje uit hun midden om een leerplan te maken voor de school.
De commissie ging meteen aan het werk. Het konijn stond erop

dat 'hardlopen' in het programma werd opgenomen. De torenvalk vond 'kunstig vliegen' het belangrijkste. De karper maakte duidelijk dat 'geruisloos zwemmen' erbij moest en de eekhoorn maakte zich sterk voor het onderdeel 'klimmen tegen de kaarsrechte stammen van torenhoge bomen'.
En zo geschiedde.
De school werd opengesteld. De schoolleiding zei dat de dieren zich in alle vakken moesten bekwamen. Om echt Dier te kunnen zijn.

Toen ging er iets verschrikkelijk fout.
Het konijntje was wereldkampioen hardlopen. Geen dier kon zo snel wegsprinten en haken slaan als hij. De schoolleiding vond dat het voor het konijntje belangrijk was, voor lichaam en geest, dat hij zich ook bekwaamde in het vliegen. Men zette het konijntje op een hoge tak en zei: 'Leer vliegen, konijntje.'
Het arme dier sprong, tuimelde naar beneden, brak een achterpoot en viel een gat in zijn hoofd dat nooit meer overging. Zo kwam het dat hij voor hardlopen toch niet meer dan een 6 kreeg in plaats van een 10. Maar voor vliegen kreeg hij een 3 in plaats van een 1. Want hij had het toch maar geprobeerd.
De schoolleiding was zeer tevreden.
Met open mond zagen de dieren hoe de torenvalk zijn acrobatische kunsten in de lucht vertoonde. Toch merkte de schoolleiding op, dat het voor een valk van grote waarde was dat hij, net als het konijn, holen kon graven in de grond. De valk nu deed zijn uiterste best, brak echter jammer genoeg zijn snavel en kneusde zijn vleugels. Waardoor hij nauwelijks nog vliegen kon en in plaats van met een 10, met een 5 eindigde. Maar op holen graven haalde hij een 4 in plaats van een 1.
En evenzo verging het alle andere dieren.

En wie haalde ten slotte de beste cijfers? Dat was de herseloze kwal, die zwibbelend en zwabbelend alle proeven redelijk wist te doorstaan. Zijn botten breken kon hij niet, hij had er immers geen. En zo werd hij, zwibbel de zwabbel, tot beste van de klas uitgeroepen. [23]

samenwerking / iets terug zeggen

GORILLA'S LIJKEN OP MENSEN

De gemiddelde dierentuinmedewerker werkt heus niet meteen met gorilla's, roofdieren of beren. Meestal begint het bij de kinderboerderij of de vogels. Eerst leren aan welke kant van de bezem de borstel zit, zeggen ze in Artis. Yvonne: 'Dieren zoeken zelf hun verzorgers uit, het kan gebeuren dat ze je niet accepteren.'
Een ding is duidelijk: Yvonne en Stefanie kennen hun apen door en door. Ze bevestigen dat het gedrag van de gorilla's erg op dat van mensen lijkt. Ook voor hen is het lastig ze als dieren te blijven zien. Stefanie: 'Soms heb je hele gesprekken met ze. Ze zeggen alleen niets terug.' [24]

samenwerking / elkaar echt verstaan

VAN GARNAAL TOT GARNAAL

In prachtig Nederlands beschrijft Jelica Novakovic de absurditeit van het leven terwijl boven haar hoofd een strijd wordt uitgevochten tussen Milosevic en de NAVO. Tegelijkertijd vraagt ze zich vertwijfeld af of het feit dat ze dezelfde taal spreekt als haar lezeres en luisteraars, wel voldoende is om elkaar ook echt te verstaan.
Haar zorgen bleken overbodig. Met name Vlamingen, die via de website van *De Standaard* met Novakovic (45) konden discussiëren, reageerden massaal. Er is één e-mail die haar bijzonder is bijgebleven. Die van een onbekende afzender die contact wilde leggen 'van garnaal tot garnaal', van klein mens tot klein mens die goed wil, maar vaak zo weinig keuze heeft. [25]

samenwerking / rolverdeling

POEDEL OF BLINDENGELEIDEHOND

Republikeinse – rechtse – Amerikaanse presidenten zijn per definitie niet populair in Groot-Brittannië en al helemaal niet als ze ook nog oorlogszuchtige taal uitkramen. Niet alleen een aantal kranten (*The Independent* en vooral *The Mirror*) zijn al enige tijd bezig met een felle anti-oorlogscampagne, maar ook het overgrote deel – 80 procent – van de Britse bevolking is tegen een gewapend ingrijpen in Irak zonder VN-mandaat. Blair wordt vaker dan hem lief zal zijn afgeschilderd als een poedel die aan de lijn loopt van de Amerikaanse president.
Zelf ziet de premier het omgekeerd: hij voelt zich juist de blindengeleidehond van Bush. Blair denkt uitverkoren te zijn om de Amerikaanse president te leiden in het labyrint van de internationale politiek en strategie. [26]

samenwerking / bijdragen

DE BLUSSENDE KOLIBRIE

Vaak is er met vele kleine bijdragen veel te bereiken. Gevraagd aan de kolibrie, die zo ontzettend druk bezig was met druppels water in zijn piepkleine snaveltje te vervoeren en te storten tijdens een hevige bosbrand, of dat nu eigenlijk wel iets zou uithalen, antwoordde hij: 'Die brand zal ik niet kunnen blussen, maar ik doe mijn bijdrage.' (Braziliaanse anekdote) [27]

Metaforen over houding

instelling	EEN VLIEGENDE KRAAI
openheid	SPEEKSEL BIJ JACHTHONDEN
indruk	EEN KAMEEL STELEN
mentaliteit	GALOPPERENDE GORILLA'S
eigenzinnigheid	EEN AANTREKKELIJKE VARAAN
vooruitkijken	EEN KOE IN Z'N KONT KIJKEN
egoïsme	DRIE STRIJDENDE PAARDEN
alertheid	DE BERENJACHT
zelfoverschatting	EEN TIJGER POETST ZIJN TANDEN NIET
agressie	ALS TIJGERS HAAIEN WORDEN
identiteit	EEN WORM ZONDER LUL
gedrevenheid	GRETIGE BEVERS
aanpassen	DE GEUR VAN DE DUIF
creativiteit	EEN LEVENDE MIERENBRUG
volhouden	DE POGING VAN DE MUG
intuïtie	DE STAART VAN DE SLANG
afzetten	ACHTERUITKRUIPENDE KREEFTEN
inventiviteit	EEN KAMEEL IN DE SAHARA
nieuwsgierigheid	EEN STILZITTENDE MUG
managementstijl	DE BAAS VAN EEN RENSTAL
verhinderen	KRAAIEN VAN ZORG EN KOMMER
slimheid	DE VERDWENEN KAMEEL
inspireren	KUNNEN BIJEN VLIEGEN?
prestatiedrang	WINST BIJ DE KONIJNEN AF
brutaliteit	TAMME EENDEN WILD MAKEN
open staan	VOGELTJES VANGEN
integriteit	DE GLORIE VAN KONING LEEUW
vertrouwen	EGELS EN KIPPEN
gedragsstijlen	TUSSEN AREND EN MOL
vitaliteit	EEN LEVEND VOGELTJE
rebellie	EEN ONGEMERKT KALF
initiatiefloos	LUIE BEREN 1
humor	LUIE BEREN 2

houding

keihard werken	WATERBUFFEL
aardige mensen	NAAR HET DIER LOPEN
opletten	MAAK WEL JE KAMEEL VAST
bezieling	KONIJNEN EN DE HOGE HOED
vasthouden	PITBULL
realisme	STRUISVOGELKONT
fout bij jezelf zoeken	VOGELTJE VALT DOOD UIT DE BOOM
iedereen op zijn qui-vive houden	NIET ALS SCHILDPAD GEBOREN
nederigheid	DE SCHADUW VAN EEN VLIEG
imago ophouden	RUPS, VLINDER EN VAMP
eigenheid	VOGEL DIE ZIJN EIGEN VLUCHT KIEST
verwaandheid	DE KONT VAN DE AAP
nuchterheid	EEN TRAINER IS NET EEN KALKOEN
waardigheid	MENSEN ZIJN GEEN ONGEDIERTE
erop uit trekken	VLIEGENDE VOGELS
verlangen	DE SLECHTVALK
persoonlijkheid	DE SCHILDPAD EN ZIJN NEK
hopen	EEN LABORATORIUMRAT
voorzichtig manoeuvreren	ALS EEN OESTER
sluwheid	STOMME, SLUWE EN GORE RATTEN
uiterlijkheden	DE STAARTVEREN VAN DE PAUW
voorop gaan	DE HYENAHONDEN-CEO, HERTEN EN SNEAKY FUCKERS
omgangsvormen	DOLPHINS IN THE CITY
jezelf voorbij lopen	EEN BEESTJE IN EEN MOLENTJE
verloochenen	DE HAAN KRAAIT DRIE KEER
geloofwaardigheid	THE HORSE'S MOUTH
verantwoordelijkheid nemen	SCHAPENMENTALITEIT
geduld	ADEMEN OP EEN VLINDER
graaien	ELKAARS RUG KRABBEN
betrouwbaarheid	EEN OMHOOG KRONKELENDE AAL
schijn ophouden	OLIFANTJE WORDT GRIJZE MUIS
levenslust	SLAPENDE GARNAAL

houding

bewegen	ALS KONIJNEN IN KOPLAMPEN TUREN
jezelf zijn	DE HOND OF DE BAAS
angst	DE MENS ALS EEN HOND
waakzaamheid	WAAKHOND OP EEN WARME ZOMERDAG
gezag	KONINGIN VAN DE BIJENKORF
grootspraak	PITBULL ZONDER TANDEN
vastbijten	PITBULL IN EEN VUILNISCONTAINER
seksistische grapjes maken	VLIEGEN JAGEN
suffen	VERGADERNIJLPAARDEN
energie verspillen	EEN VALSE HOND
geldingsdrang	JONGE-HOND-ZIJN
draaikonterij	DE KAMELEON VAN BELGRADO
wakker blijven	EIGEN VLOOIEN DIE JE BIJTEN
dingen uit jezelf doen	WAAROM VOGELTJES ZINGEN
naïviteit	SPEELVOGELS
paraderen	PAUWEN

Een vliegende kraai

houding / instelling

EEN VLIEGENDE KRAAI

Een vliegende kraai vindt meer dan een zittende.
Actieve mensen bereiken meer dan passieve. [1]

houding / openheid

SPEEKSEL BIJ JACHTHONDEN

De gebruikelijke peptalks wil door de meeste medewerkers niet echt gehoord worden of wordt met een zure glimlach beantwoord. In het gunstigste geval laten deze, door vele motiveringsbuien geharde buitendienstmedewerkers, de 'Jullie zijn de besten'-preek gelaten over zich heen komen. Zij nemen nauwelijks nog waar dat deze verhalen goed bij de sprekers over de lippen komen als speeksel bij jachthonden. Woordenbrijen waaraan zij zich altijd kwijlend tegoed doen.
Argwaan steekt de kop op. Zijn redekunsten, bedoeld om iemand wat op de mouw te spelden of om de onwaarheid te verdoezelen?
Motivering door redekunst, een misverstand. Het is beter dat leidinggevenden zonder omwegen zeggen waar het op staat. Liefst in eenvoudige en open bewoordingen, ook al raken zij daarbij in de war! Medewerkers en collega's merken snel of datgene wat daar zo kunstig wordt voorgedragen, geloofwaardig en zonder dubbele bodems is. [2]

houding / indruk

EEN KAMEEL STELEN

'Wie een ei steelt, steelt ook een kameel', (Arabisch spreekwoord).
Stichtelijke woorden in een tijd van groeiende kleine misdaad en normvervaging. [3]

houding / mentaliteit

GALOPPERENDE GORILLA'S

Het optreden van de vier politici resulteerde in een voorspelbaar nummer. Stevig in het zadel galoppeerden ze op hun stokpaardjes door de KU-aula. Tot zichtbare teleurstelling van de discussieleider professor dr. P. Maas, die bij zijn inleiding de hoop uitsprak geen gorillamentaliteit aan te treffen bij de sprekers in de trant van 'wij zijn de beste partij en wij hebben het allemaal wel geweten.' Maar de politici luisterden niet.

De sprekers deelden elkaar een plaagstootje uit, maar aaiden elkaar ook lief over de bol.

Probeert u deze mensen eens te irriteren, verzocht Maas daarop zijn collega-professor dr. O. Schreuder.
Hij gooide een knuppel in het hoenderhok. De kippen fladderden, maar kwamen niet naar buiten. [4]

houding / eigenzinnigheid

EEN AANTREKKELIJKE VARAAN

Wat is er zo aantrekkelijk aan een varaan?
'De varaan is een solist, een dier dat zijn eigen gang gaat. Daar houd ik van. Dezelfde eigenschap zie ik graag bij de mensen die ik opleid. Je hebt het ook bij honden. Om de vergelijking door te trekken: ik heb niets aan een Duitse herder, die zijn veel te serviel. Ik moet terriërs hebben. Ze moeten initiatief nemen. Een terriër gaat in een hol en die haalt die das eruit; ook al loopt-ie zelf levensgevaar. Ik moet het soort verkoper hebben, dat ik niet steeds achter de broek hoef te zitten. [5]

houding / vooruitkijken

EEN KOE IN Z'N KONT KIJKEN

De grote fabriek van Luijcks in Diemen kon niet blijven draaien en moest ten slotte worden verkocht. De broer van Rob Luijcks heeft het gebouw later nog eens teruggekocht om het te verhuren, opdat althans íets tastbaars over zou blijven, maar uiteindelijk mocht zelfs dat niet lukken.
Rob Luijcks hoeft niet meer speciaal langs Diemen te rijden als hij 's avonds van Wassenaar naar Amsterdam rijdt, want de fabriek is inmiddels totaal afgebroken.
'Het is een triest verhaal,' zegt hij. 'Maar goed, in de zuivel zeggen ze: als je achteraf kijkt, kijk je een koe in z'n kont.' [6]

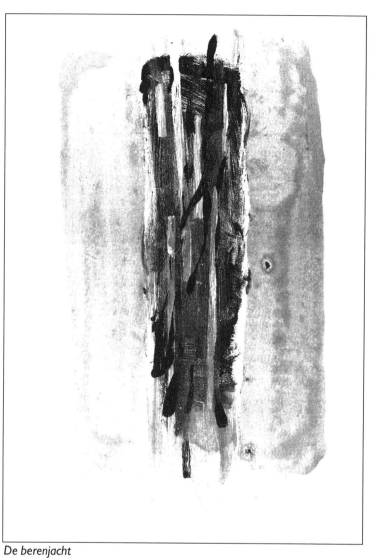
De berenjacht

houding / egoïsme

DRIE STRIJDENDE PAARDEN

Een van Freuds metaforen voor gedrag was de 'ego' af te schilderen als bestuurder van een door drie paarden getrokken koets, die elk een andere kant uit willen conform de eisen van het *ich*, en *über ich*.
Dit beeld van de drie paarden die elk om een andere richting strijden en de berijder die één koers wil, geeft een idee van Freuds opvatting over een persoon als iemand die vol conflicten en compromissen zit. [7]

houding / alertheid

DE BERENJACHT

Mulla Nasrudin was een Sufi-goeroe. Een koning die genoot van Nasrudins gezelschap en bovendien van jagen hield, gaf hem het bevel hem te begeleiden op een berenjacht. Nasrudin was doodsbang.
Toen Nasrudin terugkwam in zijn dorp, vroeg iemand aan hem: 'Hoe was de jacht?' 'Geweldig!' 'Hoeveel beren hebben jullie gezien?' 'Geeneen.' 'Hoe is het dan mogelijk dat het geweldig was?'
'Wanneer jij op beren jaagt, en jij bent mij, dan is het geweldig om geen enkele beer te zien.' [8]

houding / zelfoverschatting

EEN TIJGER POETST ZIJN TANDEN NIET

Voorzitter Mao was verslaafd aan seks en slaappillen, waste zich nooit en had bijna zijn hele leven geslachtsziekten. Mao regeerde zijn keizerrijk vanuit zijn bed of gelegen aan zijn zwembad in het keizerlijk paleis Zhongnanhai in Beijing.

Hij poetste nooit zijn tanden. Zijn gebit was zo belabberd dat zijn tandarts op een dag alle moed bij elkaar raapte en de Voorzitter opdroeg zijn tanden te poetsen. 'Nee,' zei Mao, 'ik reinig mijn tanden met thee. Ik poets nooit. Een tijger poetst zijn tanden niet.' [9]

houding / agressie

ALS TIJGERS HAAIEN WORDEN

De First National City Bank geeft ook stof tot nadenken. 'De FNCB is een elite-instituut met een aanzienlijk organisatorisch ego,' zegt een van de hoogste personeelsfunctionarissen van de bank. 'In de loop van de jaren hebben we veel talentrijke, agressieve mensen in dienst genomen. We hebben natuurlijk een groot aantal eersteklas management-trainingscursussen, waarbij niet alleen aandacht wordt geschonken aan de technische kant van het bankwezen, maar ook aan geduld bij veranderingen in de organisatie en aan de waarde van doeltreffende communicatie en sensitivity. Maar het informele systeem beloont agressiviteit en verbale vaardigheid.

Bij ons wordt de term "tijger" gebruikt – en niet in negatieve zin. Eigenschappen waarnaar we zoeken zijn onverbloemde ambitie, enorme flexibiliteit, bereidheid om te veranderen en een soort assertieve "macho" weerbaarheid, waarmee je lieden die het niet met je eens zijn hun trekken thuis geeft en klem zet. Maar er ontstaan problemen wanneer een organisatie niet snel genoeg groeit om al die agressieve energie op te nemen. Dan worden de tijgers haaien... rondzwemmend in een veel te kleine ruimte... afwachtend. De jongelui die de cursussen in de finesses van het management met goed gevolg hebben afgelegd, kijken met argusogen naar de managers die ofwel zullen afknappen of overleven. "Intermenselijke capaciteiten" zijn niet opgewassen tegen de sterke invloed van rolmodellen waarin voortdurend wordt gehamerd op agressie en rivaliteit.' [10]

houding / identiteit

EEN WORM ZONDER LUL

Een man zonder identiteit is een worm zonder lul.
'Un gusano sin pito.' [11]

houding / gedrevenheid

GRETIGE BEVERS

De mensen die ik in de topposities wil hebben zijn de zogenaamde 'eager beavers'.
Dat zijn degenen die altijd meer proberen te doen dan van hen verwacht wordt. Zij zijn altijd aanspreekbaar. Ook voor hun personeel. Deze zullen ze altijd helpen om hun taken nog beter te doen uitvoeren. Zo zijn ze gebouwd.
Ik zoek dus mensen met een dergelijke gedrevenheid.
Je hebt er niet veel van nodig. Met vijfentwintig van deze figuren zou ik de Verenigde Staten kunnen besturen. [12]

Een levende mierenbrug

houding / aanpassen

DE GEUR VAN DE DUIF

Een duif wisselde voortdurend van nest. De sterke geur die de nesten in de loop van de tijd ontwikkelden, was ondraaglijk voor haar. Ze beklaagde zich hierover bij een oude, wijze en ervaren duif. Deze schudde meermalen haar kop en zei: 'Door steeds maar van nest te wisselen, verander je niets. De geur die je stoort, komt niet van je nest, maar van jezelf.' [13]

houding / creativiteit

EEN LEVENDE MIERENBRUG

Een veldheer denkt na over een methode om zware tanks over metersbrede, diepe kloven heen te helpen. Het probleem laat hem niet los. Om zich te ontspannen gaat hij een eindje wandelen in het bos. Hij gaat zitten op een boomstronk en kijkt naar het wervelen van de blaadjes op de grond. Dat roept allerlei theorieën in hem op over het ontstaan van luchtwervelingen.

Het tankprobleem is nu naar de achtergrond van zijn denken geraakt. Dan vallen hem een paar mieren op, die klimmen tegen de bast van een boom. Hij ziet er bergbeklimmers in. Verder wandelend, mijmert hij over de mieren en hun mogelijkheden. Hoe ze bijvoorbeeld in staat zijn vele malen hun lichaamsgewicht te torsen.

Doorfantaserend bedenkt hij hoe mieren elkaar kunnen helpen bij het oversteken van een diepe spleet. De een zou van achteren vastgehouden kunnen worden en zover mogelijk over de spleet gaan hangen. De volgende mier zou dan over de eerste heen kunnen lopen en – weer door de andere van achteren vastgehouden – nog een stuk verder over de spleet kunnen reiken. In veel gevallen zal hij dan de overkant kunnen bereiken en is er een levende mierenbrug ontstaan.

Plotseling ziet de krijgsman hoe hij het tankprobleem kan benaderen: geef een tank 'handvatten' aan de achterkant, waaraan de volgende tank hem kan vasthouden wanneer hij met de voorkant over de spelonk helt. Een volgende tank kan dan weer... enzovoort. [14]

houding / volhouden

DE POGING VAN DE MUG

Het concentreren of werken op een raadselachtig probleem, wordt vaak vergeleken met de poging van een mug om in een ijzeren muur te bijten. [15]

houding / intuïtie

DE STAART VAN DE SLANG

'Ik draaide mijn stoel naar de open haard en doezelde in slaap. De atomen begonnen weer voor mijn ogen te dansen. Deze keer bleven de kleinere groepen op de achtergrond.
Mijn geestelijke oog kon nu de grote structuren, van meervoudige vormen, onderscheiden. Lange rijen, soms wat dichter bij elkaar en in elkaar draaiend als de beweging van een slang.
Maar kijk! Wat was dat? Een van de slangen had zijn staart vastgepakt, en het geheel draaide, enigszins komisch, voor mijn ogen. Als een bliksemflits werd ik wakker.
Laat ons dromen, gentlemen.'

Op deze manier ontdekte Friedrich August von Kekulé het revolutionaire idee dat een hoeksteen werd in de moderne chemie: de moleculen van een bepaalde organische samenstelling zijn geen open structuren maar gesloten cirkels. [16]

houding / afzetten

ACHTERUITKRUIPENDE KREEFTEN

Ze hebben in ieder geval heel wat 'bedden opgeschud', en zich afgezet tegen 'grote grijze' dan wel 'verstikkende' dekens.
De bewindslieden op WVC, Hedy d'Ancona en Hans Simons, kijken terug op vier jaar vallen en opstaan op hun departement. Alle twee wilden zij op hun terrein flink wat uit hun handen laten komen. Al speelde Simons harder dan d'Ancona. Maar daarbij kregen zij te maken met tegenkrachten. Die van de coalitiepartner.
Ze spreken elkaar moed in.
Maar ze zijn nog steeds hoopvol. Bevlogen. Niet cynisch geworden.
Ze zijn nog steeds voor de partij in de weer.
Ze trekken nog steeds te wapen tegen het cynisme. Ze zijn tegen de somberkoppen. Ze horen niet bij de mensen die zich als achteruitkruipende kreeften afwenden van de politiek. [17]

Een kameel in de Sahara

houding / inventiviteit

EEN KAMEEL IN DE SAHARA

Aalbers, voorzitter van de voetbalclub Vitesse, vestigt er de nadruk op dat de inventiviteit van de eerste-divisieclubs veel groter is dan die van de bond. Door omstandigheden gedwongen zochten ze contacten met het bedrijfsleven, dat meteen kennis van de commercie kon bieden.
'Zonder auto in de Sahara word je creatief en vind je wel een kameel.' [18]

houding / nieuwsgierigheid

EEN STILZITTENDE MUG

Sla in Londen een willekeurige krant open en de kans is groot dat de kop van Richard Branson je vrolijk toegrijnst. Als eigenaar van een luchtvaartmaatschappij, superverkoper, waaghals en entrepreneur extraordinaire is Branson in het huidige Groot-Brittannië overal aanwezig. Hij is rijk. Volgens de *Sunday Times* hoort hij tot de elf rijkste Britten, met een geschat vermogen van 895 miljoen pond.
'Branson heeft geen grandioos business plan en richtinggevende bedrijfsstrategie. Zijn instinct werkt het beste voor hem.'
Bransons naaste medewerkers beschrijven hem zonder uitzondering als een man die gauw verveeld is ('hij kan net zo lang stil blijven zitten als een mug', zegt een van hen) en ergens niet lang over nadenkt, maar die wel een onbegrensde nieuwsgierigheid en zelfvertrouwen heeft. Allemaal typeren ze hem als iemand die zich snel een oordeel vormt over ondernemingen, mogelijkheden aanwijst, problemen onderkent en tot de kern van de zaak doordringt. En bij dat alles heeft hij ook nog geluk.'
[19]

houding / managementstijl

DE BAAS VAN EEN RENSTAL

Dreesmann ziet zichzelf als baas van een renstal van jaarlingen, maar ook als artiest, als clown die in het middelpunt van de arena het publiek voortdurend weet te vermaken, te boeien, maar ook in professionele termen als manager, die voorgaat in vernieuwing en deze op gepaste wijze operationeel weet te vertalen, die kan remmen en stimuleren.

In een gesprek over de strategische heroriëntatie zegt hij dat affiniteit tot de ondernemingsactiviteiten die je ontplooit en wilt gaan ontplooien een eerste vereiste is. Dat heeft als consequentie dat, wil je goed leiding kunnen geven, je ook langdurig betrokken moet zijn bij een onderneming. Zelf staat hij sinds 1973 vooraan bij Vendex. [20]

houding / verhinderen

KRAAIEN VAN ZORG EN KOMMER

Dat de kraaien
van zorg en kommer
over uw hoofd vliegen
kunt ge niet beletten

maar dat ze zich
in uw haar nestelen
kunt ge verhinderen [21]

houding / slimheid

DE VERDWENEN KAMEEL

Voor Horace Walpole, een Engelse erudiet uit de achttiende eeuw, was een dertiende-eeuws, uit Perzië afkomstig sprookje aanleiding om een nieuw woord te vormen: 'serendipity'.
Het verhaal gaat over de drie zonen van koning Serendip, een oude naam voor Sri Lanka. Deze drie prinsen werden door hun vader, de koning van Serendip, uit het land verbannen omdat ze weigerden hun vader op te volgen. Ze begonnen een voetreis om diverse landen en vele wonderen van de wereld te zien. Op een dag liepen ze langs de voetsporen van een kameel. De oudste zag dat het gras links van het spoor slecht, droog en afgegraasd was, terwijl het sappige gras aan de rechterkant ongemoeid gelaten was. Hij concludeerde dat de kameel rechts blind moest zijn geweest. De middelste broer merkte op dat in de linkerberm steeds plukjes gekauwd gras lagen.
Dat gaf hem het idee dat de kameel wel eens een tand kon missen. De jongste broer leidde uit de betrekkelijk zwakke afdruk van de linkerpoot af dat de kameel mank was.
Later ontmoetten de drie broers een kamelendrijver die zijn kameel kwijt was. Ze grapten dat ze het beest gezien hadden, en om dit geloofwaardig te maken, noemden ze de kenmerken, die juist bleken. Op beschuldiging van roof werden de drie broers gevangengezet. Pas nadat de kameel heelhuids werd teruggevonden, werden ze vrijgesproken en gastvrij door de kamelendrijver onthaald.
Walpole karakteriseert de lotgevallen van de prinsen als voorbeelden van toevallige slimheid en schranderheid die hen dingen laten ontdekken waar ze niet naar op zoek zijn. [22]

houding / inspireren

KUNNEN BIJEN VLIEGEN?

Bijen kunnen eigenlijk niet vliegen. Het lichaam van een bij is veel te groot en te zwaar voor die kleine vleugels. Maar gelukkig weten bijen dat niet en daarom vliegen ze onbezorgd rond...

Met deze beeldspraak wist Mary Kay Ash van Mary Kay Cosmetics haar verkoopsters tot verbazingwekkende prestaties te leiden. [23]

houding / prestatiedrang

WINST BIJ DE KONIJNEN AF

Cliënten van het Amro-kantoor in Eindhoven en omstreken zijn gewaarschuwd. De lokale Amro-man, A. Kessels, berekent zulke hoge tarieven dat volgens het personeelsblad *Amro-scoop* 'zijn winst bij de konijnen af is'.
Kessels is de agrarisch specialist van het district Eindhoven en ontving wegens zijn prestaties onlangs tijdens de jaarvergadering van het district de zogenoemde Amro-kwaliteitswaardering. Zijn directe chef, mr. I. van Waesberghe, begaf zich bij deze feestelijke gelegenheid op het pad van de beeldspraak:

'Zijn produktie groeide als kool en zijn winst is bij de konijnen af. Hij laat zich bij de uitoefening van zijn – en dus onze – doelstelling door niemand koeieneren en is bepaald geen lui varken. Hij werkt als een paard door weer en wind, want hij is bepaald geen kasplantje. 's Avonds gaat hij niet met de kippen op stok. Hij moet eerst zijn ei leggen in de vorm van een bezoekmemo. Hij bezit een prima humeur, maar kan briesen als een paard wanneer een offerte niet wordt geaccepteerd. Hopelijk is hij zo mak als een lammetje als wij hem vragen naar voren te komen om deze waardering in ontvangst te nemen.' [24]

houding / brutaliteit

TAMME EENDEN WILD MAKEN

Aangepaste, 'gedomesticeerde' werknemers, veredelde 'ambtenaren' die zich qua denken en handelen braaf bewegen in de eerder genoemde 'box' vind je ook in de top. De gestroomlijnde *organisation man* is – ook in het topmanagement – een wijdverbreid fenomeen. Tegenwoordig zijn er echter andere kwaliteiten nodig: brutale ondernemingsgeest, moed om voor je overtuiging uit te komen, een onconventionele denk- en handelwijze, lef om de confrontatie aan te gaan en om persoonlijke risico's te nemen. Maar natuurwetten zijn onloochenbaar: je kunt wilde eenden tam maken, maar tamme eenden niet wild. [25]

houding / open staan

VOGELTJES VANGEN

En in verscheidene Europese steden zitten geestverwanten uit de World Gathering of Holistic Centres met smart te wachten totdat Oibibio de sprong waagt.
Ronald Jan Heijn vergelijkt het vinden van andere mogelijkheden met vogeltjes vangen in het Vondelpark. Als je ze najaagt, krijg je er geeneen. Maar ga je op een bankje zitten en je bent jezelf, dan strijken ze neer op je knie. 'Als ik had gedacht: Amsterdam is goed en het is prima zo, dan komt het niet op je weg.

Het is eigenlijk een natuurwet. De tijd geeft de snelheid aan. Ik heb me voor ogen gehouden dat dit kon gebeuren. Maar ik had nooit gedacht dat het zo snel zou gaan.' [26]

houding / integriteit

DE GLORIE VAN KONING LEEUW

Als wetenschappelijk werk uit andere landen de moeite waard is om hier te introduceren, dan lijkt het mij een kwestie van wetenschappelijke integriteit om de naam van de oorspronkelijke auteur intact te laten.
Diekstra heeft deze bescheidenheid niet, wat de associatie oproept met Koning Leeuw uit Van den Vos Reynaerde, die handelde tot meerdere eer en glorie van hemzelf. [27]

houding / vertrouwen

EGELS EN KIPPEN

In *L'Equipe* verklaarde Gary Roux, trainer van de Franse voetbalclub Auxerre, onlangs dat de spelersgroep voor de eerste maal uit zijn hand eet. 'De egels zijn uit de selectie verdwenen, nu zijn er alleen nog maar kippen. En kippen zijn intelligente dieren. Vroeger op de boerderij liepen de kippen weg als ik eraan kwam. Maar als ze mijn opa zagen, liepen ze op hem af. Want hij was degene die ze voedsel gaf. In het verleden beseften niet alle spelers van Auxerre dat ik het was die ze voedde.' [28]

houding / gedragsstijlen

TUSSEN AREND EN MOL

Beestenbendeleiders
Zoals Shakespeare had kunnen zeggen: 'Er zijn meer beesten tussen arend en mol, Horatio, dan waarvan gij in uw wijsheid droomde.'
De fauna van managers:
- de klapwiekende adelaar versus de radeloos rondfaxende mol die blind en piepend rondscharrelt in zijn eigen duisternis, die hij 'mijn beleid' noemt. Er zijn natuurlijk nog veel meer beesten in de manageriële dierentuin. Dit onderwerp zou zich kunnen lenen voor een miniquiz: in welk dier herkent u zich het meest? Eerlijk antwoorden mag, maar hoeft niet.
- De leeuw: ijdel, blind, charmant, 6-cilinder 4WhD op zaterdag, bestelt per telefoon zijn secretaresse, drinkt whisky, speelt golf.
- De hond: blaft of bijt naar beneden, kwispelt naar boven, wie aan zijn autoriteit komt, vliegt hij naar de strot. Drinkt gaarne lekker landwijntje uit de voordeelaanbieding van de Dekamarkt.
- De wezel: altijd bang voor de Holding, de Commissarissen, de Directie, de Publieke Opinie. Denkt in Hoofdletters. Laat quasi per ongeluk zijn rechterhand glijden langs linkerdij van de medewerkerster die de fax bedient. Zegt altijd nee tegen voorstellen. Drinkt niet.
- De rat: wacht roerloos in het donker, vlucht voor alles, bespioneert collega's en verzamelt in het geheim belastend materiaal. Is alleen gevaarlijk in doodsnood, waarin hij helaas voortdurend verkeert. Drinkt alles.
- De meikever: zoemt op zijn stekje, reutelt wat, praat drie jaar van tevoren over wat hij gaat doen na de VUT, vliegt vaak naar het toilet. Drinkt jenever.
- De slang: hiervan zijn er twee typen, namelijk gif- en wurg. Heeft geen vrienden, wel maîtresse, golft niet, is begonnen

als directiesecretaris, drinkt wat zijn bazen drinken.
- De poes: glimlacht veel, vleit, luistert met scheef kopje of doet alsof, geeft iedereen gelijk, drinkt melk bij de lunch.
- De os: betrouwbaar, lui, doet mee aan de Toto, de Lotto en koopt via postorderbedrijven. Houdt veranderingen tegen, wordt bedrogen door zijn vrouw, drinkt bier en sterft daags nadat hij met pensioen gaat.
- De kameleon: geeft iedereen gelijk, beaamt de laatste spreker, vreet alleen heel kleine medewerkertjes op, zit in klein hoekje onopvallend te wezen. Drinkt bijvoorbeeld Pernod, Amaretto, als het maar een kleurtje heeft. [29]

houding / vitaliteit

EEN LEVEND VOGELTJE

Een paar weken geleden vertelde Karin Adelmund (vice-voorzitter van de Tweede-Kamerfractie van de PvdA) een sprookje. Een jongen wilde uit dansen met een meisje, maar zij vond dat hij eerst zijn liefde voor haar moest bewijzen. Ze wilde een rode roos van hem hebben die vroeger wit was geweest. Die bleek niet te vinden. Een vogeltje, dat erg op de jongen gesteld was, hielp hem uit de nood. Het ging op zoek naar de bloem die niet bestond. Het vogeltje drukte zijn lichaam net zo lang tegen de doornen van een witte roos aan tot die bloedrood werd. De jongen kreeg de onvindbare bloem. Het vogeltje overleefde het niet. Het meisje bleek nog ondankbaar ook. Ze had inmiddels een nieuw vriendje gevonden om mee uit te gaan en smeet de roos weg. De jongen bleef ontroostbaar achter.
Dat vogeltje is Felix Rottenberg, voorzitter van de PvdA, zei Adelmund. Die heeft zijn gezondheid ook voor een hoger doel opgeofferd. Het leek alsof ze eraan toe wilde voegen: dat ondankbare meisje is de partij.
De metafoor van Adelmund klopt niet helemááál. De PvdA heeft Felix Rottenberg niet van zich afgetrapt. Hij besloot zelf zijn

partijvoorzitterschap om gezondheidsredenen neer te leggen. Hij had genoeg offers gebracht. Hij wilde niet als dat vogeltje eindigen. [30]

houding / rebellie

EEN ONGEMERKT KALF

Robert Altman, filmregisseur, geniet faam als de belangrijkste van Amerika's *mavericks*. De term stamt uit het Wilde Westen en werd toen gebruikt voor ongemerkte kalveren die zich buiten kuddeverband wisten te handhaven in de prairie. In de filmwereld is *maverick* de term geworden voor cineasten die zijn losgebroken uit het systeem en onafhankelijk van de grote studio's weten te overleven. Orson Welles, Sam Fuller, Sam Peckinpah, Peter Bogdanovich, Francis Ford Coppola en John Cassavetes, zijn namen van andere karakteristieke *maverick*-regisseurs die voor hun rebellie tegen de *tycoons* en *players* van de filmindustrie zijn gestraft met vernederingen en de bedelstaf. [31]

houding / initiatiefloos

LUIE BEREN I

De Westervoortse PvdA-leider probeert de laatste tijd wat te doen aan het imago van zijn partij. Hoewel Geert Veldhuis in zijn algemene beschouwingen schrijft niet uit te zijn op 'gemakkelijk succes' en oog te hebben voor de lange termijn, komt dat weinig uit de verf. De uitspraak van fractievoorzitter Jan Vis van het CDA dat de PvdA'er als 'luie beren achteroverleunen in hun stoel' is in raadskringen nog altijd een gevleugelde uitdrukking, die met veel instemming aangehaald wordt. De zeskoppige fractie wordt een initiatiefloze en afwachtende houding verweten en zou slechts opvallen door haar getalsmatige overwicht. [32]

houding / humor

LUIE BEREN 2

Eén ding moest PvdA-voorzitter Geert Veldhuis toch van het hart: 'Jan Vis was degene die ons destijds, met de komst van het afvalaanbiedstation, luie beren noemde. Volgens hem zaten we maar gezapig in onze stoelen, vonden alles best en toonde geen enkele vorm van verzet.'
De woorden van Veldhuis toverden een brede glimlach en een blik van herkenning op het gelaat van Vis. 'Daarom hebben we als fractie gemeend je iets passend te moeten aanbieden,' vervolgde Veldhuis. 'We hebben er heel wat steken voor opgelopen, maar jij krijgt van de luie beren een pot honing. Eentje maar en geen twee, daarvoor waren we te lui.' [33]

houding / keihard werken

WATERBUFFEL

Gevraagd met welk dier van de Afrikaanse *big five* hij zich het liefst laat vergelijken, koos Paul Rosenmöller niet voor de slimme neushoorn of voor de koning de dieren, de leeuw. De fractievoorzitter van GroenLinks voelt zich het meest verwant met een waterbuffel: het sterkste dier, dat keihard werkt en volhardt in zijn taak. [34]

houding / aardige mensen

NAAR HET DIER LOPEN

Er zijn mensen die in de dierentuin beginnen bij het begin, dat heet *Naarbinnen*, en dan zo snel mogelijk langs alle kooien lopen totdat ze bij *Naarbuiten* komen, maar de aardigste mensen lopen meteen naar het dier waar ze het meeste van houden, en blijven daar. [35]

houding / opletten

MAAK WEL JE KAMEEL VAST

Tijdens het interview souffleert Bouazza, schrijver, per SMS even een Arabisch gezegde. 'Tawakkal wa'aqil,' staat er op het schermpje van Van Akens mobiele telefoon. Het betekent: 'Vertrouw op God, maar maak wel je kameel vast.' [36]

houding / bezieling

KONIJNEN EN DE HOGE HOED

Feilloos geeft Paul Huf, fotograaf, aan waar het mis gaat. Bezieling. Als dat ontbreekt kun je je suf ouwehoeren maar zullen alle creaties een ziel ontberen.
Is dat alles bezieling? Natuurlijk niet. Vervolgens het rotsvaste vertrouwen dat je je ambacht zo goed beheerst dat je weet dat het daar eigenlijk niet om gaat. Dan durf je pas met je hand in je zak te gaan.
Ik weet heus wel dat de nieuwe mode behoorlijk zakloos is.

Maar eens zijn alle trucjes op. Weigeren de konijnen nog langer uit hoge hoeden te komen. [37]

houding / vasthouden

PITBULL

Zijn koosnaam *Pitbull* wordt door velen als positief uitgelegd – een 'bijtertje' als Edgar Davids wenst iedere voetbalcoach zich – maar buiten Nederland wordt hij eerder met de bekende kwaadaardigheid van de hond geassocieerd. De Schotse krant *The Herald* over Davids: 'Snapping and biting at opponent as if human limbs are his delicacy.' [38]

houding / realisme

STRUISVOGELKONT

Als FNV-baas Lodewijk de Waal zijn kop nou even uit het zand haalt, kan ik volgende week een poging doen hem uit te leggen waarom hij zijn looneisen matigen moet. Het praat zo ongemakkelijk tegen een struisvogelkont. [39]

houding / fout bij jezelf zoeken

VOGELTJE VALT DOOD UIT DE BOOM

Kwaad kan Peter van Krieken, Afghanistan-deskundige, zich maken als hij de opvatting hoort dat de Amerikanen de terroristische aanslagen aan zichzelf te wijten hebben. Dat de voedingsbodem van het terrorisme zou liggen in het grote verschil tussen rijk en arm. 'Als mensen hun kinderen niet naar school sturen, houdt alles op. Als mensen doorgaan twaalf in plaats van vier kinderen op de wereld te zetten, houdt alles op. Dat ligt niet aan het Westen, dat ligt aan die mensen. Zij nemen hun verantwoordelijkheid niet.'
Hij citeert een vriend, die een tijd in Sri Lanka werkte. 'Zo leuk,' zei de vriend, 'dit is het eerste land dat ik ken waar als er een vogeltje uit de boom valt niet onmiddellijk wordt gezegd: dit is de schuld van de Amerikanen of de Zionisten.'
Het blijft een interessant fenomeen, vindt Van Krieken, dat de westerse samenleving immer geneigd is de fout bij zichzelf te zoeken. 'terwijl het in de Arabische wereld altijd de schuld is van een ander.' [40]

houding / iedereen op zijn qui-vive houden

NIET ALS SCHILDPAD GEBOREN

En daar is Bas Eenhoorn, de man van wie GroenLinks-voorzitter Mirjam van Rijk zegt: 'Hij kwam als iemand die het voorzitterschap erbij deed. Maar hij heeft zich ontpopt als vernietiger van Hans Dijkstal.'
Het leek de afgelopen weken alsof Eenhoorn in competitie was met Dijkstal om de partij in de opiniepeilingen naar beneden te praten.
In Den Haag werden zijn inspanningen wel gewaardeerd. Bij-

voorbeeld door C. van Bemmel, een van de kamerkringvoorzitters die om Wiegel riepen: 'Bas is iemand die zegt wat hij denkt. Het is niet erg dat hij zijn mond tegenover journalisten niet kan houden. Hij is niet als schildpad geboren. Dit is zijn rol als voorzitter. Bas moet zorgen dat iedereen scherp is en op zijn qui-vive.' [41]

houding / nederigheid

DE SCHADUW VAN EEN VLIEG

Maar als ik nu, door hoongelach gedwongen, een reguliere baan zou moeten zoeken, ben ik daar ook niet te beroerd voor, hoor. Ik ben niet op zoek naar eeuwige roem, ik ben al blij als ik het jaar 2000 haal. De eeuwigheid, wat is dat nou? Het is nog niet eens zo heel lang geleden dat de laatste mammoet hier werd gesignaleerd. Ik ben een minuscuul onderdeeltje van een oneindig geheel. Minder dan de schaduw van een vlieg. [42]

houding / imago ophouden

RUPS, VLINDER EN VAMP

'Ik heb haar gekust!' Tjalle (20) was de gelukkige 'Britney-superfan' die de ster backstage mocht ontmoeten. Hij vindt dat haar onschuld bijdraagt aan de illusie. 'Ik heb haar diep in de ogen gekeken: ze is een beest,' voegt hij er lachend aan toe. 'Dat imago kan ze niet blijven ophouden. Ik denk dat ze zich zal ontplooien als vamp. Wij kunnen allemaal meemaken hoe Britney zich ontwikkelt van rups tot vamp.' [43]

houding / eigenheid

VOGEL DIE ZIJN EIGEN VLUCHT KIEST

Een van de geliefkoosde beelden in het retorisch repertoire van Van Mierlo is dat van de vogel die zijn eigen vlucht kiest. Bij zijn vertrek uit de politiek is er nauwelijks een beter beeld op te roepen dat op zijn meer dan dertig jaar alomvattende politieke loopbaan van toepassing is. Van Mierlo was een aparte vogel in de Nederlandse politiek, een beetje vreemde vogel ook.

De associatie en zijn jongensachtige uitstraling leverden Van Mierlo in 1967 bij zijn succesvolle intrede in de Tweede Kamer het imago op van de 'Nederlandse Kennedy'.

Van de ideeën van D66, zoals de gekozen minister-president, het referendum en de gekozen burgermeester, is tot nu toe maar weinig terechtgekomen, maar Van Mierlo heeft de Nederlandse politiek intussen wel beslissend veranderd. Hij rekende in de jaren '60 af met het regentdom en introduceerde een stijl van openheid. [44]

houding / verwaandheid

DE KONT VAN DE AAP

Hoe hoger de aap op de ladder staat, hoe meer je ziet van zijn kont. [45]

houding / nuchterheid

EEN TRAINER IS NET EEN KALKOEN

Martin Koopman, toekomstig kroonprins, trainer van het naar de eredivisie gepromoveerde FC Den Bosch. *Druk?*
'Ik ben altijd druk. Ik hoop deze week twee spitsen aan te trekken, dan zijn we rond. Eerder ga ik niet rustig met vakantie.'
Is FC Den Bosch klaar voor de eredivisie?
'Dat is de vraag. Als we ons handhaven ben ik allang tevreden. Als je naar onze doelstelling vraagt dan zeg ik: Wegblijven bij die gasten onderin. Cambuur is wat dat betreft ons grote voorbeeld.'
Uw carrière verloopt stormachtig, tot hoever reikt uw ambitie?
'Een trainer is net een kalkoen: als je de kerst maar haalt. Ik ben daar vrij nuchter in.' [46]

houding / waardigheid

MENSEN ZIJN GEEN ONGEDIERTE

De doodstraf past om verschillende redenen niet in ons rechtssysteem, vindt Piet Hein Donner. Bij straffen door de overheid speelt niet alleen vergelding, maar het idee dat mensen verbeterbaar zijn.
Met het recht dat wij als samenleving mensen permanent (door de doodstraf) gaan verwijderen, moeten wij uiterst voorzichtig zijn. Wij moeten ervoor oppassen om op deze wijze te praten, want mensen zijn geen ongedierte, ook al kunnen zij zich soms als zodanig gedragen. Toch zijn mensen naar onze mening drager van de menselijke waardigheid, op welk uitgangspunt dat ook moge berusten. Als wij op deze manier over mensen spreken, dan hebben wij het indirect over onszelf. Daar moeten wij als samenleving van onthouden. [47]

houding / erop uit trekken

VLIEGENDE VOGELS

Gottfried Adoté kwam vijfentwintig jaar geleden naar Nederland. Hij moet een van de eerste Ghanezen zijn die zich in Nederland vestigden. Adoté studeerde architectuur in Accra, totdat hij in Liberia ging werken om de studie van zijn jongere broer te kunnen betalen.
Daarna wilde hij zijn eigen studie bekronen met een laatste jaar aan een Duitse universiteit. Adoté is representatief voor de duizend landgenoten die na hem kwamen; hij koos niet voor een bepaald Europees land, niet eens voor emigratie, maar voor een goede opleiding. In Afrika is het de gewoonste zaak van de wereld om als kind in een ander dorp bij familie te gaan wonen om de lagere school te kunnen volgen. Voor middelbaar en hoger onderwijs trekt men niet zelden de grens over. 'Een vogel die niet vliegt, gaat dood,' is dan ook een spreekwoord dat Ghanezen graag aanhalen. [48]

houding / verlangen

DE SLECHTVALK

De roman is in alles een liefdesgeschiedenis. Het verhaal gaat over een gefortuneerd, excentriek Iers echtpaar dat een middag te gast is bij een rijke Amerikaanse dame op het Franse platteland. De Ierse dame draagt een aan een leren veder vastzittende slechtvalk met zich mee, die als katalysator fungeert bij elke gebeurtenis en elk gesprek dat de personages voeren. Alles komt die middag in de vogel samen: haat, liefde, vrijheidsdrang, onderdrukking, jaloezie, kunst. Het verhaal wordt verteld door een vriend van de gastvrouw, het alter ego van de auteur, die net als in Wescotts werkelijke leven zijn hunkering naar liefde en genot niet kan onderdrukken als hij Lucy, de valk, observeert, aanraakt en denkt 'dat de eetlust van de valk te vergelijken was met amoureus verlangen'. Alles kwam samen in één lange aaneenschakeling van woorden: oude vrijgezelle hongerige vogel, hongerige man-vogel op leeftijd, wat haat ik van verlangen, wat verlang ik naar genot, wat geniet ik van liefde, en hoe zwaar moet het vallen om niet langer jong te zijn. [49]

houding / persoonlijkheid

DE SCHILDPAD EN ZIJN NEK

De vergelijking tussen de wetenschappers Buikhuisen en Bovenkerk leert ons dat het ongestraft uitsteken van je nek een kwestie van persoonlijkheid en timing is. Bovenkerk steekt zijn nek pas uit nadat enkele anderen dat al gedaan hebben en veel anderen op het punt staan het te doen. Als een schildpad trekt hij zijn nek weer in als er iemand op het schild tikt. Hij is in staat in korte tijd van mening te veranderen, en zelfs om binnen één stukje twee tegengestelde standpunten in te nemen. Hem gebeurt niets. Buikhuisen was een beetje arrogant, maar ook naïef, zoals het een wetenschapper betaamt. Hij wist van geen tijdgeest. Zijn kop ging eraf, onder luid applaus. [50]

houding / hopen

EEN LABORATORIUMRAT

De jonge toneelschrijfster Biljana Srbljanovic (1970) schreef een stuk over de lotgevallen van emigranten uit Belgrado, dat nu voor het eerst buiten Servië in een Duitstalige opvoering in

Essen te zien is. De *Belgrado-trilogie* was twee jaar lang een enorme publiekstrekker in Belgrado, maar is sinds de NAVO-aanvallen verboden. Zelf is Srbljanovic niet in staat de stad te verlaten: ze wil geen emigrante worden, ze heeft haar taal nodig om te schrijven. Ze blijft, zelfs nu ze op dit moment door de bombardementen op de stad geen letter op papier krijgt. 'Ik voel me als een laboratoriumrat in een uitzichtsloze situatie,' zei ze onlangs in een interview. 'Ik zou het liefste door alles heen slapen. En hopen dat ik in een volledig veranderd land wakker word.' [51]

houding / voorzichtig manoeuvreren

ALS EEN OESTER

Kok is als een oester: hij opent beetje bij beetje, maar klapt bij onraad weer onmiddellijk dicht, en dan is het de vraag of hij ooit nog open valt te breken. Voorzichtig manoeuvreren is dus het devies. Als hij het gevoel heeft dat het niet over hem maar over zijn vak gaat, komt hij misschien los. [52]

houding / sluwheid

STOMME, SLUWE EN GORE RATTEN

Een directeur in het beroepsonderwijs onderhandelt met drie andere scholen over een fusie.' Ik heb met ze afgesproken dat ik eerst de helft van mijn personeel eruit knikker,' vertelt de directeur. Dan hoeven de andere scholen minder mensen te ontslaan. 'In ruil daarvoor wil ik de positie van algemeen directeur.'
De man is een rat van wie we veel kunnen leren, meent Joep

Schrijvers, die de schooldirecteur in een onbewaakt ogenblik tot de bekentenis verleidde. Schrijvers, docent aan het managementcentrum van werkgeversvereniging VNO-NCW, geeft al enkele jaren de cursus 'Hoe word ik een rat'. Hij heeft nu zijn lessen verwerkt in een gelijknamig boekje.
Schrijvers verdeelt zijn lezers in een zelftest in stomme, sluwe en gore ratten. [53]

houding / uiterlijkheden

DE STAARTVEREN VAN DE PAUW

U weet wat Mao ooit zei toen hij Henry Kissinger ontmoette? Hij zei: 'Mister Kissinger, hoe kan het dat een lelijke man als u zo'n mooie vrouw heeft?' Kissinger antwoordde: 'Chairman Mao, macht is het ultieme afrodisiacum.' De uiterlijkheden die horen bij de toppositie in het bedrijfsleven zijn niet wezenlijk anders dan de uitbundige staartveren van de pauw. Het pauwenmannetje heeft een enorme hoeveelheid voedsel nodig om zijn enorme staart op te kunnen bouwen. Vliegen kan-ie nauwelijks meer. Voor de vrouwtjes betekent een grote staart dat het mannetje in staat is om voldoende voedsel te verzamelen, dus een groter territorium te veroveren.
Bij onze soort zoekt de vrouw macht, bescherming, geld en aanzien in een man. Daar kijken vrouwen heel bewust naar. Een aanwijzing is dat een grote meerderheid van meer dan 80 procent van de vrouwen met een oudere man trouwt. Dat zie je bij veel dieren ook. Een oudere man heeft zich bewezen dat hij zich kan handhaven en dat het dus goed zit met z'n erfelijk materiaal. Bovendien beschikt hij over de nodige ervaring. [54]

houding / voorop gaan

DE HYENAHONDEN-CEO, HERTEN EN *SNEAKY FUCKERS*

In welk dierenverblijf zou u de manager huisvesten?
O, zonder enige twijfel bij de hyeanahonden. Ook daar is er eentje de baas, de alfaman. Dat is de enige die zich voortplant, uiteraard met de topvrouw. De rest van de roedel stelt zich ten dienste van de alfa-man, die slepen de prooi aan en graven holen. Maar voor wat hoort wat. De tophond – de CEO zou je kunnen zeggen – is degene die zijn nek uitsteekt, risico's neemt. Hij gaat voorop in de jacht. Zoals ook in het bedrijfsleven de baas de risico's neemt bij fusies en grote investeringen. hij is de eerste die een beuk krijgt als het misgaat.
Bij sommige diersoorten, zoals herten, zie je dat de leiders zo druk zijn met de concurrentie van andere mannetjes, dat het dekken erbij inschiet. Bij die soorten zie je soms wat ik *sneaky fuckers* noem. Mannetjes die zich low-profile gedragen, afwachten in de periferie van de groep, en zodra de topman druk bezig is met het bevechten van een ander mannetje, razendsnel een paar dekkingen uitvoeren. [55]

houding / omgangsvormen

DOLPHINS IN THE CITY

Cultuursocioloog Carl Rohe ziet andere drijfveren voor het excessieve SMS-gedrag van jongeren: 'Het is een poging bij een netwerk te horen. De mobiele telefoon is een 24-uurs-*support*-lijn bij hun vrienden. *I want to exchange life's little fuckovers 24 hours a day with my friends.* Het gaat de jongeren niet zozeer om de informatie in de berichtjes, het is meer een emotionele behoefte.'

Rohe signaleert ook het eigentijdse gedrag, zoals van twee jongeren die een avondje uitgaan zonder te weten waarheen. Hij noemt dat *floating* en die jongens *dolphins in the city*. Het kost ze minder moeite om even snel te bepalen waar ze heen gaan. Dat is prettig voor ze. Waar ze bij elkaar komen is niet zo belangrijk voor ze. [56]

houding / jezelf voorbij lopen

EEN BEESTJE IN EEN MOLENTJE

De veranderingen kwamen toen ik ouder werd. Ik had minder energie. Het onderwijs veranderde en ook de leerlingen waren anders. Brutaler. In diezelfde periode ging onze school ook nog eens fuseren. Vanaf dat moment ging het steeds minder goed met mij. Ik stond onder zware druk. Ben ook veel kwijt uit die tijd. Ik kreeg lichamelijke klachten. Door de stress kon ik ineens met één oog niet meer zien. De fusie kwam in 1966 rond en twee jaar later knapte ik definitief af. Ik voelde me als zo'n beestje in een hok dat in een molentje loopt en zichzelf op een gegeven moment niet meer kan bijhouden. Zo'n beestje dat daaraan kapotgaat. Zo ging het ook met mij. [57]

houding / verloochenen

DE HAAN KRAAIT DRIE KEER

D66-partijleider De Graaf haalde in bedekte woorden uit naar VVD-leider Gerrit Zalm. 'Je hoort de haan zachtjes kraaien als Zalm spreekt,' zei De Graaf. Een Judas durfde hij Zalm net niet te noemen. De Graaf deinsde hiermee terug in zijn tekst. Op zijn papier, dat de favoriete D66-lijsttrekkerskandidaat lang voor de stemmingsuitslag pontificaal en zichtbaar in zijn jaszak droeg, stond 'de haan kraait drie keer' over de vvd-lijsttrekker. Een duidelijker verwijzing naar Judas – de discipel die in het Bijbelverhaal Jezus verraadt – is moeilijk denkbaar. 'Ik vind dat Zalm Paars verloochent, terwijl Paars juist heel goed was voor het land,' lichtte De Graaf na afloop toe. [58]

houding / geloofwaardigheid

THE HORSE'S MOUTH

'Nonchalant' werd allerwegen de manier genoemd waarop Kluivert zijn mislukte strafschop tegen Brazilië nam. 'Loom,' las ik ook, en 'lusteloos'. Dat is raar. Waarom zou Kluivert die strafschop niet willen maken? Kluivert zelf zei: 'Ik raakte hem verkeerd.' Wie heeft er gelijk? Kluivert, denk ik. Er is een hele simpele reden waarom: omdat Kluivert het zelf zegt. Hij is *the horse's mouth*, wat aan de verklaring de nodige geloofwaardigheid geeft. [59]

houding / verantwoordelijkheid nemen

SCHAPENMENTALITEIT

Ik heb een hekel aan schapenmentaliteit. 'Er zijn altijd meer schapen dan schaapherders geweest,' leerde ik van een Indiaanse. Wij mensen kunnen altijd kiezen, alleen moet je weten dat de consequentie van schaapherder worden verantwoordelijkheid betekent. [60]

houding / geduld

ADEMEN OP EEN VLINDER

Op een ochtend ontdekte ik een cocon in een boom, net op het moment dat de vlinder een gaatje erin maakte en naar buiten zou komen. Ik wachtte een tijdje maar het duurde te lang en ik werd ongeduldig. Ik bukte me en ademde erop om hem te verwarmen. Ik verwarmde hem zo snel ik kon en het wonder gebeurde voor mijn ogen, sneller dan het leven.
De cocon ging open, de vlinder kroop langzaam naar buiten en ik zal nooit mijn afschuw vergeten toen ik zag hoe de vleugels ingevouwen en verkreukeld waren; de mismaakte vlinder probeerde met zijn trillende lijfje om ze te ontvouwen.
Ik bukte weer en probeerde te helpen met mijn adem. Tevergeefs. Hij had geduldig moeten klimmen en het ontvouwen van de vleugels had een geleidelijk proces moeten zijn in de zon. Nu was het te laat. Mijn adem had de vlinder gedwongen naar buiten te komen, verfrommeld, voor zijn tijd. Hij vocht wanhopig en een paar seconden later stierf het diertje in de palm van mijn hand. [61]

houding / graaien

ELKAARS RUG KRABBEN

Premier Kok wond zich enkele jaren geleden op over de royale optieregelingen die Nederlandse ondernemers zichzelf hadden toebedacht. 'Exhibitionistische zelfverrijking,' sputterde Kok boos over deze lelijke kant van het kapitalisme.
Wat zou de premier zeggen van de pensioenregeling voor de gewezen baas van General Electric, een van 's werelds grootste industriële conglomeraten? Jack Welch slijt zijn dagen achter de geraniums met krap negen miljoen dollar per jaar. Wel krijgt

Welch er 17 000 dollar bij voor elke dag dat hij GE van adviezen voorziet.

Formidabele optie-, bonus-, en pensioenregelingen doen in de VS nauwelijks stof opwaaien. Exhibistische zelfverrijking is de motor achter de *American dream*. Maar nu klinkt er gemor omdat de topmanagers die zichzelf ruimhartig belonen er een potje van maken.

'Omdat ze vaak zelf in de directie zitten, legt niemand graaiende topmensen een strobreed in de weg,' verklaart Larry Margel van het adviesbureau Towers Perrin. 'Het is een grote vriendenclub. Ik krab jouw rug als jij de mijne krabt.' [62]

houding / betrouwbaarheid

EEN OMHOOG KRONKELENDE AAL

Nawijn had ook ronduit tegen *Nova* kunnen zeggen dat hij geen woord van dat interview terugnam, en hij had dat de volgende ochtend tegenover de geschrokken Balkenende kunnen herhalen. [...] Maar ja. Zo eentje is Nawijn nooit geweest. Hij bleek van meet af aan een scharrelaar, een draaikont, een knoeilap, een aal in een emmer met snot, om mijn goudeerlijke oude Friese moeder te citeren. Dat wisten we al. Daar hadden ze dat spoeddebatje van gisteren ook niet voor hoeven te houden.

Waar het nuttig voor was, dat was om vast te stellen hoe de aal zich omhoog zal kronkelen als hem ook maar een *fractie* van de macht wordt gegund. Bijna Kamerbreed leek hij ontveld en gefileerd. Afgezien van de bijval van zijn mede-palingen uit de LPF-gelederen was Zalm eigenlijk de enige vis die zich gedekt hield. 'Het is een onbetrouwbaar sujet,' zag je hem denken, 'maar misschien hebben we straks *net* die paar zetels van 'm nodig voor een nieuwe meerderheid.' [63]

houding / schijn ophouden

OLIFANTJE WORDT GRIJZE MUIS

Marco Pantani is door de Italiaanse wielerbond voor acht maanden geschorst wegens dopingperikelen.
Wéér bungelend achter in in het peloton, tijdens de lenteklassieker Milaan-San Remo of een Giro-etappe, weet Pantani altijd wel voor even de camera op zich gericht.
Wat dan te zien is is onthutsend: *Olifantje*, het prachtige en altijd aanvallende klimmertje, is een *muisje* geworden, en nog een hele grijze ook. De kopman van de Mercato Uno-ploeg weet zich zelfs rijdend *achter* het peloton nog altijd omringd door ploeggenoten. Dat beeld moet suggereren dat we hier nog wel degelijk met een belangrijke renner van doen hebben. [64]

houding / levenslust

SLAPENDE GARNAAL

Een slapende garnaal komt in een cocktail terecht. [65]

houding / bewegen

ALS KONIJNEN IN KOPLAMPEN TUREN

Wat in het boek van voormalig campagneleider Jacques Monasch – *De strijd om de macht* – in het oog springt is het functioneren van Wim Kok achter de schermen van de verkiezingscampagne; tot nu toe is dat aspect onbelicht gebleven. Zelfs Margreeth de Boer zwijgt erover in haar evaluerende rapport.

'Kok heeft een heel dwingende rol gespeeld,' zegt Monasch. Het goede beeld van Paars verbrokkelde, Fortuyn rukte op en opvolger Melkert werd langzaam verzwolgen in het politieke moeras. 'Koks chagrijn daarover vertaalde zich uitsluitend intern, binnen het campagne team. We bewogen niet meer, we tuurden als konijnen in de koplampen.' [66]

houding / jezelf zijn

DE HOND OF DE BAAS

Was het vroeger makkelijker?
'Dat denken we met terugwerkende kracht altijd. Nou, het was wel vanzelfsprekender. Maar de leidinggevende moest wel precies in een keurslijf passen. Sommige dingen dééd je niet als baas. Laten we nu zeggen: je weet bij het uitlaten van de hond ook niet wie het doet, de hond of de baas. De hele samenleving was vroeger natuurlijk meer keurslijfachtig. Het keurslijf was tweezijdig, zowel directeuren als werknemers diende zich te gedragen. In je vrije tijd kon je jezelf zijn, in je eigen tijd – alsof die andere tijd niet je eigen tijd was.' [67]

houding / angst

DE MENS ALS EEN HOND

Wolkers: Ik liep in New York... Fifth Avenue, Sixth Avenue... Volgebouwd met enorme constructie van glas en staal, echt de piramides van deze tijd. Imposant. Aan de voet van die immense kantoorgebouwen en prachtige hotels, waar een kamer een ton of zo per nacht kost, stonden zwervers met zelfgemaakte kacheltjes waarop ze worsten bakken. De meeste mensen mij-

den dat, ik niet. Ik ging erbij staan en sprak met hen. Na een paar dagen werd ik aangeklampt als een vriend. Er is mij nog nooit wat overkomen.
Karina: Het is een soort uitstraling: als je niet bang bent haal je het ook niet naar je toe.
Wolkers: De mens is als een hond: als hij angst ruikt, ben je in gevaar. [68]

houding / waakzaamheid

WAAKHOND OP EEN WARME ZOMERDAG

LPF-lid van de enquêtecommissie voor de bouwfraude Harry Smulders: een beetje onderuit geschoven op zijn stoel, loerend naar de ondervraagde, als een waakhond op een warme zomerdag.
Het spel van vraag en aanbod lijkt langs hem heen te gaan, maar dat is schijn. Plotseling kan zijn hoofd lichtelijk rood aanlopen: het onmiskenbare signaal dat hij iets hoort wat hem niet bevalt. Zijn ogen vergroten zich en hij kijkt het slachtoffer dreigend aan. De ene keer blijft het daarbij, de andere keer valt hij met een losse polsbeweging aan op het geluidsknopje en blaft iets in de microfoon, meestal een korte mededeling waarover geen misverstand kan bestaan, staccato uitgesproken – de *enquête-rap.* [69]

houding / gezag

KONINGIN VAN DE BIJENKORF

Niemand twijfelt eraan dat Helen Clark de 'koningin van de bijenkorf' blijft, zoals een zondagsblad haar betitelde (het parlementsgebouw in Wellington wordt wel 'de bijenkorf' genoemd). Hoewel veel mannelijke collega's in 1999 nog moeite bleken te hebben met de eerste vrouwelijke premier, is haar gezag inmiddels onomstreden.
In de aanvankelijke sceptische zakenwereld heeft Helen Clark zich geliefd gemaakt door haar toegankelijkheid – de meeste zakenlui beschikken over het nummer van haar mobieltje. En ook de media zijn blij met een premier die altijd terugbelt. [70]

houding / grootspraak

PITBULL ZONDER TANDEN

Ton Elias waande zich de beste journalist van Nederland. Als de pitbull van het binnenhof is hij ooit getypeerd, wat wel een aardige vergelijking was, want zijn aanleg tot bijten diende zelden een hoger doel. Het bijten was een doel op zich. Hij kon niet anders. Het was zijn handelsmerk. Elias betekende bijten. Zijn tolerantiedrempel mocht geen naam hebben. Blijf bij hem uit de buurt. Als collega, criticus, als bekleder van een openbare functie. De vraag was nooit of hij zou bijten maar wanneer hij zou bijten. [...]
Nu treedt hij op als 'opinieleider' bij *Stem van Nederland* van SBS 6 – de zender van het ongezonde verstand. Dat doet hij met het bekende aplomb, maar ook met een zekere genuanceerdheid. Er valt hier weinig te blaffen en te bijten.
Hij praat op die momenten al bijna zoals hij destijds zijn slachtoffers niet wilde horen. Hij is zichzelf niet meer of hij is zichzelf

geworden, dat is niet duidelijk. De pitbull is niet gemuilkorfd, het is erger: hij is nog steeds niet op zijn mond gevallen, maar inmiddels zo vaak op zijn bek gegaan dat hij geen tanden meer over heeft. Hij mag op schoot, hij is ongevaarlijk. hij is braaf. [71]

houding / vastbijten

PITBULL IN EEN VUILNISCONTAINER

Lori Wallach is een pitbull. Als ze onraad ruikt, bijt ze zich vast. Ooit kroop ze letterlijk in een vuilniscontainer van de 'rijkelandenclub' OESO om de (nog) geheime tekst van een nieuw investeringsverdrag te pakken te krijgen. Wallach is directeur van de Global Trade Watch in Washington, een onderdeel van de Amerikaanse niet-gouvernementele organisatie Public Citizen, opgericht door voormalig presidentskandidaat Ralph Nader. [72]

houding / seksistische grapjes maken

VLIEGEN JAGEN

Een vrouw komt de keuken in en ziet haar man rondlopen met een vliegenmepper.
'Wat doe je?' vraagt ze.
'Ik jaag op vliegen,' antwoordt hij.
'O. Heb je al wat gevangen,' vraagt ze.
'Ja: drie mannetjes en twee vrouwtjes.'
'Hoe weet je dat?' vraagt ze benieuwd.
Hij antwoordt: 'Die drie zaten op een bierblikje, die andere twee aan de telefoon.' [73]

houding / suffen

VERGADERNIJLPAARDEN

In het Radio 1-journaal vergeleek de nummer twee van Leefbaar Rotterdam, Ronald Sörensen, de zittende raadsleden met vergadernijlpaarden die onder water liggen te suffen. Hij stelde voor de spreektijden te beperken om een eind te maken aan het lange vergaderen. [74]

houding / energie verspillen

EEN VALSE HOND

Ongevoelig is Hiddink voor de stress rond het laatste optreden in de Champions League of de confrontatie met Feyenoord, die morgen voor beide ploegen tevens een therapeutische waarde heeft. 'Vroeger was ik drie dagen voor een wedstrijd en nog twee dagen daarna onbenaderbaar,' zegt hij in het mondaine hotel in Londen, enkele uren voor het duel met Arsenal. 'Ik gedroeg me asociaal, ik leek wel een valse hond die voortdurend zat te grommen als hij lastig werd gevallen. Daar heb ik te veel energie mee verspeeld.'
Niet langer isoleert Hiddink zich om de druk van de buitenwacht te pareren. Het leven is te mooi om je ervoor te verschuilen, luidt zijn filosofie nu hij na 'een pijnlijke scheiding' zijn nieuwe geluk weer openlijk kan tonen. [75]

houding / geldingsdrang

JONGE-HOND-ZIJN

U en Lubbers waren in '94 ten opzichte van elkaar heel rare mannen. U was aangewezen als de opvolger van Lubbers, u vermeed elkaar als of het om de zwarte pest ging. We genoten ervan en tegelijkertijd was het gênant. Was het niet een symptoom van diezelfde ongeremde geldingsdrang?

'Je moet een jonge hond zijn jonge-hond-zijn gunnen. Ik denk dat jaloersheid wel een rol zal hebben gespeeld. Dìt blijf ik vreemd vinden: die degelijke en ervaren partij is er niet in geslaagd om de oude en de nieuwe generatie, om Ruud en mij, als het ware bij elkaar te houden.

De wijzen uit de partij hadden op een gegeven moment moeten zeggen: en nu geen gezeur. De toenmalige partijleider heeft zelfs niet naar Jan de Koning willen luisteren, terwijl die toch een reputatie had als *grand old man*.' [76]

houding / draaikonterij

DE KAMELEON VAN BELGRADO

De geweldige draaikonterij van Vuk Draskovic, vice-premier van Joegoslavië, valt volgens kenners alleen te verklaren uit zijn hang naar macht. Hij wil hoe dan ook aan tafel zitten met de leiders en als hem dat niet wordt toegestaan, slaat hij wild om zich heen, gaat in de oppositie en verzameld tegenkrachten, tot hij weer mee mag doen.

Zijn huidige opvattingen over Kosovo verraden dat het Servische nationalisme nog altijd de kern van zijn ziel vormt. Hij kan als de beste verhalen over de geschiedenis van Kosovo als bakermat van de Servische cultuur. En dat Servië dat gebied nooit zal opgeven. Maar hij lardeert die opvattingen met boterzachte

toezeggingen over meer democratie voor de Albanezen, binnen Servische grenzen uiteraard.
Zijn naam, Vuk, betekent wolf. Het is voor een beperkte groep aanhangers een heldennaam. Zijn tegenstanders zien hem eerder als 'springerige kikker' of 'de grootste kameleon van Belgrado'. [77]

houding / wakker blijven

EIGEN VLOOIEN DIE JE BIJTEN

In het kader van een gesprek over te hard werken, overdreven carrièrezucht, te veel energiegebruik, overmatige stress en onregelmatig en ongezond eten: 'Hard werken is niet erg, maar je moet wel wakker blijven. Want het zijn je eigen vlooien die je bijten.' [78]

houding / dingen uit jezelf doen

WAAROM VOGELTJES ZINGEN

Waarom weten vogeltjes dat ze moeten zingen terwijl niemand ze dat heeft geleerd? Waarom doen mensen dingen uit zichzelf, zonder dat iemand ze dat heeft voorgedaan? Ik voel dat ik onderdeel uitmaak van één groter geheel. Ik zal terugkeren, niet als mens, met of zonder de herinneringen van het vorig leven, maar wel als onderdeel van de natuur. Die kracht zit in me, ik weet dat het zo is. Het staat niet helemaal op zichzelf.
Wat gebeurt er dan met de geest? Die valt weg na het sterven, maar nooit helemaal. De geest maakt deel uit van het collectief geheugen. Maar mijn geest vol kleine geschiedenis, die is straks gewoon weg. Het gaat erom dat de mensheid in het algemeen groeit met al die gezamenlijke kleine ervaringen.

Dat is precies waar het om draait in het positieve mensbeeld van de 32-jarige liberale politica (staatssecretaris voor Verkeer) Melanie Schultz Van Haegen-Maas Geesteranus: dat de beschaving erop vooruitgaat. [79]

houding / naïviteit

SPEELVOGELS

Een aantal toprijders (veldrijden) houdt het voor gezien. De Clerq (36) stapt af en ook de beste van dit seizoen keert de sport vermoedelijk de rug toe. Rabo-renner Nijs, altijd falend tijdens een WK, ambieert een carrière op de weg.
Wereldkampioen Welles (24) blijft wel actief. De 'speelvogel' (Vlaams voor naïef, onbezorgd lachebekje; Wellens bekommert zich bijvoorbeeld zelden om zijn materiaal) wacht vandaag een heldenontvangst in zijn Vorselaar. [80]

houding / paraderen

PAUWEN

Ver voordat Powell zijn historische rede voor de Veligheidsraad hield, was ik met CNN al bij de VN.
Een vogelkooi.
De inhoud kwetterde er lustig op los en paradeerde met opgezwollen borst door de rijen. Dít is de Veligheidsraad, dit is leven, dit zijn 's werelds beste stropdassen en opgestreken veren (die zich hier en daar uitbreiden tot een zo volle tooi, dat de pootjes de last nauwelijks nog konden dragen en de pauwenmannen steun bij de ervaren paradijsvogels moesten zoeken om niet om te vallen, een oefening die alom tot verhoging van de pret leidde).

De pauwen waren in afwachting van de mooiste onder hen: Powell (door *de Volkskrant* gisteren abusievelijk een havik genoemd). Het duurde even, maar toen trad hij dan ook met blinkende dauwdruppels op de staart de kooi binnen, begon bevriende pauwen te kussen, omarmde een paar onbekende haantjes, hield passerende handjes vast en keek de bezitters diep in de ogen.

De zeer fraaie en voorname Kofi Annan verscheen zonder kroon. De bescheiden pauw. [81]

OVER DE AUTEURS

Peter Camp studeerde organisatiesociologie en -psychologie aan de Katholieke Universiteit Nijmegen. Hij is organisatieadviseur bij Peter Camp Matrix Management Consult en docent organisatie en management aan de afdeling Vervolgopleidingen Dienstverlening en Onderzoek van de Hogeschool van Arnhem en Nijmegen. Als aandachtsgebieden heeft hij methoden voor organisatieverandering, integraal management, complexe besluitvorming en het versnellen van leer- en veranderingsprocessen.
Funs Erens studeerde monumentale vormgeving aan de Stadsacademie voor Toegepaste Kunsten te Maastricht met als specialisatie schilderen, tekenen en grafiek.
Met regelmaat exposeert Erens in verscheidene galeries. Zijn werk is opgenomen in de collectie van de gemeente Nijmegen, bedrijfs- en privé-collecties.
In 1991 publiceerden ze samen de eerste versie van *De gekookte kikker, 108 managementmetaforen over organisatieverandering*. In 1994 publiceerden zij *Meer dan 500 managementstijlen, mensen en veranderende organisaties* (ISBN 90-254-0046-9). In 1996 volgde *De negensprong, overleven als kunst, jezelf managen met de matrix* (ISBN 90-254-0607-6). Bij alle drie boeken horen exposities die rouleren langs diverse instellingen en organisaties. Ze worden gebruikt voor projecten, trainingen en workshops over leiding geven aan organisatieverandering.
In 1992 publiceerde Peter Camp *De kracht van de matrix. Een model om veranderingsprocessen in beeld te brengen en doeltreffend aan te pakken*. In dit boek wordt het matrixconcept uitgewerkt voor organisatieonderzoek, beleidsontwikkeling, besluitvorming en projectmanagement (ISBN 90-254-0324-5). In *Gebouwen met een ziel* (2003) onderzoekt Camp het bijzondere van moderne gebouwen, het belang ervan voor organisaties en mensen, en de wijze waarop de belangen op elkaar worden afgestemd.

De auteurs houden zich aanbevolen voor aanvullingen.
Contactadressen:

Peter Camp	Funs Erens
Emmerik 48	Waterstraat 192
6931 HA Westervoort	6541 TS Nijmegen
026 311 29 72	024 378 64 88
campmatrix@planet.nl	info@funserens.nl
www.campmatrix.nl	www.funserens.nl

BRONVERMELDING

I DOELEN EN WERKWIJZE

1 Jos van Hezewijk, 'Top 10 onbescheiden nouveaux riches', in: *Volkskrant Magazine*, 21 december 2002.
2 Alan Heeks, *Het natuurlijk voordeel*, De Boekerij, Amsterdam 2001.
3 John Naisbitt, *Megatrends: Tien stromingen die ons leven en werk veranderen*. Utrecht 1986.
4 Gareth Morgan, *Imaginisatie: De kunst van creatief management*. Scriptum, Schiedam 1993.
5 Frank Rose, *De ontgroening van Apple: De harde leerschool van een high-techbedrijf*. Utrecht 1989.
6 Linda Grant, 'The bears back off Kodak', in: *Fortune*, juni 1996.
7 Prof. dr. H. de Haan, 'Nederland papegaaienland', in: *Management Team* 19 november 1990.
8 A. Lugt over uitgeefbeleid, 'Een paard moet je niet leren koorddansen', in: *Decor*, 3 juni 1989.
9 Roel Feltman, 'Het sociaal beleid in de gezondheidssector is als een kip in legnood', in: *Magazine*, april 1993.
10 Philip B. Crosby, *De weg naar kwaliteit*. Weert 1987.
11 Dr. J. Theewes, 'Het is nooit genoeg', in: *Trouw*, 10 januari 1995.
12 Arnold J.A. Godfroij, *Strategie is mensenwerk*. Zeist 1989.
13 Jelle Brandsma, 'Internatio-Müller: Een lamme duizendpoot', in: *de Volkskrant*, 27 april 1991.
14 Ir. R. de Roos, 'Papieren tijgers vergelen in ivoren torens', in: *B&ID, Bedrijfskundig vakblad voor industrie en dienstverlening*, jrg. 1, nr. 5 1989.
15 H.J. van Houten/F.D. van Megenfeldt, *Integraal participatiemanagement*. Vuga, Den Haag 1992.
16 James Belasco, *Het dino-syndroom: Veranderen als strategie*. Scriptum, Schiedam 1991.
17 Ir. J.B.T. Manschot, directeur van ATAG. In: Drs. W.E. van de Geijn, *Ondernemen met informatica*. Rijswijk 1988.
18 Bron onbekend.
19 Paul Valens, *Linksbovens & rechtsonders*. Amsterdam 1986.
20 Drs. F.F.O. Holzhauer, drs. U. Jellema, ir. W.P. Albert, *Marketing in vogelvlucht*. Deventer 1983.
21 'Expansie in buitenland brengt BSO op verlies', in: *Trouw*, 17 juni 1994.

22 François Colin, 'Thys haspelt alles door elkaar', in: *Het Nieuwsblad*, 16 juni 1990.
23 Paul Valens, *Linksbovens & rechtsonders*. Amsterdam 1986.
24 Korpschef J.C. van Dorp, in: Hans Nijenhuis, 'Politiecultuur bleek te weerbarstig voor korpschef', *NRC Handelsblad*, 13 september 1988.
25 Peter F. Drucker, *De nieuwe uitdaging*. Amsterdam 1990.
26 Harold J. Leavitt, *Corporate pathfinders*. New York 1986.
27 Akio Morita, Edwin M. Reingold, Mitsuko Shimomura, *Made in Japan – Akio Morita, de man achter Sony*. Amsterdam 1986.
28 Paul Fentener van Vlissingen, *Ondernemers zijn ezels*. Balans, Amsterdam 1995.
29 Peter Kort, *Bisnis Babbel: Geheimtaal van het moderne zakenleven*. Prometheus, Amsterdam 1996.
30 Sheila Sitalsing, 'Wereldbank bouwt aan witte olifant', in: *de Volkskrant*, 14 juni 2002.
31 Marcel van Lieshout, 'Pittig PSV als foe yong hai in kampioensrace', in: *de Volkskrant*, 2 april 2001.
32 René Cuperus, 'De SP-koekoek broedt in het PvdA-nest', in: *de Volkskrant*, 3 december 2002.
33 Diederik van Hoogstraten, 'Heilig boontje met pariagedrag', in: *de Volkskrant*, 27 november 2002.
34 Vertaling uit: Spencer Johnson en Kenneth Blanchard, *Wie heeft mijn kaas gepikt? Omgaan met veranderingen – zakelijk en privé*. Business Contact, Amsterdam 2001.
35 Peter van Ammelrooy, 'Linux, hoogvliegen zonder vleugels', in: *de Volkskrant*, 8 juni 2002.
36 Willem Vissers, 'Squadra Azuri slaat op de vlucht voor zwerm Koreanen', in: *de Volkskrant*, 19 juni 2002.
37 Wil Thijssen, 'Holland Casino wil alleen maar meer, meer, meer', in: *de Volkskrant*, 17 november 2002.
38 Jaap Peters, 'De intensieve beenhouwerij', op: www.managementboek.nl.
39 Olaf Zwetsloot, 'Het logo regeert', in: *Trouw*, 18 november 2000.
40 Jaques Jacopbs, 'Een dood paard', in: *Basisschool Management*, april 1999.
41 Jaffe Vink, 'De krokodil van *de Volkskrant*', in: *De Groene Amsterdammer*, 19 januari 2000.
42 Wendelmoet Boersema, 'Jacques Schraven: Nederland heeft meer gazellen nodig', in: *Trouw*, 6 november 1999.

II TAKEN EN BEVOEGDHEDEN

1. Tom Peters, *Handboek voor revolutionair management*. Veen, Utrecht 1989.
2. James A. Belasco, *Het dino-syndroom: Veranderen als strategie*. Scriptum, Schiedam 1991.
3. Gerald M. Weinberg, *De geheimen van adviseren*. Drachten 1988.
4. Göran Ahrne, *Social Organizations: Interaction Inside, Outside and Between Organizations*. Sage, Londen 1994.
5. Frank Rose, *De ontgroening van Apple: De harde leerschool van een high-techbedrijf*. Utrecht 1989.
6. Willem Verhoeven, *Managen zonder hiërarchie*. Nelissen, Baarn 1991.
7. Giep Franzen, topman van reclamebureau FHV/BBDO, in: A. van den Berg, 'Anti-held', *Intermagazine*, november 1988.
8. Gareth Morgan, *Imaginisatie: De kunst van creatief management*. Scriptum, Schiedam 1993.
9. M. Hoekema en A.G.M. van der Kroon, *De organisatiecultuur van de Stichting Samenlevingsopbouw op Buurtnivo (nu Stichting Rijnstad) in Arnhem*. Groningen 1988.
10. Pieter Jan van Delden, *Professionals*. Contact, Amsterdam 1992.
11. J.G. Wissema, *Unitmanagement: Het decentraliseren van ondernemerschap*. Assen/Maastricht 1987.
12. Alvin Toffler, *De nieuwe machtssekte*. Utrecht 1990.
13. 'Een systeem is pas echt waterdicht als het ontsnappingspogingen biedt.' Advertentie van BSO in: *NRC Handelsblad*, 20 mei 1988.
14. H.W. ten Dam, 'Strategische beleidsvorming, metaforen voor managers en hun adviseurs', in: *Nieuwsbrief Orde van Organisatieadviseurs*, februari 1992.
15. 'Leidinggeven: een aanpak "ins blaue"?' Artikel over de beleidsvisie Leidinggeven van de Koninklijke Luchtmacht. In: *Carré*, november 1989.
16. Thomas N. This: 'Natuurlijk management: een uitgewerkt alternatief', in: John Adams, *Veranderend leiderschap: Transformatie van mens en organisatie*. Lemniscaat, Rotterdam 1986.
17. Pieter Winsemius, *Speel nooit een uitwedstrijd*. Contact, Amsterdam 1988.
18. Drs. M.V. Batelaan, 'Infrastructuur of BPR, kip of gouden eieren?' Themanummer *Management & Informatie*, september 1994.
19. Marc Windsant, *De organisatie*. Roman. Amsterdam 1988.
20. R. Moss Kanter, B. Stein en T. Jick, *De uitdaging van organisatieverandering*. Scriptum, Schiedam 1994.
21. Patrick Boel, Gérard van Eijck en Trudy Wigman, *Kleinschalige marketing: Een aanpak voor een kleine onderneming*. Delft 1987.
22. Leon van der Heyden, *Step by step towards the learning organization*. Beuningen 1996.

23 Kenneth Blanchard, William Oncken jr. en Hal Burrows, *De One-Minute Manager en de Apenrots*. Veen, Utrecht 1990.
24 Teun van Aken, *De weg naar succes: Eerder via werkstijl dan via instrument*. De Tijdstroom, Utrecht 1996.
25 Lux et Libertas, 'Mijnenhonden', in: *NRC Handelsblad*, 27 november 2002.
26 Tom Nierop, 'We zijn net een konijnenfokkerij', in: *Management Team*, 3 mei 2002.
27 Henry Mintzberg, *Op strategie-safari*. Scriptum, Schiedam 1999.

III DESKUNDIGHEID

1 Gert Wijnen, Willem Renes en Peter Storm, *Projectmatig werken*. Business Contact, Amsterdam 1985.
2 Jonkheer mr. Fijo Sickinghe, in: Nico Goebert, 'Ik laat me niet overhoop schieten', *de Volkskrant*, 7 april 1989.
3 Pauline Schets, *Werkstuk Flexiblia*. Bussum 1996.
4 Bron onbekend.
5 W. van Praag Segaar in: *de Volkskrant*, 29 april 1989.
6 NS-reclame, in: *HP/De Tijd*, 8 november 1991.
7 'Een dag dat het spoor niet staakt.' Interview van Peter Renard met Etienne Schouppe in: *Knack*, 26 september 1990.
8 Cis de Gelder, *Time management*. Alphen aan den Rijn 1989.
9 Sir Winston Churchill.
10 G.A. van Dee, drs. J.W. Ganzevoort en drs. D. Sonnenfeld RA, 'Managementopleidingen, een kwestie van management', in: *Kijk op organisaties*. Utrecht 1987.
11 Linda Hill, *Van medewerker naar manager*. Scriptum, Schiedam 1994.
12 B.J. Hodge en W.P. Anthony, *Organisation Theory*. Massachusetts 1988.
13 James Belasco, *Het dino-syndroom: Veranderen als strategie*. Scriptum, Schiedam 1991.
14 Drs. A.L.J. Stoffels, drs. G.J.C. Roozendaal, E. Geskes en J.M. Clement, *Compendium middle management*. Groningen 1989.
15 *Trouw*, 17 augustus 1994.
16 Aanvulling op een oud Chinees gezegde door prof. J. Verhoeff, in: Gert Wijnen, Mathieu Weggeman en Rudy Kor, *Verbeteren en vernieuwen van organisaties*. Deventer 1988.
17 Paul Fentener van Vlissingen, *Ondernemers zijn ezels*. Balans, Amsterdam 1995.
18 M.M. Otto en A.C. de Leeuw, *Kijken, denken en doen. Organisatieverandering: manoeuvreren met weerbarstigheid*. Assen/Maastricht 1989.
19 Wim Tijssen, oud-collega. 1 februari 1989.

20 Peter Russell, *Wereldbrein*. Deventer 1986.
21 Costos Gravos, verdere bronvermelding onbekend.
22 Claus Gaedeman, *Ik heb altijd tijd: Tijd creëren, tijd gebruiken, tijd hebben*. Ankh-Hermes, Deventer 1994.
23 *Blik-opener*, maart 1999.
24 Steffie Kouters, 'Naar huis', in: *de Volkskrant*, 2 augustus 2002.
25 Arno Haijtema, 'Laat ze dan gaan schilderen', in: *de Volkskrant*, 20 juni 2002.
26 Jan Volkers, 'Zwemcoach in rol van "kille kikker"', in: *de Volkskrant*, 8 november 2001.
27 Jean-Michel Dumay, 'Festina: Les experts confirment que le dopage a faussé le classement', in: *Le Monde*, 29 oktober 2000.
28 Pieter Klok, 'Financiële mol mijdt het daglicht', in: *de Volkskrant*, 19 september 2002.
29 'Zakelijk besef van een aap', in: *de Volkskrant*, 12 september 2001.
30 Peter de Waard, 'Britse politiek komt terug van "onthaning"', in: *de Volkskrant*, 25 oktober 2002.
31 Lothar J. Seiwert, *Haast je langzaam*. Spectrum, Utrecht, 2000.
32 György Konrad, in: Arjan Visser, 'Worstelen met de geit', *Trouw*, 28 april 2001.
33 Suzanne van Dijk, 'Alleen het beste telt', in: *BiZZ*, 10 mei 2000.
34 Ferdinand Cuvelier, *Verbondenheid*. Pelckmans, Antwerpen, 1998.
35 Peter B. Vail, *Managing as a performing art: New ideas for a world of chaotic change*. San Francisco/Londen 1989.
36 Astrid Schutte, 'Anders, maar gelijk', in: *Intermediair*, 17 mei 1991.

IV BELEIDSBEÏNVLOEDERS

1 Interview met R.B. Colomb van Texaco, in: Peter van Dijk, Juriaan Kamp en Rik Rensen, *De stijl van de leider*. Amsterdam 1986.
2 James Belasco, *Het dino-syndroom: Veranderen als strategie*. Scriptum, Schiedam 1991.
3 Stanley Pottinges, *The fourth procedure: A novel of legal-medical suspense*. Hodder and Stoughton, Londen 1995.
4 Robert Sobel, IBM: *De marktleider, ook in de toekomst*. Utrecht 1986.
5 Natasha Josetowitz, *De weg naar invloed*. Addison Wesley, Amsterdam 1987.
6 Martine Vanden Driessche, *Moneytron – Jean Pierre van Rossem: Levensloop van een miljardair*. Antwerpen/Baarn 1990.
7 *De Volkskrant*, 8 januari 1992.
8 Dr. A.S.H. Breure, 'Relaties tussen overheden', in: W. Lemstra e.a., *Handboek voor overheidsmanagement*. Alphen aan den Rijn/Brussel 1988.

9 *De Volkskrant*, 23 april 1991.
10 A. Nathans, *Adviseren als tweede beroep*. Kluwer, Deventer 1996.
11 Ria Stalman, 'Sponsoring als ooievaarskuitevet', in: *Algemeen Dagblad*, 24 februari 1990.
12 *Organisatieadvies traject, praktijk van fysiotherapie*. Oosterbeek, november 1994.
13 Ruurt Hazewinkel in: Willem Beuzekamp, 'Asterix, Obelix, Optimix', in: *de Volkskrant*, 4 maart 1989.
14 Jan Smit, 'Oor-zaken', in: *Management Team*, 13 juni 1994.
15 Wim Boevink, 'Een Jomanda voor depressieven', in: *Trouw*, 4 september 1996.
16 'Business news worldwide', in: *Management Team*, 7 mei 1990.
17 Karel de Greef, 'Optreden tegen te weinig of te veel concurrentie', in: *Account*, november 1989.
18 *Trouw*, 18 november 1995.
19 *Vrij Nederland*, 13 november 1993.
20 Gerald M. Weinberg, *De geheimen van het adviseren*. Drachten 1988.
21 Peter Delahay, Jaarverslag van BSO. 1993.
22 I.W. Wildenberg, *De revolte van de kapitaalmarkt*. Schoonhoven 1990.
23 Anonymous II, New York City, 'Consultants Confess', ingezonden stuk in: Letter to Fortune. *Fortune*, 11 november 1996.
24 Nico van Alphen, 'Tijdelijk in het verkeerde land? Of: Waarin Knorretje geheel door water omringd is', in: dr. H.J.L. Voets (red.), *Techniek en Arbeid in perspectief*. Alphen aan den Rijn 1990.
25 Pierre Spaninks, 'Leider in last', in: *Management Team*, 14 juni 1996.
26 Kenneth E. Boulding, *Three faces of power*. Newbury Park 1990.
27 William J. Latzko & David M. Saunders, *Vier dagen met Dr. Deming*. Addison-Wesley, Amsterdam 1996.
28 *Direktiezaken*, januari 1994.
29 Steve Ballines, vice-president van Microsoft, in de Engelse documentaire *Triumph of the nerds*, Channel 4, Colorado 1994.
30 Tjabel Daling, 'Kerk waarschuwt Nicaragua voor gevaar van sandinisten', in: *Trouw*, 19 oktober 1996.
31 Jos van Hezewijk & Marcel Metze, *Je kent wie je bent: De verborgen kracht van relatienetwerken*. Balans 1996.
32 Miel DeKeyzer, *Stuur maar een manager: Werknemers als noodzakelijk kwaad*. Icarus, Atwerpen 1996.
33 Janny Groen en Jan 't Hart, 'Ons klote GVB', in: *Volkskrant Magazine*, 13 oktober 2001.
34 Theo Stielstra, 'Een hoofdwerkende vlo heeft makkelijk praten', in: *de Volkskrant*, 29 oktober 2002.
35 Carien Overdijk, 'Wijze goeroe Handy gooit al zijn kaarten op tafel', in: *de Volkskrant*, 13 november 2002.

36 'Ten geleide', in: *Trouw*, 11 februari 2002.
37 Willem Breedveld, 'Stervende olifanten', in: *Trouw*, 1 december 2000.
38 Chiara Pisanu, 'Tussen de golf en de bek van de vis', in: *Rijnstad Magazine De Golf*, jaargang 1 nr. 1.
39 Website K.L. Pollstichting, www.klpoll.nl.
40 De Karavaan, 'D66 huilt niet als wolfjes in het bos', in: *de Volkskrant*, 29 maart 2002.
41 Martin Sommer, 'Jospin was Chiracs kop van Jut', in: *de Volkskrant*, 24 april 2002.
42 Joost Ramaer, 'Blaffende honden en het beestje van Cees', in: *de Volkskrant*, 26 februari 2002.
43 John Schoorl, 'Die dakduiven hebben geen zeebenen', in: *de Volkskrant*, 4 maart 2002.
44 '"Jonge honden" en integratie', in: *de Volkskrant*, 29 september 2001.
45 Foppe de Haan, in: Eric Hornstra, 'Dinosaurus die alles opeet, uiteindelijk ook zichzelf', *Trouw*, 14 augustus 1998.
46 Rob Gollin, 'Rouwkaart klapwiekende vogel boven zee', in: *de Volkskrant*, 7 november 2001.
47 Sjaak van der Geest, 'Onze vijand en vriend de tijger', in: *de Volkskrant*, 18 oktober 2002. Boekbespreking van Peter Boomgaard, *Frontiers of fear. Tigers and people in the Malay world. 1600-1950*. Yale University Press, 2002.
48 Uit: Rob Gollin, 'Belgische adel heeft nog stevige grip op economie', in: *de Volkskrant*, 10 november 2001.
49 Naomi Klein, *No Logo*. Nederlandse editie, Lemniscaat 2001.
50 Juurd Eijsvoogel, 'Honden kunnen daar niet blaffen. De Franse afkeer van "hypermacht Amerika"', in: *NRC Handelsblad*, 8 november 2002.
51 Rolf Bos, 'Paradijsvogels met een missie in de sneeuw', in: *de Volkskrant*, 18 februari 2002.
52 Naomi Klein, *No Logo*. Nederlandse editie, Lemniscaat 2001.
53 Ahmed Aboutaleb, 'Krabbenmand', in: *Trouw*, 10 juli 2001.
54 Wybren de Boer, 'De papegaaien zijn langzaam bij AZ verjaagd', in: *de Volkskrant*, 18 oktober 2002.
55 Arnout Brouwers, 'Europese wijsheid: Zwijgen is zilver, keffen is goud', in: *de Volkskrant*, 2 oktober 2002.
56 Ben Haverman, 'Martin van Amerongen. Over vijf jaar zal ik vergeten zijn', in: *Volkskrant Magazine*, 22 december 2001.
57 Bert Wagendorp, 'Kakkerlakkengevecht om taxiklant Schiphol', in: *de Volkskrant*, 30 augustus 2002.
58 Philippe Remarque, 'Kirch verliest levenswerk aan banken en "haai" Murdoch', in: *de Volkskrant*, 27 februari 2002.

59 Robert-Henk Zuidinga, 'George Harrison, The Dark Horse', in: *NRC Handelsblad*, 6 december 2001.
60 Remco Campert, 'Zonder handschoenen', in: *de Volkskrant*, 7 maart 2002.
61 Dieuwertje Blok, in: Arjan Visser, 'Ik voel me niet langer bedreigd', *Trouw*, 1 april 2000.
62 Fons de Poel, in: Maud Effting, 'Het is niet eenvoudig om mij op te volgen', *de Volkskrant*, 11 juli 2001.
63 'Bosnische Serviër Tadic krijgt vijf jaar cel meer', in: *Trouw*, 12 november 1999.
64 Remco Campert, 'Praten met burgers', in: *de Volkskrant*, 18 februari 2002.
65 Arnout Brouwers, 'Nederland onder Balkenende rap kleiner', in: *de Volkskrant*, 11 november 2002.
66 Naomi Klein, *No Logo*. Nederlandse editie, Lemniscaat 2001.
67 'Feyenoord straft Konterman en Van Gastel zwaar', in: *Trouw*, 26 november 2000.
68 Jelle Brandsma, 'Muskusrat wroet door de dijk van Ahrend', in: *Trouw*, 8 december 2000.
69 R. Theeuwes, 'Groter is beter', in: *Trouw*, 11 augustus 1998.
70 Henk Raaff, 'Een goudgrijze spiegel', in: *de Volkskrant*, 9 maart 2002.
71 Joost Ramaer, 'Geen man voor rustig vaarwater', in: *de Volkskrant*, 29 juli 1998.
72 Peter van Ammelrooy, 'De kudde verslaan met een karper', in: *de Volkskrant*, 14 december 2002.
73 Pieter Lakens, 'Niet aleen blaffen, ook bijten', in: *De wereld in 2003*, Het Financieele Dagblad, 8 december 2002.
74 Ben Haverman, 'Er kan nog veel en veel meer asfalt bij in dit land', in: *Volkskrant Magazine*, 21 december 2002.
75 Bert Wagendorp, 'Partijdino's sloffen brullend het strijdperk in', in: *de Volkskrant*, 7 januari 2003.
76 Roland Vermeylen, *Salto Humano. Over samenwerken, leidinggeven en veranderen*. Lannoo, Tielt 2000.
77 Elbrich Fennema, 'Politiek', in: *Ode*, december 2001/januari 2002. Over John Elkington, *The Chrysalis Economy* en *Cannibals with Forks*.
78 Commentaar, 'De muis en de leeuw', in: *de Volkskrant*, 10 februari 2003.
79 Bert Lanting, 'Berlijn-Parijs: As van de Angsthazen', in: *de Volkskrant*, 12 februari 2003.

V BESLUITVORMING

1 Redactioneel artikel in: *BijEEN*, januari 1990.
2 Piet van Seeters, in: *de Volkskrant*, 27 augustus 1994.
3 Koos Bijlsma, 'Laat de hanen een tijdje broeden', in: *Het Nieuwsblad van het Noorden*, 2 mei 1990.
4 Dirk Kagenaar, *Intermediair*, 7 juni 1991.
5 Liesbeth Rensman, 'Een permanente campagne in huis', in: *Voorwaarts*, september 1990.
6 Gao Yuan, *De manager als maarschalk*. Contact, Amsterdam 1991.
7 Henry Mintzberg op het congres van de VESVU en de VSB op 17 oktober 1988.
8 *Trouw*, 10 januari 1995.
9 R. Moss Kanter, *Als reuzen leren dansen*. Scriptum, Schiedam 1989.
10 J.F. Sprong, *De anekdootjes van Nonkel Door*. Woord Noord/Educare, Drachten 1992.
11 Hans van Krimpen, *Handboek stresshantering voor managers*. Assen 1989.
12 Prof. ir. drs. W.J. Vrakking, *PW*, 24 september 1994.
13 Lee Iacocca en William Novak, *Iacocca: Een Amerikaanse carrière*. Mingus, Baarn 1985.
14 Bron onbekend.
15 Robert Hormato en Richard Hornik, 'The last roundup', in: *Time*, 9 juli 1990.
16 Theo Koelé, *Trouw*, 8 oktober 1994.
17 Verslag van de deelraad van de Voortgezette Opleidingen Hogeschool Nijmegen, 28 september 1990.
18 *Trouw*, 9 juni 1992.
19 Prof. dr. Ph.A. Idenburg, 'Het smalle pad van de metafoor', in: *Intermediair*, 20 mei 1988.
20 *Trouw*, 8 maart 1994.
21 Thomas Hoover, *Samurai: Een alarmerende authentieke thriller over de Japanse aanval op de Amerikaanse geldmarkt*. Utrecht 1989.
22 Paul Fentener van Vlissingen, *Ondernemers zijn ezels*. Balans, Amsterdam 1995.
23 Mark H. McCormack, *Wat ze je niet leren op de universiteit*. Veen, Utrecht 1985.
24 Lee Iacocca en William Novak, *Iacocca: Een Amerikaanse carrière*. Mingus, Baarn 1985.
25 Eildert Mulder, 'Het dempen van de put', in: *Trouw*, 25 mei 2000.
26 Jan Mulder, 'Leidenschaft', in: *de Volkskrant*, 17 november 2001.
27 Wilbur Smith, *Het koningsgraf*. De Boekerij, Amsterdam, 1998.
28 Rob Piersen, 'Ondanks mist goed uitzicht', in: *Trouw*, 22 maart 2000.

29 Malcolm Kushner, *Presenteren voor Dummies*. Addison Wesley Longman Nederland, Amsterdam 1998.

VI AUTONOMIE

1 Peter Kuypers over organisatorische vormgeving en individuele vrijheid, in een gesprek op 16 mei 1989 te Amersfoort.
2 G. Kraijenhof, topman AKZO, in: *Hervormd Nederland*, 20 juli 1991.
3 Jos Meerkamp, 'Burn Out', in: *Management Team*, 8 maart 1996.
4 Robert Lacey, *Ford: Opkomst, groei en bloei van een wereldconcern*. Haarlem 1987.
5 Jolan Douwes, in: *Trouw*, 28 oktober 1993.
6 Fred Krijnen, 'Een superlobby in de Kuip: Grootste managementcongres aller tijden', in: *Management Team*, 7 mei 1990.
7 Willem Breedveld, *Trouw*, 9 april 1994.
8 Warren Bennis en Burt Nanus, *Leiderschap, strategieën voor leiding geven*. Veen, Utrecht 1985.
9 Column, *NRC Handelsblad*, 30 augustus 1996.
10 Pieter Winsemius, *Speel nooit een uitwedstrijd*. Contact, Amsterdam 1988.
11 Maurice Ubags, 'Kwaliteit lokaal bestuur draait om de centen', in: *De Limburger*, 6 juni 1996.
12 Tom Peters en Nancy Austin, *De dynamiek van het ondernemen*. Veen, Utrecht 1986.
13 Jort Kelder en Bianca Daniels, *Quote*, juli 1995.
14 Diane Keaton als beleidsadviseur in *Babyboom*, een film van Charles Shyer uit 1988.
15 Drs. C.A. Braun (red.), *Managementwoordenboek*. Samson/NIVE, Alphen aan den Rijn 1986.
16 Vera Steenwinkel, 'Senior managers: grote betekenis voor kleinschalige bedrijven', in: *Het Nieuwsblad*, zaterdag 7 juli 1990.
17 Toon Brader en Leonard Ornstein, 'Robin Linschoten wilde niet gered worden', in: *Vrij Nederland*, 6 juli 1996.
18 Pieterjan van Delden, 'De kwaliteit van professionals', in: *M&O* 3, 1990.
19 Wim Koesen, *Management Team*, 3 november 1995.
20 Johan Wildendorp, 'Alles is nieuws, zolang het niet over schaatsen zelf gaat', in: *Trouw*, 20 november 1995.
21 'Achter de komma', in: *de Volkskrant*, 25 februari 1991.
22 Peter de Waard, 'Miljardair gedraagt zich als moordzuchtige roofvis', in: *de Volkskrant*, 12 mei 1990. Boekbespreking van Vance Packard, *Wanstaltig rijk: Hoeveel is te veel*.
23 Directeur J. Koenders, in: Steffie Kouters, 'Directeur Ahrend voelt

scherp mes op de keel', *de Volkskrant*, 16 maart 1989.
24 Wio Joustra, 'De aard van het beestje', in: *de Volkskrant*, 21 april 1990.
25 Usha Mashé, 'Frozen Rabbits in een draaideur, zwarte vrouwen in de politiek', in: *Opzij*, maart 1994.
26 J.F. Sprong, *De anekdootjes van Nonkel Door*. Woord Noord/Educare, Drachten 1992.
27 Mats Alvesson en Hugh Willmott, *Making sense of management: A critical introduction*. Sage, Londen 1996.
28 Tom Peters, *Op weg naar Wow*. Contact, Amsterdam 1995.
29 COR-GOR-*krant*, Den Haag oktober 1996.
30 Richard Sennett, *De flexibele mens. Psychogram van de moderne samenleving*. Amsterdam, Byblos, 2000.
31 Sammy Michael, *Een trompet in de wadi*. De Geus, Breda 1998.
32 Janny Groen, '"Ziekenhuis-imampje" onderuit door ambities', in: *de Volkskrant*, 6 november 2001.
33 Willem Breedveld, 'De prins is een aap', in: *Trouw*, 24 maart 1999.
34 Rob Vinken, *Werk als waagstuk*. Scriptum, Schiedam 2000.

VII BEDRIJFSKLIMAAT

1 Gary Hamel & G.K. Prahalad, *De strijd om de toekomst*. Scriptum, Schiedam 1994.
2 Hans Korteweg en Jaap Voigt, *Helen of delen: Over de transformatie van mens en organisatie*. Amsterdam 1986.
3 J.A. Oosterhaven, *Informatiestrategie, kort en krachtig*. Samson, Alphen aan den Rijn/Zaventem 1994.
4 'Calabrische kip wandelt door de begroting' [Redactioneel artikel]. *De Justitiekrant*, september 1990.
5 Henk Blanken en Gerard Reijn, 'De liefde van Jürgen Schrempp', in: *de Volkskrant*, 20 januari 1996.
6 Mark H. McCormack, *Verschrikkelijke verhalen over juridische adviseurs*. Veen, Utrecht 1987.
7 Marcus Aurelius.
8 Tom Pauka en Rein Zunderdorp, *De banaan wordt bespreekbaar: Cultuurverandering in ambtelijk en politiek Groningen*. Amsterdam 1988.
9 Jos de Lodder, lezing tijdens Boog-congres, januari 1992.
10 Prof. dr. W. de Moor, *Stress- en conflictmanagement: Een constructivistische benadering*. Deventer 1989.
11 Esther Lammers, *Trouw*, 8 december 1992.
12 Jef Geraerts, *Zand*. amsterdam/Antwerpen 1988. Misdaadroman over gewetenloze makelaars in onroerende goederen, belastingadviseurs en 'land developers'.

13 Noel M. Tichy, *Managing strategic change*. Wiley, New York 1983.
14 Jannetje Koelewijn, 'De nieuwe topman van Fokkker telt voorzichtig zijn zegeningen', in: *Vrij Nederland*, 12 november 1994.
15 Caspar Jansen, 'De wereld een boksbal', in: *Haagse Post*, 11 november 1989.
16 F.D. Wirtz en J.P.M. Holtkamp, 'Empowerment, de krachtterm van de jaren negentig', in: *Gedrag en Organisatie 1993*.
17 Adriaan van Dis, *Een barbaar in China: Een reis door Centraal Azië*. Meulenhoff, Amsterdam 1987.
18 J.F. Sprong, *De anekdootjes van Nonkel Door*. Woord Noord/Educare, Drachten 1992.
19 Rosabeth Moss Kanter, *The Change Masters*. New York 1986.
20 Johan Woldendorp, 'Pastoor op fiets blijft lamlendig Tour-peloton weer voor', in: *Trouw*, 3 juli 1996.
21 Tom DeMarco en Timothy Lister, *Peopleware: Over produktieve projekten en teams*. Drachten 1987.
22 P.E. Timmerman in *PW*, 21 mei 1994.
23 Ed Blauw, *Het corporate image*. Amsterdam 1986.
24 Spreuken 30: 2-3.
25 Adriaan van Dis, *In Afrika*. Meulenhoff, Amsterdam 1991.
26 Geert-Jan Bogaerts, 'ABP's vingerverfklasje', in: *de Volkskrant*, 28 september 1996.
27 *Core Mission Magazine*, Solvay Duphar. Weesp, december 1992.
28 'De olifant moet manieren leren', in *Trouw*, 23 oktober 1996.
29 Erik Bruijn, *Ontmoeting met meesters en dwazen*. Ankh-Hermes, Deventer 1996.
30 Elbrich Fennema, 'De organische organisatie', in: *Ode*, december 2001/januari 2002. Over Margaret Wheatley, *Turning to One Another. Simple Conversations to Restore Hope to the Future*.
31 Martin Sommer, 'Hoe God in Frankrijk eet', in: *de Volkskrant*, 24 december 2001.
32 'Virenque geeft doping toe', in: *Trouw*, 25 oktober 2001.
33 Alexander Nijeboer, 'Cijfers of gevoel', in: *de Volkskrant*, 25 oktober 2002.
34 Bert Schampers, 'Degelijk, saai, vol tradities', in: *Trouw*, 9 september 2000.
35 Jaco Mijnheer, 'De componist als kip in de koolsoep', in: *de Volkskrant*, 13 september 2002.
36 Esther Scholten, 'Timmer vreest de boze wolven niet', in: *Trouw*, 6 november 2000.
37 Weert Schenk, 'Respect op de Dag van de Apenrotssamenleving', in: *de Volkskrant*, 6 september 2001.
38 J.L. Heldring, 'Speelt ideologie geen rol meer?', in: *NRC Handelsblad*, 28 november 2002.

39 Paul Onkenhout en Willem Vissers, 'Alleen bang voor de verveling', in: *de Volkskrant*, 3 augustus 2001.
40 Ardaan Gerritsen, rubriek U, in: *de Volkskrant*, 22 december 2001.
41 Toine Heijmans, 'Alanya spuugt monster Hakan uit', in: *de Volkskrant*, 5 juni 2002.
42 Poul Annema, 'Verloren idealen', in: *de Volkskrant*, 24 november 2001.
43 Sheila Sitalsing, 'Ook topvrouwen zitten vast aan moederschap', in: *de Volkskrant*, 26 maart 2002.
44 Commentaar, 'Stapelbare koeien', in: *Trouw*, 4 december 2000.
45 Jos van Hezewijk, 'Conservatief kuddegedrag biedt weer kansen voor eigenwijze durfals', in: *Management Team*, 25 januari 2002.
46 Peter Walterbos, VDO-opleidingen Nijmegen, *O&M* 21, 5 april 2001.

VIII SAMENWERKING

1 Theo Bakker tijdens een inleiding over het project EERSTE van de ENCI, op 18 januari 1989.
2 Stephen Covey, *De zeven eigenschappen van effectief leiderschap*. Business Contact, Amsterdam 1993.
3 Hans Gleijm, 'De krabbenmand, de piklijn en hoe verder?', in: *STROOK*, jrg. 11, nr. 1, lente 1989.
4 Laure Meyer, *Kunst uit zwart-Afrika. In het dagelijks leven bij ceremoniën aan de hoven*. Atrium, Alphen aan den Rijn 1995.
5 Frances W. Norwood en Annette Vincent Nunez, 'Leidinggeven aan het beest in de mens', in: *Permanente Educatie Managers (PEM)*, nr 3 1988.
6 Geerhard Bolte, 'De kwaliteitsillusie', in: *Management Team*, 21 februari 1994.
7 Lee Iacocca en William Novak, *Iacocca: Een Amerikaanse carrière*. Mingus, Baarn 1985.
8 Gareth Morgan, *Images of organization*. Sage, Beverly Hills 1986.
9 Theo van Vugt, 'De een is manager, de ander niet: Nieuwe bestuurders gevraagd bij de Rijksoverheid', in: *Carrière*, 11 november 1989.
10 Abraham Zaleznik, 'Leden en managers: een belangrijk verschil', in: Manfred F.R. Kets de Vries, *Organisaties op de divan*. Scriptum, Schiedam 1993.
11 Jeanette A. Taudin Chabot, *Japan als handelspartner: Adviezen uit de praktijk*. Veen, Utrecht 1989.
12 Hilbert Haar, in: *Management Team*, 31 mei 1993.
13 Jorge Luis Borges, 'The analytical language of John Wilkins'. Geciteerd door Wisse Dekker in: *NRC Handelsblad*, 11 februari 1987.

14 Bron onbekend.
15 Diony Antonis, Afdelingschef Generale bankmaatschappij te Brussel, in: Frans van Lier, *De onderbewuste partner*. Amsterdam 1988.
16 Manfred Kets de Vries, *Leiders, narren en bedriegers*. Scriptum, Schiedam 1994.
17 Een fabel uit het Sanskriet Panchatantra, in: drs. R. Groen, *Teamrol management*. Amsterdam/Brussel 1983.
18 Ardant du Picq, Frans kolonel, in *Etude sur le combat*, 1868.
19 Gareth Morgan, *Images of organisations*. Beverly Hills 1986.
20 Rosebeth Moss Kanter, Barry Stein en Todd Jick, *De uitdaging van organisatieverandering*. Scriptum, Schiedam 1994.
21 Paul E. Moody, *Decision making: Proven methods for better decisions*. New York 1989.
22 David Payne, *Een Taoïst in Wall Street*. Houten 1988.
23 *Teamrol en Taal*, Houten 1995.
24 Heleen Beaart, 'Het is met apen net als met schapen', in: *de Volkskrant*, 25 oktober 2002.
25 Nicole Lucas, 'Bruggetjes van garnaal tot garnaal', in: *Trouw*, 1 december 2000.
26 Peter de Waard, 'Blair is geen poedel maar een blindengeleidehond', in: *de Volkskrant*, 28 september 2002.
27 Servatius Hoogenboom, servatius@rmonline.com.br

IX HOUDING

1 Mevrouw A. Camp-Brouns tijdens een gesprek over ondernemen in Meerssen op 11 november 1988.
2 Reinhard K. Sprenger, *De motivatie mythe*. Addison-Wesley, Amsterdam 1996.
3 *de Volkskrant*, 21 januari 1991.
4 Tonny Meyerman, 'Stokpaardjes galoppeerden door de aula. Toppolitici keuvelen op de KU Nijmegen over begrip sociale vernieuwing', in: *De Gelderlander*, 27 april 1990.
5 Hans Swartz, *Adformatie*, 15 november 1990.
6 Lieke Noorman, 'Een echt ondernemersras', in: *Intermagazine*, oktober 1989.
7 Bernard Wiener, *Human Motivation: Metaphors, theory and research*. Sage, Londen 1992.
8 Michael Quinn Patton, *Utilization-focused evalution*. Beverly Hills 1986.
9 Dr. Li Zhisui, *The private life of chairman Mao: The memoirs of Mao's personal physician*. New York 1994.
10 Richard Tanner Pascale en Anthony G. Athos, *De filosofie van het Japanse management*. Amsterdam 1982.

11 Paul Melman, projectmanager in Nicaragua. 23 juni 1996.
12 Lee Iacocca in: Noël Tichy en Mary Ann Devanna, *De transformationele leider*. Business Contact, Amsterdam 1988.
13 Peseschkan, *De koopman en de papegaai*. Donker, Rotterdam 1994.
14 Frans van Lier, *De onderbewuste partner: Creativiteit in management, management in creativiteit*. Amsterdam 1987.
15 Erik Bruijn, *Ontmoetingen met meesters en dwazen achter de schermen van de oosterse spiritualiteit*. Ankh-Hermes, Deventer 1996.
16 Weston H. Agor, *Intuition in organisations: Leading and managing productivity*. Newbury Park/Londen/New Delhi 1989.
17 Leonard Ornstein en Max van Weezel, 'Hedy en Hans van WVC over glorie en vernedering', in: *Vrij Nederland*, 6 november 1993.
18 Karel Aalbers, in: Frans Ensink, 'Beleid Zeist neigt naar chantage', *de Volkskrant*, 26 november 1988.
19 William Burger, *Intermediair*, 26 augustus 1994.
20 'Dr. Dreesmann: baas van een renstal', in: *Het Financieele Dagblad*, 3 oktober 1986.
21 Bron onbekend.
22 F.D. Wirtz, *Metamanagement: Achtergronden en ontwikkelingen, mogelijkheden en veranderingen in theorie en praktijk van organiseren*. Nelissen, Baarn 1990.
23 Jay Conger, *The Charismatic Leader: Behind the mystique of exceptional leadership*. Wiley, New York 1990.
24 'Amro Eindhoven maakt winst bij de konijnen af' [Column 'Achter de komma'], in: *de Volkskrant*, 5 juni 1990.
25 Klaus Doppler/Christoph Lauterberg, *Change Management: Vormgeven aan het veranderingsproces*. Addison-Wesley, Amsterdam 1996.
26 Ruud van Haastrecht, 'Oibibio-directeur Ronald Jan Heijn en de kunst van het brood snijden', in: *Trouw*, 13 augustus 1996.
27 B.Th. Stegnis, 'Koning leeuw', ingezonden brief, *de Volkskrant*, 30 augustus 1996.
28 Paul Onkenhout, 'Een meedogenloze boer met kraaloogjes', in: *de Volkskrant*, 11 september 1996.
29 Wim Koesen, *Management Team*, 19 april 1993.
30 Max van Weezel, 'Het besluit van Felix Rottenberg'. In: *Vrij Nederland*, 9 november 1996.
31 Peter van Lierop, 'Robert Altman, "een geboren ruziemaker"', in: *Snoecks 95*, jaargang 71. Snoeck-Ducaju & Zoon 1995.
32 'PvdA wil imago "luie beren" afwerpen', in: *Westervoort Post*, 1 november 2000.
33 'CDA'er Jan Vis geridderd', in: *Westervoort Post*, 19 december 2000.
34 Maaike van Houten en Esther Lammers, 'De waterbuffel van GroenLinks', in: *Trouw*, 31 maart 2001.
35 A.A. Milne, uit de inleiding van *Winnie-the-pooh*, geciteerd uit H.

Mintzberg, *Op strategie-safari*, Scriptum, Schiedam 1999.
36 Onno Blom, 'Vertrouw op God, maar maak wel je kameel vast', in: *Trouw*, 17 mei 2001.
37 'Raoul Heertje in gesprek met Paul Huf', in: *Vrij Nederland*, 2 juni 2001.
38 '"Pitbull" opnieuw in opspraak', in: *de Volkskrant*, 27 september 2001.
39 Frank Kalshoven, 'Het spel en de knikkers', in: *de Volkskrant*, 6 oktober 2001.
40 Steffie Kouters, 'Vriend van gisteren vijand van morgen', in: *de Volkskrant*, 19 oktober 2001.
41 Frans Poorthuis, 'Eenhoorn is geen schildpad', in: *de Volkskrant*, 26 maart 2002.
42 Sylvia Kristel, in: Arjan Visser, 'Minder dan de schaduw van een vlieg', *Trouw*, 26 juni 1999.
43 Danny Koks, 'Britney is "groter dan het leven"', in: *Trouw*, 6 november 2000.
44 Hans Goslinga, 'Een vogel die zijn eigen vlucht kiest', in: *Trouw*, 9 juli 1998.
45 Bonaventura, 13de eeuw. Gehoord van René ten Bosch, filosoof en verhalenverteller. Colleges *Filosofie in bedrijf*, VU Amsterdam, 22 oktober 1998.
46 *Sportweek*, 15 juni 1999.
47 Mr. P.H. Donner, demissionair minister van Justitie, 'Mensen zijn geen ongedierte', ingezonden stuk in: *NRC Handelsblad*, 20 november 2002.
48 Dorit van Dalen, 'Vogels die niet vliegen gaan dood', in: *Internationale Samenwerking*, januari 2000.
49 Wim Wirtz, 'Een slechtvalk vol gevoelens', in: *de Volkskrant*, 22 november 2002. Recensie van Glenway Wescott, *De slechtvalk*. Wereldbibliotheek, Amsterdam 2002.
50 Chris Rutenfrans, 'Als een schildpad trekt hij zijn nek weer in', in: *Trouw*, 5 juni 1999.
51 Andrea Bosman, 'Een laboratoriumrat die niet wil vertrekken', in: *Trouw*, 21 april 1999.
52 Frits Bloementaal & Stan de Jong, 'Gespeelde boosheid, hoe moet dat?', in: *HP/De Tijd*, 24 september 1999.
53 Ron van Gelderen, 'Zelftest verdeelt lezers in stomme ratten, sluwe ratten en gore ratten', in: *de Volkskrant*, 25 juni 2002.
54 Roeland Muskens, 'Hyeana-CEO's krijgen ook een topsalaris', interview met Artis-directeur Maarten Frankhuis in: *Management Team*, 4 oktober 2002.
55 Idem.
56 Maud Effting, 'Contact. En wel meteen!', in: *de Volkskrant*, 14 september 2002.

57 Theo Geutjes (56) in: Marloes Elings, 'Daar zit je dan met je goede gedrag', in: *Volkskrant Magazine*, 9 maart 2002.
58 'D66: ontlast starters op de huizenmarkt', in: *de Volkskrant*, 18 november 2002.
59 Kemper, 'Een gecompliceerde beroepsfout', in: *Trouw*, 12 oktober 1999.
60 Arend Evenhuis, 'Ik heb een hekel aan schapenmentaliteit', in: *Trouw*, 3 februari 2000.
61 N. Kazantzakis, *Zorba de Griek*. De Kern, Baarn 1982.
62 Peter van Ammelrooy, 'Graaiende topmensen krabben elkaars rug', in: *de Volkskrant*, 30 mei 2002.
63 Jan Blokker, 'Aal', in: *de Volkskrant*, 20 november 2002.
64 Marcel van Lieshout, 'Het fraaie Olifantje is een grijze muis geworden', in: *de Volkskrant*, 18 juni 2002.
65 *The Mambo Kings*. Amerikaanse film, 1992. Regie: A. Glimcher.
66 Jan Hoedeman, 'PvdA-top wilde kok opnieuw als premier', in: *de Volkskrant*, 26 november 2002.
67 Harry Starren, in: Dylan van Eijkeren, 'Ik zie herwaardering van het nutteloze', *Management Team*, 3 november 2000.
68 Martin Coenen, 'Jan Wolkers, alfabet van het leven', in: *Volkskrant Magazine*, 14 oktober 2000.
69 John Schoorl en Bert Wagendorp, 'Rare snuiter verandert in goede collega', in: *de Volkskrant*, 16 september 2002.
70 Profiel, 'Premier Clark belt altijd terug', in: *de Volkskrant*, 20 juli 2002.
71 Bas van Kleef, 'Pitbull zonder tanden', in: *de Volkskrant*, 14 september 2002.
72 Hans van Scharen, 'De WTO is een vuurspuwende draak', in: *Internationale Samenwerking*, juli/augustus 2002.
73 Verica Leskovar, e-mail uit Slovenië, 27 februari 2002.
74 Paul van Liempt, 'Spiegelbeeld', in: *Vrij Nederland*, 16 maart 2002.
75 Robert Misset, 'Vanuit warm bad naar koude douche', in: *de Volkskrant*, 16 november 2002.
76 Jan Tromp, 'Met een jaap in het gezicht', interview met Elco Brinkman in: *de Volkskrant*, 28 december 2002.
77 Jan Bezemer, 'De kameleon van Belgrado', in: *Trouw*, 9 april 2000.
78 Annie Camp-Brouns, Westervoort, 22 oktober 2000.
79 Jan Hoedeman, 'Melanie Schultz: Patatgeneratie? Wat een onzinnig verwijt', in: *Volkskrant Magazine*, 11 januari 2003.
80 In: *de Volkskrant*, 3 februari 2003.
81 Jan Mulder, 'Pauwen', in: *de Volkskrant*, 6 februari 2003.

REGISTER

aal, omhoogkronkelende 307
aap, en de banaan 223
– en de ezel 212
–, gedresseerde 201
–, het geheugen van 110
–, grootste voorop 138
–, in de steppe 55
–, de kont van de 297
–, maken van de prins 213
–, zakelijk besef van 114
adelaar, klapwiekende 219
– vangt geen muggen 135
albatros, koekkoek in het nest van 65
algen, een kolonie 57
angora's 227
Angsthazen, As van de 169
animal farm 123
apen, geblindeerde 107
– en neanderthalers 242
– wassen hun zoete aardappels in zee 219
apenkolonie, Nederland een 99
apenrotssamenleving 241
apenval 209
arend en mol, tussen 289

beer, dansende 110
– in de achtertuin 49
–, rijden op de 140
beest, voeren 132
beestje in een molentje 304
beren, luie 291, 291
berengrapje 76
berenjacht 275
bevers, gretige 277
bijen, kunnen – vliegen 286
bijenkoninginnen 125

bijenkorf, koningin van de 311
bijenzwermoorlog, en vlooien- 161
bladluizen en guppies 111
blaffen onder een boom 147
blindengeleidehond, of poedel 265
boa constrictor, het verteringsproces 77
buideldier 81
Bullshit Castle 220

camel-nose-strategie 179
chicken game 56
circuspaard, de voorbenen van 108

dakduiven zonder zeebenen 148
dark horse 157
dier, naartoe lopen 293
dieren, meedenkende 150
dierenordening, Chinese 257
dierentuin, de organisatie als 79
dierenverzameling 235
dinosaurus, zichzelf opetend 149
–, van de haute finance 151
dinosauruslappen 50
dino-syndroom 53, 227
dolfijn, buiten water 117
– tegen de haai 46
dolfijnen met plezier 225
dolphins in the city 303
duif, geur van 279
duiven, en pinguïns 67
–, slechte 117
duizendpoot, een lamme 51
–, nadenkende 97

eenden, richten op 187
–, tamme – wild maken 287
egels en kippen 288
eieren uit omelet halen 133
ezel, en de aap 212
–, de ideale 107
–, geen renpaard maken van 113
ezels, een roedel 188

forellenvijveraanpak 105

ganzen, een vlucht 75
garnaal, slapende 308
– tot garnaal 264
garnalen, opgeblazen 225
gazellen 71
geit, en de slak 181
–, worstelen met 116
gier en prooi 127
gorilla's, galopperende 272
– lijken op mensen 264
goudvissen en piranha's 198
guppies, en bladluizen 111

haai, spelen met de 157
–, wachten als een 147
haaien, eergevoel onder 221
–club 124
haan, kraait drie keer 304
– op het hoenderhof 115
haantjes met kammetjes 193
hagedis, reuzegrote 162
hagedissen 234
hanen, broedende 174
hazen, hoe – lopen 185
hen, trapt op het kuikentje 251
hermelijnvlooien 155
herten 303
hertenjacht 45
hond, of de baas 309
–, grote met kleine jongen 253
–, jonge 314
–, kegelende 258
–, kop van 207

– en de kudde 185
–, mens als een 309
– en de piloot 75
–, de staart kwispelt met de 255
– uitlaten 129
–, valse 313
honden, jonge 151, 148
–, niet-blaffende 152
horse, dark 157
horse's mouth 305
hyenahonden-ceo 303

insect, in het vuur 198
–, platgeslagen 242

jachthonden, bijtende 186
–, speeksel bij 271
Jurassic Park 166

kakkerlakkengevecht 156
kalf, ongemerkt 291
kalkoen, een trainer is net een 298
kalkoenen, technieken voor 251
kameel, –, commissie als een 85
– in de Sahara 283
– stelen 272
–, vastmaken 293
–, verdwenen 285
kameleon van Belgrado 314
kamelofanten 83
kanarie in de kolenmijn 118
karper, de kudde verslaan met een 164
kat, dronken 140
–, gelaarsde 51
– met jongen 57
–, opverende dode 58
–, sturen 182
–, vette–syndroom 85
–, vos en wolf 189
keffertje, tandenloos 239
keffertjesbestaan 54
kikker, dode 189

–, gekookte 227
–, kille 113
–, de kus van 128
–, vermoeide 255
kikkerkoor 219
kikkers, een kruiwagen met 249
–, roze, tegen dinosaurusfamilie 244
–, springende 19
kip, calabrische 220
–, met ei 65
– met gouden eieren 87
– in de koolsoep 240
– in legnood 49
kippen, en egels 288
– die naar het onweer kijken 158
–, opgeschrikte 254
kippendrift, zonder 239
klauwen van organisaties 138
klipdassen 234
kloek in plaats van een coach 253
Knorretje redden 137
koe, 'dit is geen koe' 92
– in zijn kont kijken 273
– opeten 101
– in paniek 136
– in het weiland 193
– op zwemles 188
koeien, kijken naar 99
–, nieuwe 109
–, stapelbare 244
koeienmars 183
koekkoek, in het nest van de albatros 65
koekoeksklokkenmanagement 179
koets met vier paarden 56
kolibrie, de blussende 265
–, levenslust van 210
konijn 196
konijnen, bevroren 208
– en de hoge hoed 293
– in koplampen turen 308
–, winst bij de – af 286

konijnenfokkerij 91
konijnenhok verbouwen 235
kooi, organisaties zijn een 87
koraalvissen, branchekennis 59
kraai, vliegende 271
kraaien, aangeschoten 243
– van zorg en kommer 281
krabbenmand, 154
– en de piklijn 250
kreeften, achteruitkruipende 281
krokodil, in elke poel een 125
–, in de rivier 71
kuddegedrag 245
kwal, hersenloze 262

laboratoriumrat 300
leeuw, aanvallen 261
–, glorie van koning – 288
–, hongerige 62
– en muis 168
– en zebra 55
leeuwen, de historici van 224
– en hoefdieren 136
luizenrace 201

mensen, zijn geen uilen 112
mier, verkouden 83
mieren 234
mierenbrug 279
mijnenhonden 91
mol, financiële 113
–, tussen arend en – 289
mollen met sneeuwbrillen 84
mot, op de kaars van roem 212
–, les van 197
mug, de poging van 280
–, stilzittende 283
muggen, leven in een moeras 243
–, een paar 133
muis, en leeuw 168
–, een onafhankelijke 146
– roept 97
muizen, bergen baren – 203
– en mannen 66

muskieten, rode 67
muskusrat 162

nestjes leeghalen 43

octopus, poot van de 165
oester, als een 301
–, de zandkorrel in de 232
oesterschelpen, opgedrongen 195
olifant, beslissingen nemen als een 187
– bewegen tot een dansje 160
– op blauw tonnetje 103
– als buur 177
–, groeitijd van 59
– klonen 46
– met manieren 236
–, de poot van 89
–, door de porseleinkast 177
–, vlo en sleep camels 143
–, met zes blinde mannen 261
– ziet vlammen 104
olifanten, dansende 173
– en konijnen 84
–, parende 258
–, stampende 186
–, stervende 145
–, vrijende 173
–, witte 53, 64
olifantje wordt grijze muis 308
ongedierte, mensen zijn geen 298
onthaning 114
ooievaarskuitevet 129
organisatiecentaur 77

paard, achterstevoren op een 63
–, niet als een blind – 211
–, een dood – verplaatsen 70
–, een groen 112
– dat de kar trekt 101
paarden, africhten 209
– leren koorddansen 47
–, drie strijdende 275

–, trends zijn net 45
paardenrace 61
papegaai, als econoom 96
– de nek omdraaien 161
papegaaien 154
– met animal spirits 47
papegaaiencircuit 159
papegaaiencultuur 227
paradijsvogels 152
pauw, de staartveren van 302
pauwen 316
pigs, send in the 43
pinguïns, en duiven 67
piranha-methode 257
pitbull 294
– in een vuilniscontainer 312
– zonder tanden 311
platworm, mens is geen 195
poedel of blindegeleidehond 265
poot schieten, in je eigen 203
Postbankleeuw 233
pythons en ratelslangen 261

rat, een verstandige 189
rat fucks 124
rat race 202
ratelslangen en pythons 261
ratten, en bruine neuzen 205
–, stomme, sluwe en gore 301
–, 'te veel ratten boven' 150
rattenvanger in de Nederlandse politiek 144
renpaard, van een ezel geen maken 113
renpaarden 249
renstal, baas van de 284
reptielenhuis 142
reuzenspinne in Den Haag 127
roofdierenkapitalisme 163
roofvissen, moordzuchtige 207
roofvogels opjagen 158
rug, elkaars – krabben 306
rups, naar vlinder 168
–, vlinder en vamp 296

rupsenplaag 232
rupsje Nooitgenoeg 68

sabeltijgers, gehandicapte 139
schaap, en slachter 229
– uit de kudde gooien 238
– met vijf poten 91
schapen, in de prairie 178
schapenmentaliteit 305
schildpad, op het hek 258
– en zijn nek 300
–, niet als – geboren 295
– onderweg 229
– en schorpioen 167
slak, en de geit 181
slang, in het paradijs 135
– laten schrikken 175
–, de staart van 280
–, zieke 141
slangenolie 137
slechtvalk 299
speelvogels 316
speenvarken, geroosterd 231
spek met eieren 131
spin, eenzaamheid van een 141
spinnen 151
spinnenwebtaal 79
spreeuw in de stront 178
sprinkhanen, 234
– of zwaluwen 142
stekelvarken tot vos 103
stier, bij de horens pakken 182
–, zoeken naar de 262
stinkdieren, vriendelijke 199
struisvogelkont 294
subtoprat 205

termieten, strategische 80
tijger, levende 259
– lust ook brokjes 132
–, man op de 208
–, papieren 52
–, poetst zijn tanden niet 276
–, tandeloze 233

tijgers, als – haaien worden 276
toprat 204
trekvogels 211

uilen, mensen zijn geen 112

varaan, aantrekkelijke 273
varken, en een boeddha 236
–, chauvinistisch 254
–, hongerig 180
–, lipstick op 66
–, het mes in 199
vee, verzorgen 224
veehouderij, intensieve 69
veiligheidsparasieten 160
veldmuis die de slang voorblijft 128
veldmuizen, werken als 104
veren, ideologische 241
–, een pond 245
vergadernijlpaarden 313
vette-katsyndroom 85
vette-zwijnenwet 88
vis, grote vangen 105
–, kleine in een grote kom 194
–, kleine in een zwembad vol haaien 159
–, tussen de golf en de bek van 145
visje en de walvis 123
viskomtechniek 262
visnet, slecht geknoopt 88
vissen, en mieren 174
–, een school 153
vissen, leer hem 107
–, op vrouwen 118
visvijverorganisaties 81
vleugeltjes, afgehakte 175
vlieg, schaduw van 296
vliegen, met azijn vangen 100
– jagen 312
vlinder, ademen op 306
–, rups en vamp 296
vlindereffect 60

vlooien, eigen – die je bijten 315
–, reusachtige springende 109
vlooienzwerm- en
 bijenzwermoorlog 161
voedselwaakhond 165
vogel die zijn eigen vlucht kiest
 297
vogels, vliegende 299
–, een zwerm 237
vogeltje, levend 290
– valt dood uit de boom 295
vogeltjes, vangen 287
–, waarom – zingen 315
vos 128
– bij de kippen 181
–, oude 202
–, wolf en kat 189

waakhond, aan de ketting 183
– op een warme zomerdag 310
walvis op het strand 238

wasberen en babi pangang 63
waterbuffel 292
werkpaard, het trouwe 213
wolf, in schaapskleren 80
–, met vijf poten 95
–, vos en kat 189
wolven, boze 240
–, huilen als wolfjes in het bos
 146
–, een troep 217
worm zonder lul 277
wormen, krioelende 194

zalmvangst 90
zebra 55
zee-anemoon, meewuiven als 69
zeug met biggetjes 80
zilvermeeuw niet opnemen 163
zwaluwen, of sprinkhanen 142
zwerm, nuttig voor 223
zwijne, vette 88